성령의 권능

「성령의 바람을 타고: 오대양 육대주와 아마존 밀림까지」

나의40년
목회사역

성령의 권능

『성령의 바람을 타고:
오대양 육대주와 아마존 밀림까지』

이호선 목사 著

THE POWER OF THE HOLY SPIRIT

도서출판 새한

이 영 훈
여의도순복음교회 담임목사

오순절 날 바람같이, 불같이 임하신 성령님은 믿는 자들을 복음의 증인으로 세워 세상에 보내십니다. 성령님의 보내심은 2천 년 역사 동안 쉼 없이 이어졌고 그 사이 복음은 오대양 육대주에 편만하게 전해졌습니다. 이 모든 일은 하나님의 역사이자 하나님의 부르심에 순종해 기꺼이 삶을 바친 헌신자들의 수고의 결과입니다.

이호선 목사님은 이 같은 부르심에 순종해 하나님의 역사에 동참한 헌신자 중 한 사람입니다. 목사님은 대학에서 법학을 전공하던 중 20대 젊은 나이에 서대문 순복음 중앙교회(현 여의도순복음교회)에서 병 고침의 기적을 체험하였습니다. 그리고 성령 침례를 받은 후 주님의 부르심을 받고 목회자가 된 이호선 목사님은 일찍이 브라질 선교사로 파송됐습니다. 브라질에서 한인교회를 세우고 큰 부흥을 이루신 목사님은 이후 20여 년간 남미와 북미를 다니며 복음 전파와 성령운동에 힘쓰셨고 순복음 북미총회 설립에 크게 공헌하셨습니다. 2000년 한국으로 귀국한 후 지금까지 복음의 열정을 가지고 목회사역을 감당하고 계시며 한국교회를 위해 헌신하고 있습니다.

　제가 존경하고 사랑하는 이호선 목사님의 저서 『성령의 권능: 오대양 육대주와 아마존 밀림까지』에는 목사님이 40년 넘게 국내외에서 사역하면서 겪었던 은혜로운 체험들이 생생하게 수록돼있습니다. 목사님을 통해 성령님이 행하셨던 여러 기적들, 목사님의 개인적인 은혜의 체험들은 독자들에게 큰 감동과 도전을 줄 것입니다. 이책을 통해 많은 사람들이 성령님께 보내심받은 또 다른 헌신자로 세워져 땅끝까지 복음을 전파하는 일에 동참하게 되기를 간절히 바랍니다.

　제가 대학 4학년 때 위궤양, 위 천공으로 인해 장 출혈이 되어 병마의 고통으로 거의 사경을 헤매다가 서대문 순복음교회 전도를 받아서, 조용기 목사님과 최자실 목사님 두 분의 기도로 성령세례를 받고 불치의 병이 즉시 치료를 받았습니다. 그 이후 저는 신앙이 완전히 성령의 사람으로 변화되었습니다. 그 후 열심히 신앙생활을 하면서 법무부 산하 공무원으로 근무할 때 조용기 목사님께서 신학을 공부하고 주의 종이 되라고 수차례 권고를 하셨습니다. 그 후 직장에서 숙직근무 중 방언기도를 깊이 하는 중에 성령님의 방언통역이 나왔습니다. "너는 나의 종이 되어라, 나는 너를 사랑한다. 복음을 전파하라. 내가 너와 함께 하겠다. 너는 조금도 두려워하지 말라 내가 너를 사랑한다." 이 성령의 음성을 듣고 마음에 큰 감동이 일어났습니다.

　그 이후 계속 직장에 다니며 순복음신학교 야간에서 신학공부를 하고 1974년도에 졸업했습니다. 그 이후 1975년 '오산리 금식기도원' 전도사로 시무하고, 다음 안양기독보육원(고아원) 담임전도사, 여의도 순복음교회 교구전도사, 대교구장(목사) 역임 후, 1979년에 브라질 상파울루 순복음교회 선교사 파송, 그 이후 남미 일대 알젠티나, 파라과이, 칠레, 볼리비아, 에콰도르, 아마존 밀림 인디안 촌에 교회를 세우고 다시 미국 샌프란시스코와 뉴욕에 교회를 세우고, 또한 세계 각국 아프리카, 유럽, 오세아니아, 아시아 등지를 다니며 성령운동과 선교를 마쳤습니다.

　그 이후 본국에 귀국하여 여의도 순복음교회 직할성전, 강북성전, 성북성전, 선교국장, 목회담당 부목사로 목회를 담당하다가, 2006년 삼양 동 새서울 순복음교회 담임으로 10년 6개월 동안 시무했습니다. 해외선 교사 목회 22년, 한국에서의 목회 23년, 도합 45년간 선교와 목회를 하 는 동안 지구 곳곳마다 34개국 85개 대도시에서 선교와 성령운동을 해 왔습니다. 그동안 서울에서 태평양을 건너 미국을 170회 왕복했으며 대 서양을 30여 회 왕래하며 지중해를 돌며 교회를 세우고 선교하는 동안 수많은 고난과 역경을 겪었으며 바울의 고백과 같이 살 소망까지 끊어 졌으나 오직 우리를 구원하신 하나님만 의지하도록 하셨습니다.

선교와 목회하는 동안 수많은 사람이 구원받고 성령세례 받고 병든 자가 치료받으며 많은 이적과 기적을 체험했습니다. 이로 인해 사도행 전적 역사가 성령의 권능으로 일어났습니다. 오직 하나님께서 이 비천 한 종을 사용하셔서 선교와 목회사역을 감당하도록 성령님의 역사로 기적과 이적이 함께 하신 것을 기록했습니다.

"또 이르시되 너희는 온 천하에 다니며 만민에게 복음을 전파하라 믿 고 세례를 받는 사람은 구원을 얻을 것이요 믿지 않는 사람은 정죄를 받으리라 믿는 자들에게는 이런 표적이 따르리니 곧 그들이 내 이름 으로 귀신을 쫓아내며 새 방언을 말하며 뱀을 집어 올리며 무슨 독을 마실지라도 해를 받지 아니하며 병든 사람에게 손을 얹은즉 나으리라 하시더라"(막 16:15-18).

여러 선후배 목회자님들에게는 이 선교서신이 목양에 참고가 되고, 성도님들에게는 신앙의 도움이 되며, 또한 믿지 않는 분들에게는 지금 도 하나님의 살아계심을 깨닫고 주님께 돌아오며 이 복음이 만방에 전 해지기를 기원합니다.

2021년 4월 서울에서

著著 **이호선** 목사

제 1 장

목회자가 되기까지

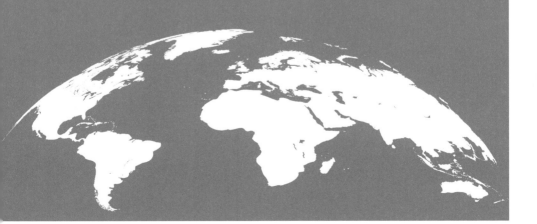

제1장

목회자가 되기까지

나는 성균관대학 법과대학을 졸업하고 법무부 국가공무원으로 근무하면서 서대문교회에 열심히 출석하며 신앙생활을 했습니다. 1970년도 초기 서대문 순복음교회는 출석성도가 2천 명 정도 된듯합니다. 교회가 성령의 뜨거운 역사로 소문이 나면서 날마다 부흥이 되어갔습니다. 그런데 조용기 목사님께 신앙상담을 하던 중, 조 목사님이 공무원생활은 그만두고 신학교에 가서 신학공부를 하고 주의 종이 되어야 한다고 말씀하셨습니다. 그 당시만 해도 목사가 되어서 목회하는 것이 일반적으로 보는 개념은 별로 흠모할 만한 직업이 못 된다는 인식이었습니다. 저 역시도 국가공무원이 되었으니 계속 승진해서 성공하고 출세하는 것이 제 삶의 목표였습니다.

그런데 조용기 목사님은 만날 때마다 계속 목사가 되라고 독려하셨습니다. 그 당시 저는 1968년 2월 15일에 성령세례를 받아서 기도할 때는 방언기도를 많이 했습니다. 어느 날 밤에 숙직당번이 되어서 조용한 가운데 밤늦게까지 방언기도를 하고 있는데 "너는 내가 사랑하는 종이

다. 내가 너를 주의 종으로 불렀다. 내가 너와 함께 하겠다. 나를 위해서 복음을 전파하라, 담대하라, 내가 너와 함께 하리라. 내가 너를 사랑한다."라는 성령님의 방언통역이 나왔습니다. 하나님의 음성을 듣고 나니 제 가슴에 전율이 일어나고 마음에 복음을 증언하는 주의 종이 되겠다는 사명감이 불같이 일어났습니다.

나는 지금까지 하나님이 저에게 이렇게 관심을 가지고 저를 사랑하시고 은혜를 베풀어 주신 것을 미처 깨닫지 못하고 살았습니다. 지나간 일들이 불현듯 생각났습니다. 저는 시골에서 초등학교 3학년 때 어린 여동생이 "오빠, 예배당에 같이 가자. 예배당에 가면 재미있는 얘기도 하고 또 연필도 준다. 같이 가, 오빠." 하고 여러 번 졸랐습니다. 어린 여동생은 초등학교를 다니기 전이었습니다. 우리 마을에서 약 4km 떨어진 마을에 자그마한 장로교회가 세워져서 동생이 여러 번 어른들을 따라서 교회에 갔습니다.

그때 동생의 전도를 받고 처음 교회에 가게 되었습니다. 이웃동네 아저씨가 선생님이 되어서 다윗과 골리앗의 싸움 얘기를 해주시는 데 아주 재미있게 들었습니다. 그 후 얼마 지나지 않아서 이 교회가 우리 마을 아래로 이사를 왔는데 고신파 장로교회인 주일학교에 동생과 같이 계속 다니게 되었습니다. 교인수는 어른 10여 명, 우리 어린이 10여 명이 전부였습니다. 이렇게 주일학교에서 예수님 말씀을 많이 듣고 자란 것이 제 믿음의 씨앗이 되었습니다.

그 후 내가 중학교에 입학할 즈음, 당시에 아버지가 하시던 사업이 매우 어려웠습니다. 시골 방앗간을 운영했는데, 여름에 홍수가 크게 나서 방앗간이 통째로 홍수에 떠내려갔습니다. 일시에 재산이 다 사라지게 되자 이런 사정으로 제가 중학교에 진학을 못하게 되니까 어머님이 저를 공부시키기 위해 부산에 있는 외갓집으로 보내려고 작정하셨습니다. 어머님이 처녀시절 일본에서 방직공장 미싱 기술자로 일을 했으므로 부산에 가서 방직공장에 취직하면 제 학비를 감당하고 생활하실 계획이었습니다.

그래서 나는 아직 돌이 채 안 된 제 막냇동생(지금 이호상 목사)을 업고 어머니와 같이 부산으로 갔습니다. 어머니는 때맞춰 말표 고무신회사에 취직하시고, 저는 부산 동래중학교에 입학했습니다. 그 당시 동래중학교는 부산에서는 일류중학교였는데, 시골에서 우등생이었던 제가 이 학교에서는 맨 꼴찌로 입학했습니다. 그러나 열심히 공부해서 2학기부터는 전 학년 540명 중 1, 2등을 했습니다.

나는 장래 꿈이 판사가 되고 변호사가 되어 가난한 사람의 변호인이 되는 것이었습니다. 그런데 중학교 2학년 때 어머님이 나쁜 병에 걸렸습니다. 몸이 쇠약한 상태에서 무리하게 공장일을 하다 보니 악한 귀신에 잡혀서 헛소리를 하다가 펑펑 울기도 하니까 외갓집에서 동래 기장에 있는 유명한 무당 세 명을 데려다가 굿을 했습니다. 그러나 굿을 하는 도중에 오히려 어머님이 완전히 정신이 나가고 세상 말로 미친 사람이 되었습니다. 그래서 이 귀신을 쫓아내려고 충청도 금산에 있는 유명한 도사를 모셔다가 보름 동안 귀신 쫓는 염불을 하면서 복숭아 나뭇가지로 때리고 해도 귀신이 꿈쩍도 하지 않으니 그 도사는 그냥 가버렸습니다.

그런 상태로 몇 개월간 잠도 안 자고 음식도 먹지 않고 계속 헛소리를 하며 붙잡고 있지 않으면 금방 밖으로 뛰쳐나가서 거리를 헤매고 다니기도 하고, 때로는 부엌칼을 가지고 세 살쯤 된 어린 동생의 목을 찌르려고 했습니다. 그러니까 제가 밤낮으로 어머니 곁에 붙잡고 있어야 하니 저도 같이 잠도 못 자므로 이젠 제가 기진맥진하여 죽을 것 같았습니다.

이것이 바로 생지옥이었습니다. 수개월 동안 어머니가 직장에 못 나가시니 생활비도 떨어지고 굶게 되었습니다. 할 수 없이 부산을 떠나서 시골 고향으로 다시 내려갔습니다. 부산에서 대구까지 가는 완행열차 안에서도 어머니는 계속 고함을 지르고 헛소리를 하시니까 제가 입을 틀어막고 손발을 붙들고 하면서 겨우 시골에 도착했습니다. 옆에 있는 사람들 보기가 너무 창피스러워서 고개를 들 수 없었습니다.

시골에 가니 그제야 제가 주일학교 다니던 그 교회가 생각나서 어머니를 붙들고 교회에 들어갔습니다. 그러니까 벌써 귀신이 벌벌 떨면서 풀이 죽었습니다. 그때 저는 귀신이 교회를 무서워하는 줄 알았습니다. 어른 교인 10여 명과 전도사님이 어머니를 위해서 찬송을 부르고 기도를 하니까 어머님의 정신이 살아나기 시작했습니다. 저는 매일 새벽마다 어머니를 모시고 교회에 가서 기도했습니다. 그렇게 5~6개월 지나니까 이 악한 귀신이 다 떠나가고 어머님이 온전한 정신으로 돌아왔습니다.

나는 어릴 때 신학도 모르고 성경도 몰랐지만 예수님이 수많은 귀신 들린 자에게서 귀신을 쫓아내시고 고쳐주신 것을 알게 되었습니다. 이 악한 귀신으로 인해 오히려 아버지를 비롯한 온 가족이 예수님을 믿게 되었습니다. 막내아우는 목사가 되고, 바로 아래 여동생은 권사가 되고, 셋째 여동생은 전도사가 되고, 저는 목사가 되고, 제 사위 둘이 목사가 되니, 전 가족이 예수 믿고 복 받은 가족이 된 것입니다.

나는 다시 공부를 계속하려고 대구에 나와서 취직을 하고 야간 공부를 준비했습니다. 뜻이 있으면 길이 있다는 서양 격언을 알고 학업에 대한 집념을 버리지 않았습니다. 온 가족이 교회에 나가고 극한 풍랑을 지난 후 하나님이 우리 집을 회복해 주시기 시작했습니다. 정미소도 다시 복구되고 또 큰 여동생이 대구에서 직장을 다니면서 오빠 공부를 지원함으로 인해 대구에서 다시 학원을 다니고 열심히 공부하면서 고등학교를 졸업하고, 서울에 와서 성균관대학교 법대에 입학하게 되었습니다. 그 이후 대학 등록금은 제가 학생 과외공부를 지도해서 준비했고, 여동생의 도움과 아버지의 지원으로 대학을 무사히 졸업했습니다.

그런데 그 와중에 하나님께 크게 잘못한 것은 공부하느라고 교회는 한 달에 한 번 정도 다녔고, 또 이 교회, 저 교회 옮겨 다녔다는 것입니다. 하숙집, 자취하는 집을 옮길 때마다 교회를 옮겨 다녀서 신앙심이 아주 약해졌습니다. 그런 상태에서 대학을 졸업하고 고시공부를 준비하는 중에 위장병이 생겨서 밥을 먹으면 토하고 배가 아프기를 반복하여 병원에 가서 진찰했더니 위궤양, 위 천공이라서 더는 치료할 수 없다고 했습니다. 한의사의 치료와 한약을 수없이 먹어도 전혀 치료되지 않았습니다.

불치병으로 1년간 음식을 못 먹으니 영양실조가 되어 합병증으로 간도 나쁘고 폐도 나쁘고 머리카락마저 다 빠져 뼈만 앙상하게 남은 데다 불면증까지 겹쳐서 잠도 못 자고 밤이 되면 눈에 헛것이 보이며 무섭기도 하여 절망 중의 절망 상태에 놓이게 되었습니다. 그 당시는 제가 갓 결혼한 상태라 제 집사람이 온갖 민간요법으로 약을 만들어서 먹었어도 아무 효험이 없었습니다.

나는 이제 희망도 다 끊기고 살 소망도 없어지고 이러다 죽는구나 하는 두려움에 싸여있었습니다. 그러던 어느 날 내가 늘 이용하던 이발소 아저씨가 저에게 전도해 왔습니다. 교회 나가서 조용기 목사님 기도를 받으면 병이 낫는다는 것입니다. 저는 그때까지 교회에서 예배만 드리지 병을 고친다는 말을 한 번도 들어본 적이 없었습니다. 그러나 이분은 그 당시 여의도 순복음교회 남성 구역장으로서 끈질기게 저를 전도해서 그 결과 저는 서대문에 있는 순복음교회에 처음 출석하게 되었습니다.

조용기 목사님의 설교 말씀은 너무 빨라서 도무지 알아들을 수 없었고 기도시간에는 고함을 치고 의자를 흔들며 울기도 하니까 정신이 하나도 없었습니다. 다시는 교회 안 간다고 해도 이발사 구역장님은 끈질기게 계속 권면했습니다. 다시 교회에 가서 마음을 잡고 예배를 드리다가, 얼마나 답답하고 괴로우면 저렇게 울면서 부르짖고 기도할까 하는 안타까운 마음이 들었습니다. 그때부터 조 목사님 말씀이 제 가슴에 꽂히기 시작했습니다.

"예수님은 살아계십니다. 이 자리에 와계십니다. 예수님은 어제나 오늘이나 영원토록 동일하십니다. 믿으시면 아멘 하십시다. 아멘! 아멘!" 이 설교 말씀이 제 가슴을 뜨겁게 움직였습니다. 그 이후 몇 개월 지속적으로 출석하는 중에 조 목사님의 치료의 기도 선포에 저 역시도 아멘, 아멘 했습니다. 그러나 위장병은 낫지 않았고 오히려 구역장님은 병이 완전히 낫고 마음에 기쁨과 평안이 충만하기 위해서는 성령세례를 받아야 된다고 강조했습니다.

성령이 무엇인지도 모르면서 성령세례를 받기 위해서 1968년 2월 13일 서대문교회 2층 예배당에서 금식기도를 하면서 소원했습니다. 금식 3일째 되던 날입니다. 조용기 목사님, 최자실 목사님, 허드슨 선교사님, 세 분이 성령세례 받기 위한 안수기도를 해주셨습니다. 2월 15일 10시 30분 성령대망회 기도시간에 예배 도중 "울어도 못하네 눈물 많이 흘려도 겁을 없게 못하고 죄를 씻지 못하니 울어도 못하네 십자가에 달려서 예수 고난 보셨네" 이 찬송을 하는 중에 눈물이 쏟아지면서 가슴이 미어졌습니다.

통성기도 시간에 내 앞에 갑자기 환상이 보였습니다. 눈앞 10m 전방에 십자가가 점점 눈앞에 가까이 다가오는데, 바로 예수님이 십자가에 매달려서 얼굴과 온몸에 피가 흐르고 양팔 손목에도 피가 흐르며 애절한 눈빛으로 눈물에 젖어서 저를 바라보시는 그 순간, 저는 의자에서 떨어져 바닥에 엎드려 통곡하고 회개하며 울었습니다. '예수님이 내 죄 때문에 이렇게 고통을 당하셨으니까 예수님의 그 고통은 내 죄 때문입니다.' 땅을 치며 통회 자복하며 울었습니다. 그 동안 저의 제일 큰 죄는 예수님의 십자가 은혜를 믿지 않고 살아온 것이었습니다.

한참 회개하며 통곡하고 있을 때, 최자실 목사님이 안수기도를 하시는데 머리에서 성령의 불이 뜨겁게 임하더니 제 온몸으로 지나갔습니다. 방언이 쏟아져 나오고 마음속에 강물 같은 평화가 넘치고 기쁨이 충만해졌습니다. 세상이 달라 보였습니다. 모든 의심, 불안, 어둠이 사라지자 그 즉시 위장병으로 인한 고통이 떠나가고 깨끗이 나았습니다. 그 후 50년이 지나도록 감기 한번 걸리지 않고 건강하게 살아왔습니다.

성령세례 받은 이후 매일 가정예배를 드리며 기도생활을 열심히 했습니다. 건강이 회복된 후 공무원 시험을 쳐서 법무부 공무원으로 근무하게 되었습니다. 그러던 중 조용기 목사님이 주의 종이 되라고 몇 번이나 권면하셨고, 또 직장에서 숙직하면서 방언기도 하는 중 성령님이 방언통역을 해주셔서 죽을 죄인 용서해주시고 죽을병도 고쳐주시고 건강을 주셨는데 이 은혜를 미처 깨닫지 못하고 살아온 것을 회개하고 주의 종이 될 것을 결심했습니다.

그 이후 대조동 순복음신학교에 학사편입을 해서 야간 신학공부를 했습니다. 낮에는 직장에 출근하고 야간에는 저녁 6시부터 밤 11시까지 공부를 하여 드디어 1974년 겨울에 신학교를 졸업했습니다. 졸업 후 전도사 임명을 받고 목회를 하기 위해 법무부 공무원직 사표를 제출했습니다. 그리고 조용기 목사님이나 최자실 목사님처럼 능력 있는 주의 종이 되기 위해서, 성령의 권능과 은사를 받기 위해서 40일 금식기도를 작정하고 준비 기도를 수일 동안 한 후 오산리 최자실 금식기도원에 올라갔습니다. 금식기도를 시작하면서 조금 힘들었지만 금식 은사가 임하여서 1~2주 계속하다가 40일을 결심했습니다.

1975년 초창기 오산리 기도원의 숙소는 슬라브 임시건물 안에 있는 작은 연탄 온돌방에서 5~6명씩 잠을 잘 수 있었지만, 기도굴에는 아예 전기장판도 없고 전기불도 없었습니다. 기도굴에 들어가면 한겨울이라 영하 10도 정도는 되는 듯했습니다. 얼마나 추운지 한 시간 정도 기도를 하면 온몸이 차가워서 얼어오는 하고, 게다가 세수할 때는 차가운 펌프물로 씻게 되니 설상가상입니다. 그러나 마음에 단단히 작정하고 기도를 계속했습니다. 금식 2주 정도 되니 몸이 우둔해지고 세수할 때는 손에 힘도 없고 맥이 탁 풀린 듯했습니다. 그러나 예배시간에 성전에서 말씀을 듣고 기도와 찬송을 하고 나면 새 힘이 솟아났습니다. 계속 기도를 하면서 성경 말씀을 통독하니 말씀이 살아서 움직이는 듯하고 영이 맑아지고 금식의 은사가 임한 듯했습니다.

그런데 금식 21일째 되는 날, 새벽에 기도굴에서 기도하는데 기도가 막히고 입이 떨어지질 않았습니다. 왠지 마음이 불안하고 답답했습니다. 전날 우리 집 사모가 제가 오랜 기간 기도하니 방문차 와서 기도도 드리고 저를 만나려고 왔는데, 가정사에 대해 중요한 일을 의논하려고 왔다고 했습니다. 성령님께서 사모와 협의하는 것이 매우 중요하므로 속히 집에 가서 실행하도록 강력하게 지시했습니다. 바로 옷 가방을 챙겨서 시외버스를 타고 집으로 와서 사모와 성령님이 지시하신 내용을 상의하고 평안하게 마무리했습니다.

금식 21일 만에 금식을 마치고 집에서 조심스럽게 보호식을 하며 계속하여 기도했습니다. 이튿날 혼자서 초저녁잠이 들어 눈을 감는 순간 환상이 보이며 갑자기 하늘 문이 환하게 열리더니 하늘 위에서 구름 송이 같은 것이 내려오는 것입니다. 눈을 번쩍 뜨고 똑바로 바라보니 점점 위에서 내가 누워있는 머리 위로 30, 20, 10m . . . 점점 가까이 내려왔습니다.

자세히 보니까 솥뚜껑만 한 큰 손이 점점 가까이 와서 제 머리 위에 안수하는 것이었습니다. 큰 불덩어리가 제 몸에 쏟아지는 듯해서 깜짝 놀라 누웠다가 벌떡 일어나 큰소리로 방언기도를 하면서 펄쩍 뛰었습니다. 방언기도가 계속 이어져 나오고 제 몸은 성령의 불덩어리같이 뜨거워졌습니다. 하나님께서 제가 은사 능력을 간구하며 금식기도를 드리면서 더 큰 은사를 사모하니, 이때 하나님의 손으로 안수하시고 더 큰 은사를 내려주셨던 것입니다. 환상으로 능력을 받은 이후, 성령운동으로 사역하는 중 고린도전서 12장 4-11절의 은사를 받았습니다. 그 이후에 사역하는 동안 언제나 성령의 권능이 나와 함께 하셨습니다.

 "나의 달려갈 길과 주 예수께 받은 사명 곧 하나님의 은혜의 복음을 증언하는 일을 마치려 함에는 나의 생명조차 조금도 귀한 것으로 여기지 아니하노라"(행 20:24).

THE POWER OF
THE HOLY SPIRIT

오산리 기도원에서의 사역

제2장
오산리 기도원에서의 사역

　오산리 기도원의 역사는 천국 가신 최자실 목사님으로부터 시작되었습니다. 서대문 순복음중앙교회를 여의도에 옮기고 교회건물은 건축했으나 역시 건축비 지불 문제 등 어려움이 많았습니다. 이러므로 최자실 목사님이 산기도 할 곳을 찾으시다가 오산리 교회 묘지에 가서서 묘지 인부들의 연장을 보관하는 임시 창고를 발견하고, 이 공동묘지 연장창고에 들어가서서 기도하셨다고 합니다. 여기서 최자실 목사님은 기도하시고, 운전기사는 밖에 차에서 기다리고, 이렇게 하기를 수없이 반복했다고 합니다.

　그러던 중 어느 날 밤에 연장창고 안에서 기도하시는데 시커먼 물체 형상을 한 사탄 마귀가 나타나서 최자실 목사님에게 덤벼들어 목을 조르려고 해서 큰 소리로 "나사렛 예수 이름으로 물러가라. 이 사탄 귀신아!"라고 외치고 방언기도로 강력하게 물리치며 기도했답니다. 여러 번 이렇게 영적 전쟁이 벌어졌는데, 마지막은 이 사탄 귀신이 목사님의 기도에 항복하고 꼬리를 내리고 도망갔다고 합니다.

　이후로 최 목사님이 산 아래 빈 땅에다가 자그마하게 집을 지어서 방

하나 마루 하나 부엌 하나를 지어서 수시로 오산리 산에서 기도하셨습니다. 이 소문이 성도들에게 알려지게 되어서 교인 중 폐결핵 환자, 암환자, 불치의 환자들이 이 작은 마룻바닥에서 자면서 금식기도를 했는데, 많은 사람이 하나님의 신유의 능력으로 병 고침을 받고 하산하게 되었습니다. 이 소문이 점점 퍼져나가서 불치의 환자들이 오산리 산에 올라와서 기도하게 되었습니다.

나 역시 1970년경 공무원 생활을 하다가 1주간의 여름 휴가 중 오산리 기도원에 와서 금식기도를 5일간 하게 되었습니다. 처음 하는 금식기도였는데, 4일째 되는 날은 위 속에서 구역질이 나오고 물을 먹으니까 그 속에 독한 누런 물을 계속 토하게 되었습니다. 마지막 이틀 동안 계속 뱃속에서 독한 오물을 토하는데, 노란 잔물까지 토하게 되었습니다. 금식기도 5일을 하고 난 뒤 물을 마시니 더 이상 토하지 않고 속이 편안하고 몸과 마음이 아주 깨끗하고 상쾌하게 되었습니다.

나중 그 원인을 알고 보니 내 몸속에 깊이 배여 있던 음식물 독소가 금식하니까 토하게 되고, 결국 몸속에 쌓여있던 독소가 다 떨어져 나왔던 것입니다. 이러므로 금식기도를 하고 나면 얼굴에 잡티도 없어지고 독소도 빠지고 위장도 깨끗하게 되어 매우 편안하고 상쾌하게 됩니다. 그리고 얼굴도 깨끗하고 아름답게 되고 피부도 부드러워집니다. 그렇게 날이 갈수록 점점 기도하는 교인이 많아지니까 기도굴도 만들고, 건물도 더욱 크게 건축해서 정식으로 예배당을 짓고 종탑도 세웠습니다. 그 예배당 옆에는 상담실을 만들어 기도원에서 금식하는 이들을 위해 상담도 해드리고 안수기도를 하고 성령세례 받도록 기도하게 되었습니다.

나는 1975년도부터 1년 동안 교회를 개척하려고 기도로 준비한 후 대구 성당동에서 집회를 준비하고 개척을 시작했으나 실패했습니다. 그 이후 천안에서, 또 평택 시골에서도 실패하였고, 또 서울 강남(그때는 논밭만 있고 건물이 없었음) 시골 마을 건너에서 개척교회를 인수하려다가 돈이 없어서 포기했습니다. 이젠 갈 곳도, 초청하는 곳도 없었습니다. 순복음교회는 여의도 교회만 우뚝 큰 교회로 성장했지만 다 작은 개척교회들뿐, 교단 교회가 얼마 되지 않아서 청빙하는 교회가 거의 없었습니다. 이러므로 개척할 돈이 다 떨어지고 갈 곳도 없었으므로 오산리 기도원에 매주 한 번씩 올라가서 금식기도를 1년에 40여 번이나 계속했습니다. 한없이 하나님께 부르짖어도 아무 응답이 없고 생활비도 바닥이 나서, 가족은 굶게 되고 아무런 생활 대책이 서질 않았습니다.

그 당시 기도원 숙소는 슬라브집을 임시로 지어서 연탄불로 난방하는 온돌방에 5~6명씩 한 방에서 자고, 한겨울에도 차가운 물에 세수해야 하고, 기도굴도 냉골이어서 겨울에는 한 시간만 기도해도 온몸이 얼어붙는 듯했습니다. 제가 기도원에 시도 때도 없이 올라가니까 그 당시 기도원 총무이신 김만석 장로님이 "이 전도사, 왔다 갔다 하지 말고 기도원에서 청소나 하고 잠은 종탑 위 작은 방에서 잠을 자는 게 어떠냐?"고 제안 겸 권유를 했습니다. 그런데 이 요청을 받고 나니 나를 무시한 듯해서 울컥 화가 치밀었습니다. 그래도 정식 신학을 졸업하고 전도사로 임명받았는데 기도원 청소부로 나를 대우하다니…. 그 이후로는 기도원에 가지 않고 집에서 수일을 지나니까 아내가 당신이 오라는 곳은 기도원 청소부뿐이니까 그곳에라도 가서 일을 하는 게 어떠냐고 조심스럽게 말을 꺼냈습니다.

하지만 아무 데도 오갈 데 없는 처지에서 전도사가 되어서 이 교회 저 교회 다니면서 예배를 드리다 보면 눈치도 보이니, 하는 수 없이 기도원 청소부로라도 일을 하기로 작정하고 기도원에 올라가서 기도원

굴과 예배당 청소를 하기 시작했습니다. 어떤 때는 성도들이 금식기도 중 토한 오물로 인해 냄새가 나고 폐병환자들이 각혈해서 핏방울이 마룻바닥에 묻어있기도 한 곳을 매일 열심히 청소했습니다. 성도들이 잠을 자는 숙소의 연탄불도 갈아주고, 기도하다가 사람이 죽으면 시체를 메어다가 제일 높은 위쪽 기도굴에 안치했다가 다음 날 경찰서에 신고하고 유가족에게 인계해 주기도 했고, 어떤 때는 접수처에서 접수도 하는 등 밤낮없이 열심히 일했습니다.

이렇게 몇 개월이 지나니까 기도원에서 정식 기도원 전도사로 임명해줘서 그 후로 예배 때마다 앞에 나가서 찬송을 인도하고, 낮에는 전도사로서 설교도 하고, 환자에게 안수기도도 하게 되었습니다. 기도원에서 사역하다 보니 좋은 점도 있었습니다. 아침, 저녁, 밤마다 기도굴에 들어가서 방언기도로 "하나님, 능력을 부어주옵소서. 손을 얹으면 귀신이 떠나가고 병든 자가 치료받고 회개하면 성령의 불을 받아서 방언하고 말씀의 은사를 주셔서 조용기 목사님 같이 능력있게 말씀을 증거하게 하옵소서." 하며 기도를 할 수 있었다는 것입니다.

조용기 목사님은 사모님과 함께 토요일이면 꼭 기도원에 오셔서 기도굴에서 2~3시간 기도하고 하산하셨습니다. 그러므로 1970, 80년도 특히 조용기 목사님의 말씀은 성령의 검, 불이었습니다. 최자실 목사님의 기도굴도 조용기 목사님 굴 옆에 같이 있어서 기도원에 계실 때는 수시로 그곳에서 오래 기도하셨습니다. 이러므로 최자실 목사님이 머리에 손을 얹고 기도하시면 거의 대부분 입에서 방언기도가 쏟아져 나와 성령세례를 받으며 귀신은 벌벌 떨고 쫓겨나갔습니다.

그 당시는 우리나라 전 국민의 생활이 다 어려웠고 직장도 없어서 고

난당하는 이들이 많았습니다. 돈이 없어서 병원에도 못 가니까 오산리 기도원 가면 병고침 받는다는 소문을 듣고 병든 사람들이 전국 각지에서 몰려왔습니다. 주로 폐결핵 환자, 각종 암, 정신질환, 귀신들려 미친 사람들, 수많은 각종 병자들이 몰려왔습니다.

그때 기도원에는 사역하는 전도사들이 몇 명 없었습니다. 그러므로 매일 병든 자들을 위해서 수도 없이 안수기도를 하고, 또한 성령세례 받도록 안수기도를 하면 수많은 사람이 치유받고 성령세례를 받아서 신앙에 불이 붙었습니다. 수많은 목사님, 전도사님들이 올라와서 40일, 30일, 20일, 10일, 5일, 3일 금식기도하곤 했습니다. 1970년도에는 성령운동, 은사운동, 금식기도 운동이 일어나서 우리 한국 각 교회마다 성령의 뜨거운 바람이 불어 교회마다 불같이 성장했습니다.

1.

환상 중에 공격해온
용 세 마리를 쫓아버림

내가 오산리기도원에 입산해서 기도원 전도사로, 사역자로 있었던 것은 정식 취업이 아니라 기도원 총무 김만석 장로님의 권유로 기도원에서 숙식하면서 청소 일을 하는 게 좋겠다고 제안해서 아무런 보수도 없이 그냥 기도원에서 봉사하는 마음으로 밤낮 일을 했던 것입니다. 최자실 목사님은 그 당시 외국에 순회선교 부흥성회 인도 차 나가셔서 수개월이 지나야 귀국하시니까 저는 임시로 기도원에서 봉사하고 있었습니다.

기도굴에 들어가서 틈틈이 기도굴 청소를 하고 단층으로 된 본 성전 안의 더러워진 곳을 청소했습니다(그 당시 성전은 현재의 성전 짓기 전이어서 500여 명이 예배드릴 수 있는 곳). 기도굴에 전기가 없어서 촛불을 켜고 기도하므로 촛불을 켜서 관리해주고, 그 당시 블로크 집으로 된 숙소는 연탄 부엌이어서 매일 연탄불을 점검하면서 연탄도 갈아주고 여러 가지 잡된 일을 도맡아서 했습니다.

우리 집은 교회 개척하느라 여러 번의 실패로 인해 돈도 한 푼 없던 터라 기도원 근처 광탄 변두리 사글셋방을 한 칸 얻어서 아내와 아이들이 거처했습니다. 기도원에서 받는 월급이 없었으니까 식량을 살 돈도 없었고 생활비도 없었습니다. 1976년경 그 당시는 우리나라도 너무나 가난해서 국민의 생활이 모두 빈곤했습니다. 그래도 우리 가정은 나중 알고 봤더니 기도원 총무 김 장로님이 쌀이랑 연탄을 종종 몰래 사 보내줘서 가족이 굶지 않았다고 합니다. 반찬은 들판에 나가서 배추를 뽑고 난 후 버려진 것을 주위다가 반찬을 해 먹었습니다. 그 어려움 중에서 저는 온종일 이리 뛰고 저리 뛰고 기도원의 궂은일을 도맡아서 했습니다.

밤이 되어 종탑에서 자려면 간혹 종탑 밑 성전에서 싸움이 벌어집니다. 정신이상으로 귀신에 잡힌 환자들이 일어나서 자기가 어른이라고 우겨댑니다. 그 당시는 숙소가 준비되어 있지 않아서 성전 안에서 환자 성도들이 자리를 펴놓고 잠을 자는데, '내가 나폴레옹이다, 내가 연개소문이다, 내가 칭기즈칸이다.' 하며 이렇게 기를 세우고 떠들어 대면 시끄러워서 잠을 잘 수 없어서 내가 종탑에서 내려가 싸움을 말리고 "이 귀신들아 예수 이름으로 떠나가라!" 하고 소리치면 전부 겁을 먹고 슬슬 숨어버립니다.

어느 날 저녁, 이일 저일 돌보다가 자정이 지나서 종탑 밑 작은 사무실 침대에 드러누워 잠을 자려니까 내 앞에 갑자기 환상이 나타났습니다. 큰 용 세 마리가 나타나서 나를 잡아먹으려고 입을 벌리고 혀를 날름날름하는 것이 아닙니까? 그 혀의 길이가 약 2m 정도 되는데 그 혀가 내 이마까지 날름거립니다. 눈빛은 새파랗고 등허리도 검푸르고 길이와 몸뚱이가 전봇대만큼 큽니다. 세 마리가 똑같이 나란히 나타나서 나를 먹으려고 혀를 날름날름하는데 너무 무서워서 숨이 막힐 지경이었습니다. 뒤에는 벽이 있어서 도망칠 수도 없고 너무 무서우니까 기도도 나오지 않았습니다. 이 큰 용 세 마리가 내 눈앞 2~3m 정도까지 다가왔습니다.

분명히 환상인데 땀만 날 뿐 기도가 막히고 숨이 막힐 정도가 되어서야 내 속에서 방언기도가 나오기 시작했습니다. 처음에는 속에서 약하게 '랄랄' 나오다가 큰 소리로 방언기도가 쏟아져 나왔습니다. 용기를 내서 "라클라디자리 워이샤 워이샤" 큰 소리를 내며 방언기도로 고함치니 이 큰 용 대가리가 슬슬 뒤로 물러가더니 계속 방언기도로 쫓아내니까 결국 점점 멀리 사라졌습니다.

요한계시록에 나오는 용이었습니다. 분명 환상이었습니다. 온몸이 땀으로 흠뻑 젖었습니다.

> "용을 잡으니 곧 옛 뱀이요 마귀요 사탄이라 잡아서 천 년 동안 결박하여 무저갱에 던져 넣어 잠그고"(계 20:2-3).

> "마귀를 대적하라 그리하면 너희를 피하리라 하나님을 가까이하라 그리하면 너희를 가까이하시리라"(약 4:7-8).

우리의 싸움은 영적인 싸움입니다. 사탄 마귀 귀신이 영적으로 우리들을 붙들고 환경을 통해서, 주위 사람을 통해서 훼방하고 침투하고 모함하고 모략하고 사람들에게 고통주고 파멸시키는 것입니다. 저는 이 악한 귀신의 영, 용을 쫓아내고 난 후 내 주위를 살펴보았습니다. 제가 기도원에서 전도사로 사역하는 것을 못마땅해하는 몇 사람이 직접 간접으로 음해하고 모함하며 밀어내려고 온갖 수단을 쓰는 것을 알게 되었습니다. 그러다가 나를 대적하던 무리들이 오히려 자신들의 여러 가지 동기가 불순했던 이유가 드러나자 기도원에서 퇴임하고 나갔습니다.

만약 내가 이 오산리기도원에서 사역을 중단하고 밀려 나갔다면 어떻게 되었을까? 그 이후 고아원 사역을 거쳐서 여의도 순복음교회 교역자가 될 수 없었을 것이며 소, 대 교구장을 거쳐서 남미, 북미 선교사와 다시 본교회에서 지성전 담임목사와 여의도 순복음교회 목회담당 부목사와 새서울교회 담임 등, 조용기 목사님과 이영훈 목사님과는 아무런 인연도 맺지 못했을 것입니다.

사탄은 사람과 환경을 통해 언제나 우리의 배후에서 여러 가지 모양과 방법으로 우리의 삶에, 사업과 사역을 훼방하고 고통을 주며 절망으로 몰아넣는 것입니다. 이러므로 우리는 항상 영적 싸움에 기도와 말씀으로 무장해서 깨어 있어야 합니다.

"끝으로 너희가 주 안에서와 그 힘의 능력으로 강건하여지고 마귀의 간계를 능히 대적하기 위하여 하나님의 전신 갑주를 입으라 우리의 씨름은 혈과 육을 상대하는 것이 아니요 통치자들과 권세들과 이 어둠의 세상 주관자들과 하늘에 있는 악의 영들을 상대함이라"(엡 6:10-12).

2. 죽었다 살아난 자매

오산리 금식기도원 초기 전도사로 시무할 당시 많은 환자의 치유간증이 있지만, 그중 30대 초반 여인의 경우를 말씀드릴까 합니다.

이 여성은 의사로부터 간암 말기 판정을 받고 수술도 할 수 없을 정도로 암세포가 온몸에 다 퍼졌으니 그냥 집에 돌아가서 죽을 때까지 기다리라는 사형선고를 받고 절망 가운데 있던 중 오산리기도원의 소문을 듣고 보호자도 없이 홀로 기도원에 올라왔습니다.

이 자매의 사연을 듣게 되었습니다. 어릴 때 아버지가 일찍 돌아가셔서 어머니가 본인과 5살, 2살짜리 동생들을 고아원에 맡겨서 그 동생들과 함께 고아원에서 자랐다고 합니다. 세월이 흘러 18살쯤 되자 자립하려고 동생을 데리고 부산에 가서는 열심히 장사하여 살림을 꾸리고 동생들도 공부시켰습니다. 그러나 동생이 고등학교 2학년 때 학교 갔다오다가 그만 교통사고로 죽고 말았다고 합니다. 그때부터 심한 절망과 좌절로 살 희망이 없어졌답니다.

그때가 20세쯤 되었는데 마음이 괴롭고 외로울 때 한 남자를 알게 되고 자기를 위로하고 옆에서 도움을 주기도 하고 그러면서 점점 정이 들어서 그 남자와 동거하면서 결혼식을 올리려고 준비하고 있었다고 합니다. 그런데 어느 날 갑자기 낯선 젊은 여자가 나타나서 행패를 부리면서 자기가 엄연한 그의 부인인데 자기 몰래 결혼한다고 하며 살림을 다 부수고 난리를 쳤답니다. 이런 구박을 당하고 나니까 도저히 같이 살 수 없어서 밤에 몰래 빠져나와 서울에 올라와 식당에서 부엌일을 하면서 생활하다가 술집으로 옮겨서 또 주방일을 했는데, 그곳에서 또 한 남자를 만나서 동거를 했지만 얼마 지나지 않아 남자가 자기를 버리고 떠나버렸다는 것입니다.

그 이후부터는 바람 부는 대로 물결치는 대로 이 집 저 집 술집에서 접대부로 생활해왔는데, 어느 날 몸이 너무나 고단하고 피곤해서 병원에 갔더니 간암 말기라는 절망적인 판정을 받게 되었습니다. 하지만 치료할 경제적 능력도 없고 치료도 될 수 없다고 해서 좌절하고 있던 차에 오산리기도원에 가면 암도 고친다는 소문을 듣고 무조건 찾아 올라왔다는 것입니다.

교회는 어릴 때 조금 다녔을 뿐, 세상에 휩쓸려 살다가 이제 죽음을 앞두고 하나님께 돌아와 성전 강대상 앞에 앉아서 매일 눈물로 기도하는 자기 모습이 너무 안타까웠습니다. 이렇게 외롭고 슬프게 고생만 하고 살다가 죽어야 하니 자신의 인생이 너무나 비참하여 일주일 내내 하염없이 눈물로 회개하고 통곡하며 기도를 하고 있었습니다.

전도사인 나 역시 이 자매가 너무 불쌍해서 수시로 안수기도를 했습니다. 그 자매는 "하나님, 나를 살려주시면 이젠 예수님 믿고 올바로 살겠습니다. 살려주세요. 저는 아직 젊은 나이입니다. 너무나 억울합니다." 하며 눈물로 쉬지 않고 통곡했습니다. 그런데 제가 저녁 예배가 끝나고 성전 안을 점검하려고 종탑 위에서 내려오니까 성전 뒷자리에서 몇몇 교인들이 모여서 웅성거리고 있기에 가보았더니, 그 자매가 기도하다가 심장이 멈춰 호흡이 끊어져 죽었다는 것입니다.

내가 기도도 해주고 돌보던 교인이라 총무 장로님께 연락해서 시신을 아래 건물 빈방에다가 옮겨 놓고, 날이 새면 의사의 사망진단을 받고 경찰에 신고하기 위해서 그 밤에 그곳을 지켜야 했습니다. 유가족도 없으니 통지할 곳도 없었습니다. 조금 무섭기도 했지만 저도 시신 옆에서 두 사람씩 교대하며 시신을 지켰습니다.

교대를 마치고 잠자리에 들었는데 한 직원이 내 방을 두드려서 깜짝 놀라 일어나니까 "전도사님, 그 여자가 지금 살아나서 앉아 있어요." 하는 것이 아닌가! 급하게 달려가 보니 그 여자는 앉아 있고 눈에는 눈물이 젖었지만 얼굴이 환하게 보였습니다. 그리고 방언기도를 하고 있었습니다. 시신을 지키던 두 직원이 옆에 앉아 있었는데 갑자기 시신에서 소리(방언기도)가 나더니 흰 천을 젖히고 벌떡 일어났다는 것입니다. 그 광경에 두 사람이 깜짝 놀라 무서워서 펄쩍 뛰었다고 합니다. 죽어서 7시간이 지났는데 살아난 것입니다.

다시 살아난 여자를 가운데 두고 여럿이 빙 둘러앉았습니다. 이 여자가 간증합니다. 자기가 죽어서 천사들의 인도로 영혼이 천국을 향해 갔다는 것입니다. 너무나 아름답고 황홀한 천국 문에 다다르니 예수님이 계시더랍니다. "예수님!" 하고 부르짖으며 반가이 가니까, 예수님이 "너무나 고생이 많았다. 그러나 너는 아직 해야 할 일이 많으니까 다시 세상으로 나가야 한다."라고 하더랍니다.

그래서 이 여인이 "예수님, 제 몸은 간암으로 암세포가 온몸에 퍼져서 병이 들어서 못 삽니다."라고 했더니, 예수님이 "너는 죽지 않고 고침을 받는다." 하시며 이 여인의 가슴에 손을 대시자마자 즉시 깨어 일어났다는 것입니다. 그런데 그 암 덩어리가 밑으로 왈칵 쏟아져 나왔다고 합니다. 우리 모두 모여서 찬송을 부르고 하나님께 감사기도를 드렸습니다.

이 여자 성도는 깨끗이 나아서 즉시 밥을 먹고 기도원에서 부엌일이나 청소일이나 궂은일을 열심히 하면서 예배도 성실하게 드렸습니다. 막달라 마리아 같이 완전히 변화되어서 성녀 같이 살았습니다. 근 1년 가까이 오산리기도원에서 봉사했는데, 나중에 들으니 어느 장로님의 큰 책방에서 일을 돕고 책을 팔며 열심히 신앙생활 잘하면서 살아간다는 소식을 들었습니다. 우리 하나님은 죽은 나사로를 살리시고 회당장 야이로의 딸을 살리시고 나인성 과부의 아들 청년을 살렸습니다. 예수님은 전이나 지금이나 영원히 동일하시고 살아계십니다. 할렐루야!

> "너는 가서 히스기야에게 이르기를 네 조상 다윗의 하나님 야훼께서
> 이같이 말씀하시기를 내가 네 기도를 들었고 네 눈물을 보았노라
> 내가 네 수한에 십오년을 더하고"(사 38:5).

히스기야의 눈물의 기도입니다.

3.

귀신에 잡힌 백 전도사

우리 오산리 최자실 금식기도원에는 아주 극한 상태에 있거나 많은 환란을 당했거나 심한 고난을 당해서 견디다 못해 마지막 희망을 찾아서 올라오는 이들이 많았습니다. 대부분 중병에 걸려서 고통을 당하고 있거나, 또는 사업이나 생업이 파탄 당했거나 곤경에 처했을 때, 또는 자녀들의 진학이나 취직을 위해서나, 여러 가지 답답한 문제들을 해결하려고 기도원에 올라옵니다.

1975년부터 수년 동안, 오산리기도원에는 식당도 없고 상점도 없었기 때문에 기도원에 올라오면 무조건 금식기도를 해야 했습니다. 자주

올라와서 금식기도를 하는 분도 있고 혹은 생전 처음 기도원에 올라오는 분도 있었습니다. 기도원에 올라오면 최소한 3일 금식기도는 의무이고, 또한 3일 금식기도 하지 않는 이들에게는 안수기도나 상담도 할 수 없다는 규칙을 세웠습니다.

한번은 정신이상 된(귀신들린) 젊은 남자를 기도원에 강제로 손을 묶어서 데리고 왔습니다. 손을 묶어 놓지 않으면 환자를 데리고 올 수 없었다고 합니다. 이분은 바로 순복음교회의 백 전도사인데, 그 교회 청년 몇 사람과 사모가 전도사를 강제로 데리고 왔습니다. 사모가 설명하기를, 그 당시 강남의 시골에서 30여 명의 성도들을 모시고 목회사역을 했는데, 이 전도사가 얼마나 신령하고 성결하게 사역을 했는지, 밤에 잠을 잘 때도 양복을 입고 넥타이를 매고 방에서 무릎을 꿇고 옷도 벗지 않은 채 엎드려 잤다고 합니다. 예수님이 밤에 오실지 모르니까 항상 옷을 벗지 않고 엎드려서 자다가 잠자리에서 일어난다는 것입니다. 사모는 전도사가 이렇게 신령하기 때문에 부부 사이도 같이 잠을 자면 안 되는 줄 알았다고 합니다.

그런데 처음 교회 부임할 당시는 성도가 40여 명 출석했는데 한 2년 후에는 부흥은커녕 오히려 반으로 줄어서 20명밖에 출석하지 않았다는 것입니다. 전도사가 설교 말씀을 증거하면 아내인 사모가 말씀에 먼저 은혜를 받아야 하는데, 도리어 말씀 들을 때 마음에 평안도 없고 답답하고 짜증스럽게 들려서 마음이 많이 상했다고 합니다. 그런데 남편 전도사는 매사에 거룩하고 성결하게 살아야 한다고 늘 강조한다는 것입니다. 또 새벽예배를 항상 인도하는데 교회 종탑에서 매일 새벽 땡그렁 땡그렁 전도사가 새벽종을 친다고 했습니다.

어느 날 새벽기도 나오는 권사님이 땡그랑 땡그랑 종이 울리는 소리를 듣고 종탑을 올려다보니까 누가 벌거벗은 몸으로 종을 치는데 달빛에 알몸이 번쩍 보였다고 합니다. 가까이 가서 종탑을 자세히 올려다보니 자기 교회 전도사가 벌거벗고 계속 종을 치는 것이었습니다. 이때부터 전도사가 횡설수설 헛소리를 하니까 새벽기도 시간에 예배드리지도 못하고 교회 안이 웅성거리기 시작했습니다.

예배도 못 드리고 기도만 대충 드리고 청년 몇 사람이 그 전도사를 붙들고 그 당시 유명하다는 김○○ 목사님을 찾아갔습니다. 그 당시 김○○ 목사님은 귀신을 쫓는 축사(逐邪)의 은사가 있어서 그 교회 청년 몇 명과 사모가 그 전도사를 묶어서 교회 차에 태워 안수기도 받으러 갔다고 합니다.

김○○ 목사님은 성령의 능력으로 수많은 정신이상자(귀신에 잡힌 자)를 기도로 쫓아낸다는 소문이 전국에 알려진 목사입니다. 백 전도사를 묶은 채로 청년들이 데리고 가서 그 목사님 앞에 앉히고 기도를 받으려는데, 김○○ 목사님이 이 귀신들린 백 전도사에게 안수하면서 방언으로 귀신을 쫓아내려고 하니까 귀신들린 백 전도사가 오히려 방언기도로, 말씀으로 대적하며 달려들었다고 합니다. 신학을 졸업하고 교회 담임전도사로 목회를 하는 전도사이므로 성경도 알고 방언도 할 수 있으니까 축사 기도를 하는 김○○ 목사님에게 대적해서 덤벼들었던 것입니다. 한참 기도로 씨름하다가 김○○ 목사님이 백 전도사는 어찌할 수 없으니 데려가라고 하면서 손을 뗐다는 것입니다.

하는 수 없어 마지막으로 사모가 청년들과 같이 남편 백 전도사를 강제로 묶어서 오산리기도원에 오게 된 것입니다. 나에게 이런 사연을 다 얘기를 했습니다. 내가 그 백 전도사의 눈을 보니 충혈되어 있고, 독기가 서려 있는 귀신에 잡힌 눈이었습니다. 알고 보니 우리 순복음신학교 2년 선배 전도사이고 강남이 개발되기 전 어느 마을 자그마한 교회에서 시무하고 있는 중이었습니다.

일단 나는 백 전도사를 기도굴에다 감금시켰습니다. 왜냐하면 일반 성도들과 같이 예배를 드릴 수 없었기 때문입니다. 기도굴에 가둬 놓고 나오지 못하도록 기도굴 문에다가 큰 막대나무를 못 박아서 막아 놓았습니다. 그리고 기도굴에 들어가서 굴속에 가둬놓고 방언기도로 귀신을 쫓는 축사기도를 하기 시작했습니다. 아무리 기도해도 꿈쩍도 하지 않고 마구 덤벼듭니다. 우리 전도사 둘이서 합심해서 하루에 두 번씩 축사기도를 했습니다. 물론 금식기도를 시키니까 대소변을 볼 필요가 없었습니다.

3일째 금식기도를 시키고 기도굴에 가보니 가관이었습니다. 옷을 다 벗어던지고 발가벗고 기도굴 벽에 기대어 물구나무로 거꾸로 서서 혀를 날름거리면서 우리를 조롱하는 것입니다. 문을 열고 억지로 옷을 입히고 또 방언기도로 귀신을 쫓았습니다. "이 악하고 더러운 귀신아, 예수님의 이름으로 명하니 이 전도사에게서 떠나가라." 그리고 방언기도로 강력하게 축사기도를 했습니다.

귀신들린 백 전도사 굴에 가서 기도할 때는 나 역시 기도굴에 들어가서 1시간 이상 기도로 준비하고 들어갔습니다. 그런데 이 귀신이 내가 굴에 들어가면 겁을 먹고 쩔쩔맵니다. 귀신이 겁을 먹긴 했지만 나갈 기미가 도무지 보이질 않았습니다. 며칠 지나서 계속 금식을 1주일 정도 더 시켰습니다. 그리고 저 역시 2일간 금식기도를 했습니다.

> "내가 기뻐하는 금식은 흉악의 결박을 풀어주며 멍에의 줄을 끌러주며 압제당하는 자를 자유하게 하며"(사 58:6).
> "이르시되 기도 외에 다른 것으로는 이런 종류가 나갈 수 없느니라 하시니라"(막 9:29).

그리고 이 귀신에 잡힌 백 전도사를 끌어내어 기도원 성전에 눕혀놓고 나와 다른 전도사와 그 사모와 같이 고함치며 통성기도와 방언기도로 귀신을 쫓는 기도를 강력하게 했습니다. 처음에는 조금 방어를 하면서 대들다가 워낙 우리가 강력하게 기도하니까 점점 수그러져 갔습니다. 아마 한 시간 이상 계속 머리에 손을 얹고 또 가슴에 손을 얹고 방언 축사 기도를 하면서 귀신을 정죄했습니다.

"더럽고 악한 귀신아, 이 주의 종을 괴롭히는 악한 귀신아, 정신이상을 주고 사로잡고 있는 악한 귀신아, 지금 나오라. 예수님 이름으로 명령하노라. 예수님이 채찍에 맞음으로 우리의 모든 죄, 병, 저주, 다 청산하셨노라."

이렇게 말씀과 기도로 강력하게 공격했습니다. 한참 강하게 기도로 공격하니까 한풀 꺾이고 힘이 빠지더니 소리가 들린다. "아이 뜨거워, 아이 뜨거워, 못 살겠다." 그래도 계속 방언기도를 하니까 "아이 뜨거워, 아이 뜨거워." 그러더니 입에서 꽥꽥 토할 듯이 입을 벌리고 구역질을 했습니다.

원래 귀신이 쫓겨나갈 때는 여러 가지 현상이 있는데 꽥 토하면서 속에 있는 불순물을 뱉어내기도 하고, 입을 벌리고 하품을 계속하기도 하고, 때로는 통곡하면서 신세타령도 하고, 때로는 "아이구 목말라. 물 좀 줘, 오줌마려우니 소변보게 해줘."라고 소리치기도 하고, 어떤 때는 "내가 나가는데 너무 억울하다. 이 집에서 평생 살려고 했는데 억울하다." 하면서 울기도 합니다.

어떤 귀신은 "내가 갈 곳이 없는데 갈 곳을 정해줘. 아이고 배고파. 먹을 것을 좀 줘."라고 애원하기도 하고, 음란귀신 들린 여자들은 안수기도하면 마지막엔 입은 옷을 다 벗고 아주 요염하게 유혹하기도 합니다. 귀신이 떠나갈 때 이런 여러 가지 반응이 나오는 것을 수도 없이 체험했기 때문에 나는 처음에는 속았지만 이젠 속지 않고 계속 방언기도로 밀어붙이면 마침내 항복하게 됩니다. "아 이제 항복한다." 귀신이 방언기도 축사를 제일 무서워하고 겁을 먹고 쫓겨나갑니다. 우리가 백 전도사에게 계속 기도하니까 속에서 구역질하고 엎드려 죽은 것 같이 숨만 쉬는 것이었습니다.

그런 상태로 약 20분 정도 지나자 마침내 눈을 떴습니다. 귀신이 떠나가고 제정신이 들어 주위를 살펴보더니 백 전도사가 "너무 감사합니다." 하고 인사를 하는 것이었습니다. 자기는 귀신에 사로잡혔던 것을 알지만, 귀신이 자기 말과 행동을 완전히 제압했기 때문에 귀신이 시키는 대로 행동해야만 했다는 것입니다. 정신을 바로 차리려고 애를 썼지만 귀신이 자신을 완전히 지배하고 조종해서 자유롭지 못했다는 것입니다. 그런데 전도사들이 기도하니까 이 귀신이 견딜 수 없게 되자 자기를 꽉 묶고 있던 결박이 점점 풀어지고 행동과 말도 풀리고 자유롭게 되었다는 것입니다. 그제야 백 전도사는 완전히 제정신이 돌아왔습니다.

나중에 백 전도사의 간증을 들어보니 신학교 때 산 기도를 갔는데, 어느 이름 모르는 능력 있는 신유 목사에게 안수기도를 받았다는 것입니다. 그 이후부터는 이상하게 기도하거나 설교해도 마음에 기쁨이 없고 짜증스럽고 불편해서 홀로 이 영적인 시련을 겪으면서 목회를 계속했다고 합니다. 그러다가 결국은 악한 귀신의 영이 발동해서 이성을 잃게 되었고 발가벗고 새벽종을 치다가 완전히 정신이 나갔다는 것입니다. 그렇게 완전히 귀신에게서 자유하게 된 후 백 전도사는 다시 그 교회에 돌아갔습니다. 그 이후에는 소식을 듣지 못했습니다.

4.

개척교회 전도사 신혼부부
가정을 파괴한 악령

내가 오산리기도원에서 전도사로서 사역할 때는, 기도원에 올라와서 기도하는 성도들은 대부분 심령이 메말라서 갈급하거나 또는 가정에 위급한 문제, 사업이나 직장에 시급한 문제, 병마에 시달려서 고통하는 분들이 많았습니다. 대부분은 매우 절박한 상태에서 금식하며 간절히 매달립니다. 하루 중 새벽 6시, 오후 12시, 저녁 7시, 세 번 예배를 드립니다. 제가 사역했던 당시는 준비 찬송 인도를 주로 혼자서 시간 시간마다 인도했습니다. 그때 황 전도사님이 기도원에 올라와서 근 1년간 숙식하며 기도하면서 오르간 반주를 도맡아서 했습니다. 얼마나 뜨겁게 신바람 나게 반주하는지 오르간으로 여러 가지 현악기, 관악기 소리를 내면 찬양할 때 예배에 참석한 모든 사람이 엉덩이를 들썩들썩하고 손을 들고 춤을 추기도 합니다. 이 찬양시간에 얼마나 은혜가 넘치는지 저 역시 찬양을 인도하면서 성령님의 신바람이 나서 손과 발 다리를 번쩍번쩍 들면서 인도하기도 합니다. 그 이후 2년이 지나고 이 오르간 반주를 맡았던 황 전도사는 자기 고향 강원도에 내려갔습니다. 황 전도사는 강릉 바닷가 시골 마을에서 교회를 개척했다는 소식을 들었습니다.

나는 1년 후 여의도 순복음교회 전도사로 발령받아서 신월동 담당 교구장이 되었습니다. 여름 휴가철이 되면 초급 인턴 전도사는 본 교회 전도회 소속 장로님들과 같이 여의도 교회에서 지원하는 개척교회에 선교비 지원금을 가지고 방문하게 됩니다. 그때 나는 모병원 원장이신 장로님과 같이 강릉 바닷가 개척교회를 방문하라는 지시를 받아서, 아침 일찍 강릉행 버스를 타고 강릉 개척교회를 방문하게 되었습니다.

그 개척교회 가니까 아직 교회가 자리 잡히지 않고 매우 어렵게 생활하고 있는데, 여의도 본교회에서 지원하는 선교비를 전달하고 담임전도사와 상담을 마치고 바로 서울로 올라와야 했으므로 강릉 버스터미널까지 갔습니다. 그런데 아침 일찍 집에서 밥을 먹고는 오후 3시가 지나서도 점심을 못 먹었으니까 무척 배가 고팠습니다. 같이 갔던 장로님은 의사 원장이었는데, 점심시간이 지났는데도 식사할 생각을 하지 않고 버스표를 사서 서울로 가시려고 합니다.

그때 나는 배도 너무 고프고, 또 강릉에서 개척교회 하고 있는 오르간 반주를 맡았던 황 전도사 생각이 났습니다. 그래서 강릉에 온 김에 황 전도사도 만나고 집에 가서 밥도 얻어먹고 서울 갈 생각으로 장로님께 사정 얘기를 하고 시외버스에서 내렸습니다. 황 전도사가 사는 동네 이름을 들었으므로 주위 사람들에게 물어서 그곳으로 가는 시내버스를 타고 그 동네를 찾아갔습니다. 동네에서 조금 떨어진 곳에 밭이 있는데, 그 밭모퉁이에 아담하게 교회를 지었고 그 옆에다 자그마하게 사택을 지어서 살고 있었습니다.

반갑게 황 전도사와 인사하고 안내해 준 작은 방에서 쉬면서 이제 곧 저녁을 먹겠구나 기대하고 있었는데, 저녁때가 다 되어도 사모가 밥을 가져오질 않았습니다. 정말 온종일 굶었으니까 너무 시장했습니다. 이젠 밤이 되어 어두워졌는데도 저녁 먹자는 얘기가 없습니다. 처음 간 집에 가서 밥을 차려 달라고 요청도 못하겠고, 속으로만 불평하고 있었습니다. 같이 간 그 장로님은 원장인데 인색하게 점심밥도 사주지 않으니 은근히 부화도 치밀고 그 장로님이 미워지기도 했습니다. 그러던 중 조용히 하나님께 기도를 드렸습니다. "하나님, 배가 너무 고픕니다. 밥 좀 주세요."

이렇게 조용히 기도를 드리는데 큰방에서 전도사 부부가 다투는 소리가 들렸습니다. 귀를 쫑긋 세우고 문지방에 기대어서 얘기를 엿들었는데, 사모는 이 집에 더 있을 수 없으니까 오늘 저녁에 집을 떠나겠다고 하고, 황 전도사는 내가 당신을 사랑하고 이해하고 있으니 절대 집을 떠나지 말라고 간청하고 있는 중이었습니다.

결혼한 지 2년이 다 되었습니다. 이 집안에서는 남편이 2대 독자라서 시아버지, 시어머니 그리고 주위 친척들이 자손을 기다리는데, 2년이 지나도록 손주를 보지 못하니 마음이 조급하고 새댁으로 시집온 사모는 항상 시부모 대할 때마다 얼굴을 들 수 없어 몹시 불안하고 죄책감으로 인해 견딜 수 없는 입장이었습니다. 매일 자식을 얻기 위해 기도해도 아무 응답이 없었습니다. 이러므로 하루하루 생활하는 것이 너무 피곤하고 곤욕스러워 기쁨도 없고 매일 우울했다고 합니다. 기도도 안 되고 마음이 무겁고 답답해서 더 버틸 수 없어서 이젠 사모가 집을 떠나야겠다는 결심을 했다는 것입니다. 아마 집을 떠나려고 짐 보따리를 다 싸서 들고 나갈 작정인 듯했습니다. 그런 형편이니 밥 얻어먹으러 왔다가 큰 낭패를 당하게 되었던 것입니다. 제가 아무것도 모르고 불난 가정에 뛰어들었던 것입니다. 정말 난처했습니다.

밤인데 어디 나갈 수도 없고 배는 고프고 밤새 있어도 밥은 얻어먹을 수도 없겠고, 다급해서 하나님께 기도를 드렸습니다. "하나님, 어찌해야 합니까?" 이때 성령님께서 하시는 말씀을 듣게 되었습니다. "이 두 부부 싸움은 영적인 문제다. 황 전도사는 기도원에서 1년 넘게 금식하며 오르간 반주를 하면서 기도의 영력, 성령의 뜨거운 불을 받아 왔으나 사모는 아무런 기도의 준비도 없이 목회자 사모가 되어서 개척교회를 세워 동역하고 있다. 그러니까 귀신 마귀가 황 전도사를 실망시키고 교회를 못하게 악령이 방해하기 위해서 사모에게 낙심을 주고 실망시키고 있는 것이다. 너는 방에 들어가서 무조건 두 사람에게 붙어서 이혼을 시키려는 귀신을 쫓아내어라."

성령의 이 음성을 듣고 나는 부부가 다투는 방에 들어가서 "황 전도사님, 극심한 문제로 사모님과 다투는 소리를 들었습니다. 아시다시피 성령님은 꿈과 희망을 주시고 화평케 하시고 가정도 하나 되게 하십니다. 내가 두 분에게 안수기도하면서 악령 마귀를 쫓도록 강력하게 기도드릴 테니까 전도사님도 같이 강력하게 기도합시다."

그리고 사모님 머리에 손을 얹고 방언기도를 했습니다. "예수님 이름으로 명하노니, 이 가정을 파괴하려는 귀신아 나가라. 나가라." 이렇게 계속 방언기도로 축사를 하니까 배가 고파서 말하기조차도 힘들었지만 성령의 권능이 임하고 사모도 펑펑 울면서 방언기도를 하고, 전도사도 같이 울면서 기도하고, 이렇게 세 사람이 방안에서 대부흥성회가 일어났습니다.

약 30분 정도 간절히 감사기도를 하면서 보혈의 찬송을 불렀습니다. "예수 십자가에 흘린 피로써 그대는 씻기어 있는가. 더러운 죄 회개하는 능력을 그대는 참 의지하는가" 계속 찬송을 부르며 하나님께 감사를 드렸습니다. 사모의 얼굴이 밝아지고 그토록 좌절하고 낙심했던 마음에 우울증이 싹 떠나가고 기쁨과 평안이 넘쳤습니다. 이렇게 악한 귀신이 떠나가니 사모가 바로 부엌에 들어가서 저녁밥을 짓더니 신속하게,

근사하게 밥상을 차려 왔습니다. 세 사람이 둘러앉아서 얼마나 맛있게 먹었는지 모릅니다. 그리고 과일도 내오고, 굶주렸던 참에 진수성찬이 부럽지 않았습니다.

그 이튿날도 사모가 아침에 얼마나 정성스럽게 식사를 차려 왔는지 잘 먹고 또 도시락까지 싸주면서 황 전도사와 강릉 해수욕장에 가서 푹 쉬다가 오후에 서울 가시라고 했습니다. 지옥의 가정이 변해서 천국이 되었습니다. 황 전도사와 너무 기쁘고 즐거운 마음으로 강릉 해수욕장에서 수영을 하고 오후 조금 늦게 버스를 타고 서울로 돌아왔습니다.

그리고 몇 개월 지난 후 기쁜 소식이 들려왔습니다. 사모가 아기를 잉태하였다는 것입니다. 그리고 사모가 새벽기도도 같이 드리고 즐겁게, 열심히 전도사와 같이 목회한다고 해서 하나님께 감사를 드렸습니다. 나는 가정불화로 이혼 직전의 가정에서 악한 귀신을 쫓아내고 화목하게 되는 경험을 여러 번 했습니다. 이러므로 예수님은 어느 가정에 들어가든지 먼저 귀신을 쫓아내라고 했습니다. 우리 주의 종들은 이런 권능을 꼭 받아서 가정에 불화를 일으키고 분열시키고 파괴하는 귀신의 정체를 알고 쫓아내야 합니다. 할렐루야!

기독보육원(고아원)

전도사 취임

제3장

기독보육원(고아원)
전도사 취임

　오산리 금식기도원에서 봉사하는 중이었습니다. 어느 날 조용기 목사님이 기도원에 오셔서 기도굴에서 기도를 마치신 후에 하산하시려고 차를 타시기 전 멀리 떨어져 있는 나에게 오라고 하셨습니다. 기도원에 수없이 오셔서 만나게 되어 인사하면 인사만 받았는데, 오늘은 무슨 영문인지 나를 부르시는 것인가 궁금했습니다.

　"이 전도사, 지금 두 가지 선택이 있다. 저 안양에 가면 기독보육원(고아원)이 있는데 그 보육원 원장님이 고아원 전도사와 총무를 요청하는데 그곳에 가서 사역할래, 아니면 여의도 순복음교회 들어와서 교육전도사로 시무할래?"라며 내게 물어보셨습니다. 더불어 보육원은 산 밑에 너무 아름다운 정원이라고 강조하셨습니다. 나는 며칠 동안 기도해서 응답을 받으면 결정해서 말씀드리겠다고 대답했습니다.

　곧바로 사모와 같이 3일간 작정 금식기도를 드렸습니다. 그런데 3일 후에 사모의 꿈에 어떤 기와집이 우리 집인데 마루 밑에 어린아이들 신발이 수십 켤레가 있다는 것입니다. 이 꿈에 보인 어린아이들의 신발이 바로 기독보육원 아이들의 신발이라 하나님의 응답인 줄 확신하고 조 목

보육원(고아원) 여중생 들과 함께

사님께 찾아가서 기독보육원에 가겠다고 보고 드렸습니다. 즉시 보육원에 비서가 연락해서 바로 보육원으로 가게 되어 며칠 후 안양 기독보육원을 찾아 갔습니다.

안양 입구 관악산 기슭에 보육원 재단 땅이 약 20만 평이 됩니다. 산 밑에 넓은 밭이 있고 넓은 밭기슭에는 보육원 막사가 7개 큰 기와집이 있고, 또한 보육원 동쪽에는 고등학교를 설립해서 운영하고 또한 운동장과 여러 개의 건물이 지어져 있었습니다. 정말 관악산 밑자락에 수많은 나무와 꽃 나무들, 큰 전원 마을이 옹기종기 참 아름답게 어우러져 있었습니다.

보육원 원장님은 홍익대 대학장과 또한 감사원장도 역임하셨고, 사모님은 권사님인데 윤보선 대통령의 누이동생이라고 했습니다. 이 원장님의 아버지는 일찍이 미국에 유학하셔서 의과대학을 졸업, 우리나라 최초의사로서 연세대학교 의학대학을 창설하셨고, 오 원장님 부친이 이 땅을 구입해서 보육원을 창립하고, 6.25 전쟁에 수많은 불쌍한 고아들을 모아서 돌봐왔다고 합니다. 나는 고아원은 처음이고 고아들에 관한 경험이나 식견도 전혀 없었습니다. 너무 생소한데 하나님께서 80여 명의 보육원(고아원)생들을 제게 맡겼습니다.

이 원장님과 사모님이 여의도 순복음교회 조용기 목사님의 말씀에 큰 은혜를 받아서 명예 장로님이 되셨고, 주일마다 여의도 순복음교회에 출석해서 예배를 드리고, 수시로 조용기 목사님께 인사드리며 보육원 넓은 밭에서 생산되는 유기농 야채와 과일을 주일마다 조 목사님 사무실에 갖다 드리곤 했습니다.

기도원 옆 광탄에서 조그마한 월세방에 살다가 하나님께서 보육원 안에 방 두 칸과 부엌이 따로 있고 마당도 있는 단독 집을 사택으로 마련해 주셨습니다. 보육원은 넓은 밭이 있고 대지도 넓어서 보육원생 숙소가 띄엄띄엄 떨어져 있었습니다. 넓은 밭에는 여러 가지 채소들이 자라고, 위에는 바로 관악산이 병풍처럼 둘러있고, 골짜기에는 관악산 계곡의 맑은 물이 흘러내리는 정말 조용하고 아름다운 전원 마을이었습니다.

그 당시 교회당은 목조건축으로 30여 년이 지나면서 관리가 잘 안되어 교회당 마룻바닥이 떨어져 있고, 강대상 바닥도 나무로 되어 있었는데 군데군데 구멍도 나 있었습니다. 처음 예배를 드리는데 5살부터 18세까지 80여 명의 보육원 아이들과 10여 명의 보모들, 그리고 옆 고등학교 교사 여러 명이 함께 예배를 드렸습니다.

주일 첫 예배를 인도하는데 영적인 어둠이 교회 안을 점령하고 있었습니다. 기도도 꽉 막히자 말씀을 증거하는 내 자신이 답답해지고 보육원 아이들은 전부 머리를 숙이고 강대상을 바라보는 아이가 한 명도 없이 전부 새까맣게 머리만 보였습니다. 또 순복음교회에서 하는 것처럼 통성기도를 시키니까 한 사람도 기도하는 소리가 없고 숨소리조차 들리지 않았습니다. 영적으로 완전히 잠들어 있었습니다. 내가 부임하기 전에는 모교단 강도사가 담임하셨는데, 예배 때마다 설교시간에 원고만 보시고 읽으시니까 설교자의 얼굴이 안 보이고 그러자 아이들도 머리를 숙이고 고개를 들지 않았다고 합니다.

부임 처음부터 영적인 전쟁이 시작되었습니다. 이 아이들이 말씀을 듣고 어둠의 세력에서 깨어나야 하므로 매일 관악산 꼭대기에 올라가서 바위에 앉아서 부르짖고 기도를 했습니다.

"하나님, 저는 고아원 목회는 처음입니다. 고아들 상태와 고아들 심리 상태도 전혀 모릅니다. 성경에는 하늘에 계신 하나님은 고아의 아버지가 되시고 과부의 재판관이 된다고(시 82:3) 말씀하셨습니다. 그리고 고아의 아버지 조지 뮬러 목사님은 3,000여 명이나 되는 고아들을 아버지처럼 돌보면서 다 공부를 시키고 성인이 되어 건강한 가정을 이루도록 큰 사명을 감당했습니다."

보육원 뒷산이 관악산이므로 항상 바로 올라가서 몇 시간씩 바위 위에 앉아서 간구기도를 드린 후 내려오곤 했습니다.

1.
고아원 부흥성회

그리고 아이들이 예배드리는 자세가 조금씩 변화되기 시작했습니다. 기도하는 중 성령님이 깨닫게 해주셨습니다. 그때 우리 동창 전도사 중 어린이 학생들을 중심으로 어린이 부흥성회를 능력있게 인도하는 오 전도사가 생각이 났습니다. 그래서 보육원 원장님께 이 부흥성회 계획을 말씀드리고 오 전도사에게 전화를 하니까, 고아원에 와서 부흥성회를 하겠다는 약속을 받았습니다. 일자를 정하고 고아원 아이들에게도 광고를 한 후 나도 기도로 준비했습니다.

　부흥성회 날 저녁이 되었습니다. 원아들은 별다른 부흥성회가 개최된다고 하자 처음 듣는 얘기라서 그런지 아이들 전원이 신기한 듯이 다 교회에 몰려나왔습니다. 부흥성회를 시작하고 기도 후 마이크를 강사에게 넘겼더니 오 전도사는 마이크를 잡고 강대상에서 아래 있는 좌석까지 왔다 갔다 하면서 원아들을 얼마나 웃기는지, 들었다 놓았다 하면서 어린이 찬송도 부르고 설교말씀도 재미있게 들려주며 진행하니 아이들도 일어서서 같이 찬송을 부르며 교회 안에 즐거움과 기쁨이 가득했습니다. 그동안 고개를 숙이고 한숨만 쉬고 조용하게 예배드리던 아이들이 일어서서 찬송 부르고 춤도 추고 서로서로 손을 잡고 소리내어 기도도 하고 마이크를 잡고 통성기도를 계속하니까 아이들 눈에서 눈물이 나고 회개를 하면서 예배가 더욱 뜨거워졌습니다.

　삼일째 되는 날, 저녁 부흥성회는 보육원 아이들이 거의 다 성령세례를 받고 방언기도를 하면서 기도 소리도 점점 뜨거워졌습니다. 부흥성회를 마친 후부터 주일예배시 고개를 숙이고 예배를 드리는 아이들이 거의 없어졌습니다. 이젠 설교를 듣는 시간에는 다들 고개를 들고 말씀에 집중하는 아이들이 많아졌습니다. 예배가 역동적이며 살아있는 예배가 되었습니다. 그동안 예배 때마다 가슴이 답답하고 매우 힘이 들었지만 이젠 예배가 생기 넘치고 성령의 은사가 나타나는 듯했습니다. 전에는 교실 안에서도 끼리끼리 싸움도 잘하고 사고도 많았지만 이젠 그런 마찰도 거의 사라졌습니다.

　보육원 아이들은 아빠 엄마 없이 사랑을 받지 못하고 자라기 때문에 대부분 정서가 메마르고 차갑고 외로워서 따뜻한 정과 사랑을 매우 갈망합니다. 이제 우리 가족 사모와 우리 아이들(어린 자녀 그때 큰 아이가 초등학생, 그리고 6살, 4살, 1살)과 같이 어울리기도 했습니다. 사택에는 사모가 어머니같이 따뜻하게 가족같이 대해주니까 틈만 있으면 떼를 지어서 사택을 찾아와 방에서 놀다가 가곤 해서 아이들이 가정의 따뜻하고 포근한 정을 많이 느끼는 듯했습니다. 또 고아원에서 무슨 좋은 일이나 나쁜 일이 생기면 쪼르르 사택에 와서 사모에게 알려주고 또 원장님 사택에서 선물이나 반찬이나 여러 가지 심부름이 있으면 서로 다투어서 우리 사택에 가져오곤 했습니다. 이젠 80여 명의 어린 원아들이 우리 가족과 한 가족같이 지내면서 서로 위로가 되고 정이 생기게 되었습니다.

나는 아침마다 아이들이 학교에 가기 전에 숙소마다 돌아가며 아이 모두를 위해 기도하고 난 후 학교에 보내곤 했습니다. 한 숙소에 10~13명 정도 기숙하고 숙소마다 아이를 돌보는 보모가 있었습니다. 일곱 개 정도 되는 숙소에 남녀 구별하여 기숙했습니다. 한 달에 한두 번은 아이들을 10여 명씩 안양에서 여의도까지 데리고 가서 여의도 순복음교회 철야예배에 참석하게 하여 같이 찬송도 드리고 말씀도 듣고 기도도 하면서 더욱 성령 충만하게 믿음에서 자라도록 영적인 능력과 꿈을 키워 주었습니다.

해외선교사 사역을 마치고 25년 만에 보육원에 와보니까, 그때 은혜 받았던 학생 중에 목사도 있고 지역장이 있고(여의도교회) 대부분 열심히 신앙생활 하며 서로 교분을 가지면서 신앙 중심으로 가정을 이루고 사는 모습을 보면서 "눈물을 흘리며 씨를 뿌리는 자는 기쁨으로 거두리로다"(시 126:5)라는 시편 말씀을 떠올리며, 많은 열매를 거두게 해주신 하나님께 감사를 드렸습니다.

2.

대홍수 산사태에서
가족을 살려주심

1977년 7월에 서울에서 큰 장마비로 서울 시내는 물론 특히 안양, 수원 일대에 시간당 300mm의 폭우가 쏟아져 시내가 온통 물바다가 되고 큰 다리가 떠내려가고 안양천 여러 곳에서 300여 명이나 되는 많은 사람이 폭우 속 큰 홍수에 떠내려가서 실종 또는 사망자가 많이 생겼습니다.

나는 그 당시 여의도 순복음교회 심방전도사로서 신월동, 신정동을 담당하고 있었습니다. 온종일 가정심방을 마치고 저녁 7시에 남성구역 연합예배를 인도하며 뜨겁게 기도하며 일일이 안수기도를 다 마치고 저녁을 먹고 있었습니다. 그 당시는 구역 연합예배를 드리면 예배드린 집에서 식사를 준비하므로 구역원 20여 명과 함께 저녁을 먹었습니다. 식사를 마치고 밤 10시가 다 되어서 안양에 있는 집을 향해 버스를 탔습니다.

시내에서는 큰 폭우였지만 시내버스가 운행하고 있었는데, 안양 가기 전 시흥에 오니까 낮은 도로에 물이 엄청나게 고여서 차가 지나갈 수 없었습니다. 할 수 없이 버스에서 내리니까 엄청난 폭우로 곳곳마다 도로가 마비되었고, 밤에 군용 트럭이 와서 도로 물웅덩이를 가로질러 승객들을 실어다 건너 주고 있었습니다. 나도 그 트럭을 타고 도로 물웅덩이를 건너서 다시 건너편에서 기다리는 버스를 타고 안양으로 왔습니다.

우리가 사는 보육원(고아원)에 있는 전도사 사택은 안양 입구에서 관악산 밑에 작은 산기슭의 밭 끝자락에 있었습니다. 그 사택 집 마당 끝에는 바로 관악산 골짜기에서 내려오는 큰 개울이 있었는데, 평상시에는 개울에 물이 적당하게 흘러서 거기서 빨래도 하고 머리도 감고 발도 씻곤 했습니다. 그런데 내가 버스에서 내려서 집으로 올 때는 보육원 앞 큰 넓은 밭이 물바다가 되어서 바지를 걷고 더듬어서야 사택에 간신히 찾아올 수 있었습니다. 집안에 들어서니까 폭우로 사방이 캄캄했습니다. 전기가 끊어져서 주위가 온통 캄캄하니 촛불을 켜고 사모와 여동생(지금은 권사)이 내가 오는 것을 기다리며 기도를 하고 있었습니다. 그때 시간은 밤 12시가 넘었습니다.

폭우가 계속 쏟아지고 개울이 넘쳐서 밭으로 흩어지니까 보육원 총무 청년이 사택이 위험하므로 우리 집 아이 4명을 전부 안전한 보육원 숙소로 옮겨갔고, 사모와 동생 둘이서 나를 기다리고 있었습니다. 비가 너무 쏟아져서 내가 집에 오질 않으니까 오히려 내 걱정이 되어서 촛불을 켜놓고 기다렸던 것입니다. 폭우가 쏟아지고 개울에 물 내려가는 소리, 큰 돌이 굴러가는 소리가 요란하자 겁이 나서 둘이서 사택에서 계속 기도를 했다고 합니다. 그러던 중 내가 무사히 집에 도착했습니다.

그 사이에 폭우도 그치고 개울에 거센 물소리도 사라지고 조용해지니까 조금 안심이 되었습니다. 우리는 밤새도록 뜬눈으로 지새우다가 잠깐 잠이 들었는데, 거의 새벽녘이 되어서 잠에서 깨어 밖에 나가보니 관악산 골짜기에서 쏟아져 내려오는 물이 어마어마했고, 골짜기에 있는 자동차만큼 큰 돌 바위가 굴러 내려왔고, 개울에는 자갈돌이 개울을 가득 메워 큰 물이 밖으로 흩어져 내려갔습니다. 개울을 따라서 우리 사택에서 100m쯤 산골짜기를 올라가 보다가 깜짝 놀랐습니다.

폭우가 큰물이 되어 산골짜기로 쏟아져 내려오다가 산기슭 골짜기에 있는 커다란 아름드리 소나무 수십 그루가 뿌리째 뽑혀서 큰 물살에 떠내려오다가, 우리 집에서 약 100m쯤 떨어진 개울 골짜기에서 그 큰 나무 기둥 10개가 서로 엉켜 둑이 되어서 산골짜기에서 밀려 내려오는 큰 물살을 막고 있었습니다. 만약 이 큰 소나무가 뿌리째 뽑혀서 이 개울의 방파제가 되지 않았으면 그 골짜기의 큰 물살이 여지없이 블록으로 지은 우리 집을 바로 쓸고 내려갔을 것입니다. 우리 사택 밑으로 100여 m 내려가면 바로 큰 안양천이 흐르고 있는데, 우리 집이 떠내려갔으면 바로 안양천에 합류하게 되어 큰 피해를 입게 되었을 것입니다. 하나님이 그 큰 나무 기둥을 뽑아서 우리 사택의 방파제로 지켜주시지 않았으면 우리 집 가족, 아이들이 몽땅 안양천에 떠내려가서 흔적도 없이 사라졌을 것입니다.

아침에 보니 그 큰 안양천 다리도 떠내려갔습니다. 그때 폭우와 홍수로 안양천에서만 수백 명이 사망했습니다. 우리 집으로 쏟아지는 골짜기 큰 물줄기가 흩어져서 옆에 있던 고등학교 화장실 건물도 떠내려가서 흔적도 없었습니다. 순식간에 일어난 큰 재앙이지만 우리도 모르는 사이 하나님이 불꽃 같은 눈으로 감찰하시고 우리의 생명을 보호해주셨음을 알았습니다.

> "야곱아 너를 창조하신 야훼께서 지금 말씀하시느니라 이스라엘아 너를 지으신 이가 말씀하시느니라 너는 두려워하지 말라 내가 너를 구속하였고 내가 너를 지명하여 불렀나니 너는 내 것이라 네가 물 가운데로 지날 때에 내가 너와 함께 할 것이라 강을 건널 때에 물이 너를 침몰하지 못할 것이며 네가 불 가운데로 지날 때에 타지도 아니할 것이요 불꽃이 너를 사르지도 못하리니"(사 43:1-2).

아침에 이 광경을 보고, 사모와 동생 그리고 보육원 큰아이들까지 놀랐습니다. 전능하시고 능력 많으시고, 좋으신 하나님이 우리의 생명을 눈동자같이 보호하시고 지키십니다. 그때 생각만 하면 너무나 끔찍하고 가슴이 저려옵니다. 하나님의 은혜, 정말 감사드립니다.

3.

죽음의 문턱에서 살아난 네 자녀

전도사로 임명받은 후 1년 동안 교회 개척을 위해서 대구로, 평택으로, 천안으로, 또 강남으로(당시 강남은 밭과 논뿐이었음) 다니면서 개척준비금을 다 소비하고, 이제 갈 곳이 없어서 오산리기도원에서 청소하는 일로 봉사하다가, 점차 찬송인도 담당으로, 다음은 기도원 예배 설교담당으로, 금식기도 하는 성도들에게 안수기도 담당으로 기도원 사역을 감당하다가, 조용기 목사님의 지시로 안양 기독보육원(고아원) 담임전도사로 부임했습니다. 그때가 1976년 봄이었습니다.

그 당시 보육원(고아원)은 정부의 지원도 없이 자체적으로 고아원을 운영하면서 보육원 아이들의 모든 후생비, 학교등록금, 식량공급, 의료공급, 난방비까지 조달해야 했으므로 살림이 너무 빈곤했습니다. 보육원에 속한 큰 밭이 있어서 그 밭에 채소를 재배해서 판돈으로 보육원 운영비를 충당하고, 주위에 있는 회사나 생산공장 같은 곳에서 후원을 받아서 생활비를 충당했습니다. 이러므로 보육원 아이들의 영양상태가 매우 열악하여 다들 왜소하고 허약해 보였습니다. 우리 가족 역시 거의 원아들과 비슷하게 영양이 제대로 공급되지 못하니까 바짝 말라보였습니다.

그리고 우리 집 아이도 원아들과 같이 섞여서 지내게 되었습니다. 한창 자라나는 아이들이 제대로 먹지 못해 영양이 결핍된 상태였습니다. 설상가상으로 무더운 여름철 어느 날, 우리 아이들이 계속 열이 오르고 온몸이 불덩이같이 뜨거웠습니다. 그러나 나는 그냥 감기인 줄 알았습니다. 그 당시는 돈이 없어서 병원에도 갈 수 없는 형편이라 그냥 방에 눕혀 놓고 저절로 낫기를 기다렸습니다. 그러면 되리라 생각했습니다.

큰아이 8살 진민이 열이 나더니, 둘째 6살 진영, 셋째 3살, 4째 갓난 아이까지 4명이 다 열이 나서 끙끙 앓고 누웠습니다. 하루 이틀이 지나도 차도를 보이지 않아서, 그 아이들의 몸을 자세히 보니까 혀에 헛바늘이 돋아있어 주위 보모에게 알아보니 홍역이 걸렸다는 것입니다. 아이들을 키우면서 홍역이 무엇인지 알지도 못했고 또 돈이 없으니까 홍역 예방주사도 맞추질 못했던 것입니다.

그런데 3일째 되는 날 저녁때쯤 되어서 방에 누워있던 큰아이가 각혈하는 것입니다. 퀙 토하니까 입에서 피가 쏟아져 나왔습니다. 그러더니 둘째도 각혈하며 입에서 피가 펑펑 쏟아져 나와 그 피를 걸레로 닦는데, 셋째와 넷째까지 모두 피를 토하고 숨을 헐떡거립니다. 방바닥에 벌겋게 쏟아진 피를 헌 옷을 가져다가 말아서 닦아 내었습니다. 그래도 계속 피를 토하는데 약 한 시간쯤 계속해서 간헐적으로 피를 토해내니 이젠 겁이 났습니다. 원래 애들이 너무 쇠약한 데다가 눈을 감은 채로 계속 피를 토하니까 기운이 없어 그냥 기진맥진하여 숨쉬기조차 힘들어 헐떡거리며 숨이 넘어가는 듯 했습니다.

사모와 나는 정신을 차릴 수 없이 겁이 났습니다. 돈은 한 푼도 없고 고아원에서 병원에 데리고 갈 엄두도 나지 않고 다급하니까 기도도 못하고 "아이고 주여 주여" 하면서 얼굴이 새파랗게 질렸습니다. 홍역에 아이들이 많이 죽는다는데 겁이 났습니다. 네 아이가 한꺼번에 홍역에 걸려서 각혈하니까 처음 당하는 경험이라 어찌할 방법을 몰랐습니다. 벌써 어둑어둑 밤이 다가왔습니다.

그래도 우리는 성령의 불세례를 받고 기도의 능력으로 기도원에서도 수많은 환자가 기도할 때마다 기적적으로 불치의 병이 나은 체험이 있으니, 사택에서 약 50m 떨어진 내가 시무하는 고아원 교회에 가서 하나님께 매달려야겠다고 결심했습니다. 큰아이 둘을 내가 안고 사모는 작은 아이 둘을 안고 보육원에 달려가서 교회 강단에 네 명을 나란히 눕혀 놓고, 강단 의자 앞에서 무릎을 꿇고 하나님께 부르짖기 시작했습니다. 사모는 왼편 의자 앞 바닥에서, 나는 오른편 의자 앞에서 하나님께 부르짖기 시작했습니다.

아이들은 곧 숨이 끊어질 것 같이 기력이 다 빠진 듯했습니다. 기도하면서 강단에 누워있는 아이들의 얼굴을 만지면서 숨을 쉬는지 귀로 확인해가면서 기도했습니다. 그렇게 강대상 의자를 치며 통곡하면서 하나님께 눈물로 간구했습니다.

"하나님, 제가 주의 복음 전하려고 직장도 그만두고 전도사가 되어서 교회를 개척하여 목회하다가 빈손이 되었고, 기도원에서도 겨우 아이들 연명만 하고, 또 이 고아원에 와서도 아이들 제대로 먹이지도 못하고 입히지도 못하고 이렇게 영양실조가 되었는데, 이 자식들이 홍역에 걸려서 죽어가고 있습니다. 하나님, 너무 불쌍합니다. 이렇게 아이들에게 부모 노릇도 못하고 못 먹이고 고생시키다가 죽으면 제가 어떻게 복음을 전할 수 있습니까? 하나님, 제발 우리 네 아이를 살려 주십시오."

"그는 궁핍한 자가 부르짖을 때에 건지며 도움이 없는 가난한 자도

성령의 권능 ● 성령의 바람을 타고: 오대양 육대주와 아마존 밀림까지 건지며 그는 가난한 자와 궁핍한 자를 불쌍히 여기며 궁핍한 자의 생명을 구원하며"(시 72:12-13).

"하나님, 우리는 아무것도, 누구도 의지할 곳이 없습니다. 이 고아원에 와서 네 아이가 다 죽으면 우리는 살아갈 의욕을 잃게 됩니다. 하나님의 자녀들입니다. 세상에 태어나서 제대로 자라지도 못하고 다 죽으면 어떡합니까? 하나님, 제발 이 아이들을 살려주십시오."

이렇게 기도하면서 코에다가 귀를 갖다대고 호흡을 하는지 틈틈이 확인했습니다. 숨은 쉬고 있었습니다. 피도 너무 많이 쏟으니까 이젠 입에서 나올 피도 없는지 각혈도 그쳤습니다. 마귀는 얼마나 불안과 공포를 주는지, '네 아이를 어디다 한곳에 갖다 묻어야 하나 어디다 묻어두지...' 하는 몹쓸 생각에 두려움과 공포가 밀려왔습니다. 죽을 각오로 나와 사모가 하나님께 매달렸습니다. 그저 통곡하고 엉엉 울기만 했습니다. 초저녁에 강대상에 올라갔는데 밤 1시가 되었습니다. 6시간 이상 한자리에서 하나님께 통곡하며 매달렸던 것입니다.

"이에 그들이 그 환난 중에 야훼께 부르짖으매 그들의 고통에서 구원하시되 흑암과 사망의 그늘에서 인도하여 내시고 그들의 얽어 맨 줄을 끊으셨도다"(시 107:13-14).

이렇게 오랫동안 통곡하며 기도하는 중에 고통과 불안과 두려움이 짙은 안개가 걷히듯 사라지고 마음에 평안이 강물같이 스며들기 시작했습니다.

"평안을 너희에게 끼치노니 곧 나의 평안을 너희에게 주노라 내가
 너희에게 주는 것은 세상이 주는 것과 같지 아니하니라 너희는 마
 음에 근심하지도 말고 두려워하지도 말라"(요 14:27).

두려움도 불안도 다 사라지고 평안과 기쁨이 샘물처럼 솟아 올라왔
습니다. 입에서는 찬송이 나왔습니다.
 "내 평생에 가는 길 순탄하여 늘 잔잔한 강 같든지 큰 풍파로 무섭고 어
렵든지 나의 영혼은 늘 편하다/ 내 영혼 평안해 내 영혼 내 영혼 평안해"
 "날 사랑하심 날 사랑하심 예수 사랑하심은 거룩하신 말일세/ 우리
들은 약하나 예수 권세 많도다"

사모에게도 물어보니 자기도 두려움이 떠나가고 평안이 왔다는 것입
니다. 성령님이 우리 둘에게 똑같이 위로와 평안을 주셨습니다. 아이들
을 돌아보고 머리에 손을 얹으니 그 펄펄 끓던 열이 내려가고 새록새록
잠이 들었습니다. "하나님, 감사합니다. 예수님, 감사합니다. 성령님
함께 하시니 감사합니다."
 바로 네 아이를 안고 집에 가서 방에 눕혔습니다. 아이들은 계속 잠
을 잤습니다. 열이 다 없어지고 평온해졌습니다. 그 홍역을 이 밤에 하
나님이 직접 치료해주셨습니다. 며칠이 지난 후 아이들이 밥을 먹고 회
복되어 갔습니다.
 이 일 후에는 서울에서 남미로, 북미로 학교를 다녔지만 아이들 모두
장성해서 이젠 40대가 되어서도 감기 한 번 안 걸리고 건강하게 성장했
습니다. 손자들도 12명이나 되는데 모두 건강하게 잘 지내고 있습니다.
두 딸은 뉴욕 '세인트 존' 약대(미국에서 제일 유명한 약대)를 졸업하
여 셋째딸은 뉴욕에서 큰 약국을 경영하고, 둘째딸은 뉴욕 큰 병원에서

약제사로 근무하고, 큰딸과 막내딸은 목사 사모가 되어 교회를 섬기고 있습니다. 큰 사위는 여의도 순복음교회에서 국제국장과 CGI 사무총장을 지내고, 두 사위는 사업을 하고 있으며, 막내아들 요한이는 뉴욕에서 내과의사로 근무하고 있습니다.

　모두 예수님 잘 믿고 하나님의 은혜와 사랑을 받고 하나님 교회에 충성하는 일꾼이 되어서 건강하고 유복하게 살아가고 있습니다. 하나님은 참 좋으신 분입니다. 하나님의 크신 사랑과 은혜 평생 감사하고 지내고 있습니다.

THE POWER OF
THE HOLY SPIRIT

여의도 순복음교회 소교구 전도사 사역

1. 알코올에 중독된 방탕자의 회심(신월동)
2. 폐결핵의 사경에서 치료된 젊은 여성
3. 자매에게 들린 무당귀신을 쫓아냄
4. 전도에 불이 붙은 신월동 구역장들의 열정

제4장

여의도 순복음교회
소교구 전도사 사역

내가 여의도 순복음교회 교구전도사로 임명받아 사역하던 시절은 1976년대로 우리나라 경제생활이 대부분 빈곤한 형편이었습니다. 그 당시에 여의도 순복음교회에 자가용을 타고 오는 사람은 한 사람도 보질 못했습니다. 제가 배정받은 교구는 여의도 순복음교회 모든 지역 교구 중에서 제일 열악하고 빈곤한 교인들이 사는 지역이었습니다. 철거민들이 집단으로 모여 사는 신정동, 신월동 지역입니다.

신정동은 안양천과 한강으로 흐르는 개천 둑방에서 사는 사람들이 많았습니다. 둑방에 사는 사람들의 집은 대부분 지붕을 비닐로 덮고 그 안에 방과 부엌, 그리고 바로 옆에는 재래식 화장실이 있었습니다. 무허가 집이고 여름에는 비닐하우스라 너무 더워서 찜통 같고 겨울에는 찬바람이 스며들어 그 안은 몹시 추웠습니다. 여름에는 대부분 남자들은 노동일을 해서 살아가지만 겨울이 되면 노동할 곳이 없으니까 생활이 매우 궁핍했습니다. 그러므로 교회에서 성미쌀로 도움받아서 끼니를 이어가는 가정도 많았습니다. 이처럼 가난한 동네에는 무당집, 점치는 집도 참 많았습니다.

이런 열악한 환경 속에서 힘겹게 살아가는 집집마다 심방을 다니면서 복음을 전했습니다. "우리 하나님은 부요의 하나님이십니다. 가난한 자에게는 복을 주셔서 풍요롭게 하시고, 예수님이 가시는 곳마다 병든 자를 다 치료해주시니 건강한 사람이 됩니다. 이러므로 지금도 예수님 이름으로 기도하면 어떤 병이든 고쳐주십니다."

가난한 동네인지라 갖가지 질병이 많았습니다. 그 당시는 개인병원도 많지 않았고 또한 의료보험도 없으니까 어지간히 아파도 병원에 갈 엄두도 못내고 집에서 그냥 앓고 지내는 사람이 많았습니다. 가난하여 병원도 갈 수 없으니까 하나님께 매달리는 분들이 대부분이었습니다.

여의도 순복음교회가 1960~80년대에 성도 수가 불같이 일어나고 교회가 부흥된 것도 이런 사정이 있기 때문입니다. 가난한 사람, 병든 사람들이 교회에 몰려와서 조용기 목사님의 신유기도와 최자실 목사님의 안수기도로 치유되고, 또한 교구 전도사, 목사들이 심방하면서 기도를 드릴 때 많은 환자들이 병고침을 받고 교회에 출석하게 된 것도 부흥 요인이었습니다. 또한 치료받고 성령의 세례를 받은 성도들이 집집마다 다니면서 자기들의 체험을 증언하며 전도하니까 더욱 교회가 왕성하게 일어났습니다.

내가 처음 맡은 교구는 신정동, 신월동 교구였습니다. 대부분 철거민이 되어서 이곳으로 이주해서 온 가정입니다. 가난하고 어렵게 살지만 기도와 예배는 열심이 있고 뜨거웠습니다. 처음 맡은 구역은 17구역이었습니다. 교구장이 되어 매일 일곱에서 열 가정 정도 심방하며 예배를 드렸고, 또한 병자가 있는 가정에서는 신유기도를 많이 했습니다. 그리고 구역장 훈련과 구역원들을 영적으로 잘 양육하기 위한 구역장 연합 예배를 드렸습니다. 나중에는 지역장이 생기면서 지역장 한 명당 4~5구역을 담당하여 구역장 관리를 하게 되면서 구역 간의 결속과 지역의 단합을 도모하며 리더로서 자부심을 갖게 했습니다. 이러므로 지역 연합예배를 드리게 되었습니다.

교구장들은 아침에 교회로 출근하면 아침기도 하는 오전 8시에 조용기 목사님이 직접 목사, 전도사들을 교육시키며 기도회를 인도했습니다. 1시간 정도 기도회가 끝나면 바로 구역 심방을 나갔습니다. 그 당시 조용기 목사님은 신학교에서 배우지 못한 것을 목회자로서 근본과 기본적인 목양 사역을 가르치고 훈련시켰습니다. 그때 받은 영적 교육이 평생 목회에 뿌리가 되고 교본이 되었습니다. 교구사역, 심방 등 정말 열심히 사역했습니다.

그리고 한 달에 한 번은 관광버스를 대절해서 오산리기도원 성령대망회를 하면서 성령세례를 받고, 병든 사람들은 주로 기도원 성령대망회 시간에 많이 고침을 받았습니다. 성령세례 받은 성도들은 집에 내려오면 뜨거운 마음으로 곳곳마다 전도해서 매주 새신자가 10여명 가까이 등록하게 되었습니다. 이런 영향으로 내가 맡은 교구는 17구역이던 것이 2년만에 50구역, 교구출석이 450~500명 정도 되었습니다. 또 기도원 갈 때면 관광버스를 이용하니까 가난한 사람들에겐 즐거운 여행이 되고 기도회가 되었습니다. 이렇게 부흥되니까 여의도 순복음교회 교구부흥은 저희 교구가 계속 1등을 차지하게 되었습니다.

1. 알코올에 중독된 방탕자의 회심

　신월동에서 사역하던 중 구역장의 인도로 어떤 집에 심방을 갔습니다. 집은 임시 슬라브 집이고 마당이 조금 있었습니다. 구역 성도들 몇 명과 마당에 들어서니까 건장한 남자가 술이 취해서 벌겋게 상기된 얼굴로 우리를 보는 순간, 작은 마루에 앉았다가 바로 몽둥이를 들고 전도사인 나를 때리려고 뛰어 내려왔습니다. 그런데 술 취했으니까 비틀거리면서 나에게 다가왔습니다. 잘못하여 그 몽둥이로 후려치면 내가 어떤 부상을 입었을지 모릅니다. 나는 옛날 대학 시절 합기도 운동을 어느 정도 했습니다. 재빨리 가방을 놓고 그의 뒤로 돌아가서 허리를 껴안고 뒤로 끌고 마루에 눕혔습니다.

　그리고 제가 강력하게 방언기도를 하고 구역장과 구역성도들이 둘러서서 통성으로 합심기도를 했습니다. 합심기도를 10여 분 정도 뜨겁게 하니까 꽥꽥하더니 마루바닥에 먹었던 술과 음식찌꺼기를 토해내고 낑낑거리며 그대로 누워있었습니다. 부인 성도가 마룻바닥과 자기 남편의 얼굴과 옷에 묻은 토한 것을 닦아냈습니다. 그리고 우리는 다시 찬송과 기도회를 마치고 구역 연합예배를 드리려고 조금 떨어진 구역장 집에 갔습니다.

　구역장 집에서 구역예배를 드리며 열심히 말씀을 증거하는데, 갑자기 밖에서 덩치 큰 남자가 문을 열고 방안으로 기어들어 왔습니다. 그 집은 옛날 시골 초가집 문종이를 바른 문틀이라서 밖에서도 문고리를 당기면 문이 열렸습니다. 누군가 하고 봤더니 얼마 전 술 취해서 나를 몽둥이로 치려 하던 그 남자였습니다. 그래서 설교를 멈추고 보혈의 찬송을 몇 장 뜨겁게 부르고 모두 다 합심해서 통성기도를 했습니다.

이 술 취한 남자를 위해서 내가 먼저 그의 머리에 손을 얹고 안수기도를 간절히 하며 방언기도로 술 마귀를 내쫓고 성령세례 받기를 기도하니, 그 덩치 큰 남자가 엉엉 울기 시작했습니다. 성도들이 더 뜨겁게 방언기도를 하니까 방바닥을 치며 회개하며 더 펑펑 울기에, 나는 성령세례 받게 하려고 방언기도로 인도하니까 이 남자 입에서 콸콸콸 방언기도가 뜨겁게 굴러 나왔습니다. 한참 방언기도를 같이 하고 난 후 예배를 마쳤습니다. 예배를 마치고 이 남자의 얼굴을 보니 술이 완전히 깨고 얼굴빛이 환하게 변했습니다.

이 남자는 그 자리에서 자기가 너무 나쁜 놈이라고 고백하고 울면서 자기 죄를 깨닫고 회개했다고 합니다. 마음도 상쾌할 뿐만 아니라 편안하고 기뻐서 정말 감사하다고 말하면서 이젠 자기 부인 따라서 교회 나가겠다고 그 자리에서 선언했습니다. 모두 박수치면서 환영했습니다.

이 남자가 바로 김포교통 시내버스 모범 운전사가 된 백 집사입니다. 모범 운전사가 된 후 버스회사 안내원들과 운전사들을 많이 전도해서 교회에 데려왔는데, 주일마다 꼭 한두 사람 전도해서 데려왔습니다. 원래 버스운전기사였던 백 집사는 운전기술은 있지만 청년 시절부터 술을 좋아해서 거의 알코올 중독자가 되었다고 합니다. 술만 먹으면 동네를 돌아다니면서 온갖 행패를 부리고 싸움을 하고, 또 집에 들어오면 자기 아내를 괴롭히고 주먹으로 내려쳐서 온몸에 멍이 들고 얼굴에도 상처가 나고 멍이 들어서 도저히 살 수 없어서 도망하였는데, 몇 번이나 도망쳐도 어떻게 용하게 찾아온다는 것입니다.

예전에는 운전하다가도 술이 먹고 싶으면 운전대를 놓고 시도 때도 없이 회사에서 사라지니까 버스회사에서도 사람 취급도 안 하고 해고

되었다고 합니다. 동네에서도 외상으로 술을 안 주면 가게 앞에서 고래고래 고함치니까 할 수 없이 소주병을 주면 매일 시도 때도 없이 마시고 행패를 부려서 파출소에 끌려가고, 또 며칠 후 나와서 또 행패 부리기를 수도 없이 반복했다고 합니다. 이러므로 이 사람은 동네에서도 폐인 취급했다고 합니다.

그랬던 이 남자가 성령의 불을 받아 변화하니까 완전 새사람이 되어서 술도 완전히 끊고 다시 회사에 복직하여 얼마나 성실하게 운전하는지 김포교통 버스회사에서도 인정받아 모범 운전사가 되었고, 열심히 돈을 모아 1년 후에는 월세집에서 전세집으로 옮기게 되자 나에게 꼭 감사예배를 드려주셨으면 한다고 해서 그 집을 찾아갔습니다. 이젠 기와집 아래채 한 채를 전세 얻어서 큰 방이 두 개, 부엌 그리고 큰방 벽 정면에는 십자가를 걸어놓고 일을 마치고 오면 꼭 찬송과 기도를 한 후에 잠을 잔다고 합니다.

모범운전사가 되어서 신실하게 친절을 베풀어주니까 주위에 많은 기사와 안내원들이 따르고 회사 안에 구역을 만들어서 회사의 구역장이 되어 몇십 명을 모아놓고 예배를 인도하고 또 전도하는 등, 그를 하나님이 완전히 새사람으로 만들어 주셨습니다. 가정도 행복해지고 아이들도 착하고 바르게 자랐습니다. 우리 하나님, 우리 성령님, 예수님은 참 좋으신 분입니다. 저는 후에 다른 대교구장이 되어서 그 후로는 소식을 듣지 못했습니다. 그러나 지금도 그때의 일이 눈에 선합니다. 할렐루야! 돌아온 탕자와 같이(눅 15:11-32).

"이전 것은 지나갔으니 보라 새 것이 되었도다"(고후 5:17).

2. 폐결핵의 사경에서 치료된 젊은 여성

제가 여의도 순복음교회에서 전도사로 사역할 때는 1976년도였습니다. 그 당시 우리나라는 대부분 가정이 매우 빈곤했습니다. 우리나라 서울에서 아파트 단지가 있는 지역은 여의도가 전부였고, 대부분 모든 가정은 옛날 가옥으로 재래식 화장실과 연탄불을 피우는 온돌방에서 살았습니다. 제가 맡은 신월동, 신정동 지역은 대부분 가정이 철거를 당해서 이주해온 집들이었습니다. 그 당시는 전화기가 있는 집은 열 집에 한 집일 정도였으니 전화를 하려면 전화기 있는 집을 찾아가서 해야만 했습니다. 제가 심방 다닐 때도 전화가 안 되므로 구역장들과 직접 만나서 약속하고 시간 장소가 정해지면 그때 만나서 같이 심방을 다녔습니다. 때로는 심방 가는 집과 전혀 사전 연락도 없이 찾아가서 심방 예배를 드릴 때도 많았습니다.

대부분 가정에서는 남편은 직장이나 일터로 나가고, 아이들은 학교에 가고, 주부들은 집에서 살림하고 직장이나 직업을 갖지 않았습니다. 왜냐하면 생활이 어려워도 직장이나 일터를 구할 수 없었기 때문입니다. 그 당시만 해도 생산공장이나 작은 회사, 하물며 식당도 거의 없었기 때문에 주부들은 일자리를 구할 수 없었습니다. 이러므로 낮 시간에 예배드려도 거의 다 참석했습니다. 기도원 기도회나 교회의 수많은 예배, 구역예배, 교구예배, 심방예배 등등 수많은 기도회나 예배에도 거의 출석했으므로 전도도 하기 쉬웠고, 예배 동원하는 것도 참 쉬웠습니다.

어느 날, 신정동에 심방예배가 정해져 있어서 구역장 집을 찾아갔습니다. 이 구역장은 그 당시로는 나이가 좀 들어서 약 50대 가까이 된 장집사님이었습니다. 그 당시(1976년) 여의도 순복음교회는 성도의 평균연령이 30대 중반쯤 된 듯합니다. 그때 내 나이는 34세였습니다. 조용기 목사님의 연세도 겨우 40세 정도였습니다.

그런데 장 구역장이 집 근처에 특별히 기도하고 심방할 집이 있는데, 여자가 폐병에 걸려서 각혈하고 거의 다 죽어가게 되었다고 합니다. 그 당시는 우리나라 국민이 대부분 가난하였기 때문에 영양이 부족하여 병약한 사람들이 많았습니다. 특히 폐병으로 고생하고 폐병으로 죽어가는 사람들이 많았습니다. 의약품도 귀하고 특히 병원비가 비싸고 병원도 많지 않아서 병원 치료는 엄두도 못 내고 대부분 민간요법으로 치료하는 경우가 많았습니다.

장 구역장을 따라서 그 집을 찾아갔습니다. 집은 자그마한 한옥인 데다가 연탄 부엌의 뒷방이었습니다. 문을 열고 들어서니까 어두컴컴한 방에서 피비린내가 코를 찔렀습니다. 방 정면에 환자가 누워있고 그 옆에는 어린아이들이 네 명이나 둘러앉아 있었습니다. 아주 어린 아이는 이제 돌도 안 된 것 같고, 그 위로 3살, 5살, 7살 정도의 여자아이들이 뼈만 앙상하고 얼굴은 파리하여 너무 불쌍해 보였습니다. 가난과 병색에 찌든 엄마 옆에서 멍하니 앉았다가 우리가 들어가니까 이상한 듯이 모두 쳐다보고 있었습니다. 방바닥에는 피를 닦은 걸레가 벌겋게 피범벅이 된 것이 여기저기 널려있고, 내가 앉은 자리에도 환자가 각혈한 핏방울이 바닥에 마르지 않은 상태로 있었습니다.

환자는 30대 중반쯤 되어 보이는 여성인데, 머리는 이리저리 흐트러져 있고 얼굴은 뼈만 앙상하고 핏기도 하나도 없이 하얗게 보였습니다. 겨우 돌아누워서 우리를 힘없이 쳐다보고 있는 모습이 너무나 참혹해

교구담당 전도사 시절 야외예배

보였습니다. 병들어 허약하게 힘없이 누워있는 엄마 옆에 아무것도 모르는 철없는 어린아이들이 나란히 앉아 있는 것을 보니 너무나 불쌍해 보였습니다. 엄마 앞에서 한창 재롱 피우고 해맑게 뛰어놀아야 할 어린 아이들이 엄마가 오랫동안 방에서 꼼짝 못 하고 누워있으니 그 아이들도 엄마와 같이 못 먹어서 뼈만 앙상했습니다. 아이들 아빠는 중국 사람인데 아침이면 중국 식당에 출근하여 주방에서 온종일 일을 하고 늦게 퇴근을 한다고 합니다.

원래 이 부부는 중국음식점을 경영하며 알뜰히 살아왔는데, 부인이 폐병 들어서 수년간 고생하는 동안 음식점도 정리하고 그나마 식당을 정리한 돈도 치료비로 다 쓰고 지금은 부엌 윗방에 세를 얻어서 산다고 합니다. 교회 나가 봤느냐고 물으니까 모기 만한 목소리로 교회는 한 번도 나가본 적이 없다고 합니다. 몸은 쇠약해지고 병에 짓눌려서 기력이 다 없어졌지만 정신은 또렷하게 살아있어서 내가 예수님의 복음을 귀에다 대고 자세하게 전했습니다.

"우리 예수님은 하늘과 땅과 모든 만물을 만드신 하나님의 아들이시고, 이 땅에 죄 많은 우리들을 구원하시려고 아버지가 없이 처녀의 몸을 빌려서 이 땅에 태어났습니다. 유명한 크리스마스가 바로 예수님이 태어나신 생일입니다. 그런데 이 예수님은 어느 집 어디를 가시든지 병이 들어서 고생하는 사람을 고쳐주셨습니다. 중풍병이나 앉은뱅이나 장님이나 반신불구나 암이나 폐병이나 어떤 병이든지 예수님이 기도하시면 또는 손을 얹으시면 병이 떠나가고 즉시 고침을 받았습니다. 또한 죽어서 장례까지 치른 사람도 살리셨습니다. 그리고 우리 죄 때문에 십자가에 달려서 피를 다 쏟으시고 돌아가셨는데 삼일 만에 다시 살아나셨습니다. 지금도 우리 예수님을 내 마음에 모셔드리면 모든 죄를 예수님의 십자가의 피로 씻어주시고 병도 고쳐주십니다. 예수님은 우리의 구세주입니다. 예수님은 영원히 살아계십니다. 이 예수님을 꼭 마음에 모셔드리세요. 그리하면 하나님이 이 폐병을 치료해주실 것입니다."

이렇게 말씀으로 알아듣게 설명하고 바로 머리에 손을 얹고 결신기도를 시켰습니다.

"예수님, 이전에 알고 지은 죄, 모르고 지은 죄 다 용서해주시옵소서. 저는 예수님을 모르고 살아왔습니다. 지금 예수님을 제 마음에 모셔드립니다. 예수님의 그 보혈의 피로 저의 지난 모든 죄를 용서해주십시오. 그리고 제가 고통받고 있는 이 폐병을 치료해주십시오. 예수님, 믿습니다. 예수님을 저의 구세주로 모셔드립니다. 저는 이제 하나님의 자녀가 되었습니다. 하나님 아버지, 저의 모든 죄를 용서해주시고 병도 고쳐주심을 믿습니다. 감사합니다. 천국 갈 때까지 저를 인도해주십시오. 예수님 이름으로 기도드립니다. 아멘."

이렇게 꼬박꼬박 따라서 고백하게 하고 결신을 시켰습니다.

그리고 저는 바로 방언기도로 이 폐병의 악마를 내쫓고, 이 가문에 내려오는 저주와 가난과 병마의 영을 내쫓았습니다. 계속 머리에 손을 얹고 방언기도로 강력하게 축사기도를 하며 말로도 기도했습니다.

"이 폐병은 예수님 이름으로 명하노니 이 딸에게서 떠나가라. 이 딸은 지금 하나님의 자녀가 되었다. 이 병마야 떠나가라. 떠나가라."

옆에 있던 장 구역장과 합심해서 기도를 드리며 보혈의 찬송을 계속하여 불렀습니다. 그리고 옆에 쪼그리고 앉아 있는 어린아이들에게도 한 명 한 명 손을 얹고 안수기도를 해주었습니다. 기도회를 마치고 감사기도를 했습니다.

장 구역장은 그 집에 널브러져있는 피 묻은 빨래와 걸레 그리고 아이들 옷도 벗겨서 다 싸서 자기 집으로 가져갔습니다. 나중에 알고 보니 이 구역장은 이렇게 피 묻은 빨래를 비누로 빨고 난 뒤 솥에다가 삶고 다 마른 다음 다리미질까지 해서 이 집에 갖다 주고, 아이들 옷도 새로 입히고, 방도 청소하고 소독도 해주면서 깨끗하게 한 뒤에 집에서 흰죽을 쑤어서 그 아이 엄마와 아이들을 먹이고 정성껏 돌봐주었다고 합니다. 이런 일이 한두 번으로 그친 것이 아니라 계속하여 예수님의 사랑으로 봉사했다는 것입니다. 나는 그 후로 일주일에 두 번 정도 그 집에 가서 같이 예배를 드렸습니다.

그렇게 돌보게 되니 방도 깨끗해지고 아이들 옷도 깨끗하고 때마다 음식을 먹이니 아이들도 생기가 돌고 아이 엄마도 점점 나아지기 시작했습니다. 한 달쯤 지나니까 이 아이 엄마가 일어나서 자기 손으로 아이들을 돌보게 되니 집안 분위기도 점점 좋아졌습니다. 내가 7, 8번쯤 심방하며 기도드렸는데, 두 달이 못되어서 아이들 엄마는 거의 치료되고 얼굴도 살이 찌고 혈색이 돌고 생기가 돌았습니다. 그리고 주일에는 아이들도 다 데리고 나와서 예배드리고 교구사무실에도 찾아와서 기도를 받았습니다. 나는 아이들에게도 일일이 안수 축복기도를 했는데 못 먹어서 파리했던 아이들이 점점 생기가 돌고 얼굴에 살이 오르니 정말 귀엽고 예쁜 아이들이 되었습니다. 정말 하나님은 좋으신 기적의 하나님이십니다.

장 구역장의 이런 희생적인 봉사와 헌신이 그 어려운 가정을 일으켜 세웠습니다. 어둡고 캄캄하고 아무 희망도 없이 절망과 좌절에 빠져있는 가정에 예수님의 빛이 들어가니까 어둠이 사라지고 생명의 밝은 빛이 임했습니다. 예수님이 제자에게 하신 명령입니다. "어느 집에 가든지 귀신을 쫓아내고 병든 자를 고치고 천국 복음을 전하라."

아마 지금은 그 어린아이들도 자라서 40대가 되고 젊은 세대가 되어서 교회에서는 하나님을 잘 섬기고 헌신하며, 사회에서도 중심인물이 되어있을 줄 믿습니다. 그리고 가정에서나 나라에서도 자기 본분을 다하며 귀하게 쓰임 받고 살고 있을 줄 확신합니다. 할렐루야! 하나님께 영광 돌립니다.

3. 자매에게 들린 무당귀신 쫓아냄

여의도 교구담당 전도사로 사역할 때 일입니다. 우리 가족은 안양 기독보육원(고아원) 사택에서 계속 살았습니다. 보육원 원장님은 우리 가족이 살아갈 집을 마련할 수 없으니까 가련하게 여겨 사택에서 계속 살도록 배려해주셨습니다. 고아원 사택에서 5년 가까이 살았는데, 브라질 상파울루 선교사로 출발할 때까지 그곳에서 무료로 살았습니다. 이모든 것은 우리 하나님이 나의 사정을 아시고 고아원 사택에서 살 수 있도록 예비해주신 것입니다.

이 고아원 사택은 안양시로 들어가는 입구로 관악산 자락 바로 밑에 넓은 밭이 있고 이 밭 끝자락에 작은 산이 있는데, 이 산 바로 끝에 있었습니다. 아침이면 산토끼들이 사택 마당에 왔다 갔다 하기도 하며, 산에 사는 꿩들이 모이를 먹으려고 마당까지 내려오곤 했습니다. 사택의 뒷마당은 바로 산이라서 나무들이 우거지고 산속 산장 같았습니다. 참 조용하고 공기도 맑고, 그리고 사택이라 전기세나 수도세도 내지 않고 그냥 지낼 수 있었습니다. 그 당시 나는 아침에 교회 출근하기 전에 6시쯤 뒷산 바위에 올라가서 산 기도를 한 시간 이상 하고 아침을 간단히 먹고 버스를 타고 여의도로 출근했습니다.

어느 날 아침에 출근해서 교구 사무실에 들어가니까 신월동 한○○구역장이 담당 교구장인 나를 만나려고 기다리고 있었습니다. 그 당시는 전화기가 없어서 서로 연락이 안 되기 때문에 아침 일찍이 교회로 온 것입니다. "전도사님, 큰일 났어요. 우리 집 아래채에 세를 들어 사는 우리 교인이 있는데, 귀신이 들려 정신이 나가서 제가 억지로 데리고 왔습니다. 지금 저 책상 밑에 숨어 있어요." 하는 것이 아닌가! 그래서 교구 사무실 책상 밑을 보니까 젊은 여자가 머리카락이 산발된 채 책상 밑에 쪼그리고 앉아서 혀를 날름거리고 있었습니다.

구역장이 이 여자에 대해 하는 말씀을 들었습니다. 한밤중 깊은 잠을 자는데 아래채에 세 들어 사는 같은 교회 자매가 깔깔 웃다가 소리를 지르고 있고, 옆에 생후 돌 되는 어린 아기는 울고 난리가 났다고 합니다. 급히 문을 열고 보니 이 자매가 정신 나가서 그야말로 미쳐 있었다는 것입니다. 그래서 날이 밝자 이리로 데리고 왔다는 것입니다.

그래서 책상 밑에 쪼그리고 앉은 자매를 억지로 끌어내서 사무실 바닥에 눕혀 놓고 귀신을 향해 기도했습니다. "이 더러운 귀신아, 이 자매에게서 나오라. 이 자매님은 하나님의 딸이다." 이 자매는 눈이 뒤집혀 있고 혀를 날름날름하며 헛소리를 계속하고 발작을 합니다. 구역장과 나는 방언기도를 하면서 귀신을 쫓아내는 축사기도를 강하게 했습니다. 귀신 사탄은 방언기도를 제일 무서워합니다. 머리와 가슴에 손을 얹고 방언기도를 강력하게 하면 "아 뜨거워 아 뜨거워" 하며 겁을 먹고 쩔쩔 매는 것입니다.

한참 기도로 씨름하는 중에 다른 교구 전도사님들도 출근했습니다. 한두 전도사님들이 옆에서 기도를 도왔습니다. 계속 기도하니까 귀신이 "날 좀 살려줘. 나 오줌 마려워. 날 조금 놔 줘. 나는 갈 곳이 없는데 어디로 가나." 하고 펑펑 웁니다. "귀신아 저 산으로 가라."고 외쳤습니다. 성경에 예수님이 귀신을 쫓아내실 때 귀신이 저 돼지 떼에 들어가게 해 달라고 요청하자 허락하시니 귀신들이 나와서 돼지 떼에 들어가 산에서 비탈로 내달려 갈릴리 호수에 빠져 죽었다고 기록하고 있습니다(마 8:28-34).

그래서 나는 무조건 "이 귀신아, 이 딸은 하나님의 딸이니 나오라. 나오라. 예수님의 이름으로 명한다." 이렇게 약 30분 정도 기도로 쫓아내니까 "나는 간다. 나는 간다. 정처 없이 나는 간다." 하고는 엉엉 울더니 픽 쓰러졌습니다. 약 2, 3분 지난 뒤 일어나 앉더니 엉망으로 흐트러져 있는 머리카락과 자기 옷차림이 부끄럽다며 화장실로 가서 잠깐 단장을 하고 나와서는 내게 말을 했습니다.

"전도사님, 정말 죄송해요. 제가 정신이 잠깐 나갔나봐요."

"괜찮습니다. 도대체 어떤 일로 갑자기 정신이 나갔습니까?"

그리고 이 자매의 얘기를 들었습니다. 자기가 세 들어 이사 온 곳이 여의도 구역장 아랫방이었는데, 이 구역장이 끈질기게 전도하셔서 남편과 함께 여의도 순복음교회에 출석하여 신앙생활을 했다고 합니다. 교회는 한 1년쯤 다녔다고 합니다.

그런데 1년 전에 남편이 사우디에 개발회사 노무자로 가서 열심히 일해서 매달 꼬박꼬박 월급을 집으로 송금했다고 합니다. 그 돈을 알뜰히 모아서 예금해놓고 있는데, 전에 잘 알던 사람이 그 돈을 은행에 넣지 말고 자기에게 주면 높은 이자를 준다고 하며 몇 번이나 찾아와서 강청하기에 그 돈을 몽땅 은행에서 찾아 그에게 줬는데, 처음 몇 달은 이자를 꼬박꼬박 받았는데 나중엔 이자도 안 주고 아예 소식이 없어서 그 집을 찾아가니까 어디론가 이사 가고 사라졌다는 것입니다. 아무리 수소문해도 찾을 길이 없어서 걱정도 되고 분통이 터지기도 하고 한없이 후회도 되고 자기 남편에게도 면목도 없고, 며칠 동안 잠도 못 자고 엉엉 울었다고 합니다.

그런데 어느 날 밤에 잠이 들려고 하는데, 방 위 천장에서 큰 흰 구렁이가 내려오더니 자기 입속으로 들어왔다는 것입니다. 그다음에 정신을 잃었는데, 아랫방에서 헛소리하고 어린아이가 우는 소리를 듣고 윗층에 있는 구역장님이 놀라서 내려와 발견하고 날이 샐 때까지 밤새도록 붙들고 기도하다가 택시를 잡아타고 교회로 왔다는 것입니다.

"돈은 사기를 당했지만 너무 상심하지 말고 교회에 와서 열심히 기도하십시다. 하나님이 더 좋게 해주실 겁니다. 남편은 사우디에서 계속 일을 하시니까 이젠 절대로 남에게 빌려주지 말고 꼭 저금하십시오."

이렇게 당부하고 축복기도를 해주고 택시에 태워서 보냈습니다. 후에 그 집을 방문하여 예배를 드렸습니다. 그 이후에는 예배 때마다 출석하고 열심히 기도하다가 성령세례를 받아 기쁨이 넘쳐나고 지난 것은 잊어버리고 아기를 잘 키우며 살아갔습니다.

그 후 내가 소교구장을 마치고 목사안수를 받고 난 후 1대 교구 대교구장으로 발령받아서 사역할 때, 1대 교구장실로 이 자매가 나를 찾아왔습니다. 그 옆에는 건장한 모습의 남편도 같이 왔습니다. 그 남편이 사우디에 있는 동안 아내의 소식을 전해 들었다고 합니다. 자기 부인이 귀신에 잡혀서 정신을 잃고 있었는데, 목사님이 귀신을 쫓아주시고 자기 아내가 건강하게 살아 있으니까 하나님의 은혜지만, 목사님에게 너무 고맙다고 인사한 후 금반지 한 개를 만들어서 선물로 주었습니다.

이 두 사람은 아주 신실하고 순박한 분이었습니다. 두 사람은 성령충만 받아 열심히 신앙생활하다가 큰 가게를 사서 순대국집을 차렸는데, 원래 솜씨가 있어서 맛이 좋다고 소문이 나니 손님이 매일 매일 문전성시를 이루었다고 합니다.

그 이후 내가 브라질 상파울루 선교사로 떠난 후에는 그 부부의 소식을 알지 못했습니다. 지금은 여의도 순복음교회 장로님, 권사님으로 봉사하고 있을 줄로 믿습니다. 하나님은 오히려 환란을 벗어나 평안을 주시고 축복의 길로 인도하셨습니다.

4.
전도의 불이 붙은
신월동 구역장들의 열정

신월동에 사는 여의도 순복음교회 구역장들은 대부분 물로 세례를 받았지만, 더욱 성령으로 충만해서 신앙생활과 전도에도 매우 뜨겁고 영적열심이 대단했습니다. 수많은 환자가 교회에 나와서 조용기 목사님의 말씀을 듣고 회개하고 믿음이 자라고 또 수많은 병자가 믿음으로 고침을 받았습니다. 이러므로 치유를 체험하고 또한 조용기 목사님의 능력 있고 은혜가 넘치는 말씀에 대부분 변화받아서 육의 사람보다 영의 사람으로 거듭났습니다. 예배는 빠지지 않고 버스를 두세 번 갈아타고서도 열심히 참석했습니다. 그리고 항상 귀를 기울이고 잃었던 양을 찾아다녔습니다.

"너희 중에 어떤 사람이 양 백 마리가 있는데 그 중의 하나를 잃으면 아흔아홉 마리를 들에 두고 그 잃은 것을 찾아내기까지 찾아다니지 아니하겠느냐"(눅 15:4).

구역장들은 주위를 항상 살피면서 잃었던 드라크마, 잃었던 양을 찾아다닙니다. 어느 날, 신월동 구역장 한 분이 내게 특별심방을 요청했습니다. 이곳에 새로 이사온 지 얼마 되지 않는 한 부인이 간암에 걸려서 고생하고 있다는 것입니다. 찾아가 기도해서 치료를 받아야 한다고 했습니다.

이 구역장과 동행해서 이 집을 찾아가 보니 한옥집인데, 마당도 있고 윗채 양쪽에는 방이 있고 가운데는 마루가 있었습니다. 그 부인은 그 집 한쪽에 세를 사는데 이사를 온 지 몇 개월 지나지 않았다고 합니다. 구역장이 인사하고 방에 들어가니 젊은 여인이 누워있는데, 얼굴은 많이 야위고 기운이 하나도 없어 보였습니다. 먼저 그 부인의 얘기를 들어보니, 남편이 큰 사업을 하여 시내의 큰집에서 상당히 풍족하게 살았다는 것입니다. 본인과 남편은 대학을 졸업한 그 당시로는 상당한 지성인이었는데, 부부 사이에 고만고만한 아이들이 4명 있었습니다. 큰아이가 초등학교 3학년, 둘째가 1학년, 5살, 2살. . . 조르르 달려 있었습니다. 그런데 사업이 기울어지기 시작하다가 1년 전에 부도가 나서 완전히 무너지고, 설상가상으로 수개월 전에 몸이 이상해서 진단한 결과 간암 3기가 넘었다는 것입니다.

사업이 망하고 나니 엄청난 빚만 남게 되었고, 우선 급한 대로 이 신월동 철거민 동네에 셋방을 얻어서 산다는 것입니다. 그러나 돈이 없으니까 병원에 입원하지도 못하고 집에서 약만 처방받아서 먹고 치료를 하고 있다는 것입니다. 그런데 가장 가슴 아프게 하는 것은 '내가 이 병으로 죽으면 어린 자녀들은 누가 키워줄까' 생각하면 너무 마음이 아프고 고통스럽다는 것입니다. 사업이 망한 데다 죽을병까지 들어서 일어설 희망이 보이질 않았습니다.

> "땅이 혼돈하고 공허하며 흑암이 깊음 위에 있고 하나님의 영은 수면 위에 운행하시니라 하나님이 이르시되 빛이 있으라 하시니 빛이 있었고"(창 1:2-3).

빛이 들어오니 어둠은 사라졌습니다. 이 가정의 어둠과 혼돈은 예수

교구담당 전도사 시절 조용기 목사님과 심방 장면

님, 하나님의 빛이 들어와야 사라집니다. 몸이 쇠약해서 기운은 없어도 정신은 맑은 편인지라 성경말씀을 자세히 설명해 주었습니다.

"우리 기독교는 일반적인 종교가 아닙니다. 형식도 아닙니다. 하나님은 우리 인류를 죄와 병과 가난과 고통에서 구원하시려고 하나님의 아들 독생자를 이 땅에 보내주셔서, 처녀의 몸에서 태어나게 하셨습니다. 예수님은 공생애 3년 동안 가난한 자를 찾아다니시면서 모든 죄를 용서해주시고 축복해주시고 병든 자는 어떤 병이든지 고쳐주시고, 귀신도 쫓아내 주시고, 절망과 좌절에 빠져 있는 사람에게 생명과 빛을 비춰주셨습니다. 예수님을 진실로 구세주로 모셔 들이고 죄 용서함 받고 믿음으로 살면 자매님의 암도 고쳐주실 것입니다. '너희 중에 고난 당하는 자가 있느냐 그는 기도할 것이요 즐거워하는 자가 있느냐 그는 찬송할지니라 … 믿음의 기도는 병든 자를 구원하리니' (약 5:13, 15)라고 말씀하셨으니 반드시 고쳐주실 것입니다. 꿈과 희망을 가지세요. 우리 하나님은 어떤 절망에서도 희망을 주시고 해결해주십니다."

이렇게 간단히 복음을 전한 다음 찬송을 부르고 결신기도를 시켰습니다. 그리고 치유기도로 "하나님, 꼭 고쳐주셔야 합니다. 슬하에는 하늘나라 보배가 되는 어린아이들이 4명이나 있습니다. 어머니가 살아있어야 아이들을 돌보고 키웁니다." 하며 간절히 기도를 드리고 예배를 마친 후 집으로 왔습니다. 그리고 신월동에 심방 있을 때마다 들러서 말씀을 전하고 기도를 해드렸습니다. 이분은 지성인이라서 말씀을 빨리 깨닫고 받아들였습니다. 한 달이 조금 지나고 나니까 구역장과 같이 교회에 출석했습니다.

예수님을 구세주로 영접하고 믿음을 가지니까 치료가 급속하게 진행되었습니다. 음식도 잘 먹게 되고 기운도 많이 회복되어 교회에 나와서 예배를 드린다고 했습니다. 그 이후 교회 예배는 빠지지 않고 드리고, 또 교구 사무실에 와서 꼭 안수기도를 받고 집으로 갔습니다. 그러던 중에 예배드리다가 통성기도 시간에 성령세례를 받아서 방언기도도 하고, 항상 기쁨이 충만하고 교회 예배나 교구 행사 예배 시 빠지지 않고 열심히 섬겼습니다. 죽을 수밖에 없는 자기를 살려 주시고 성령세례도 주시고 어린 자식들을 돌볼 수 있게 건강주심을 너무 너무 감사하다고 했습니다. 그 후 가정형편도 점점 나아지고 구역장 임명을 받아 열심히 봉사한다고 합니다. 남편도 물론 교회 출석하고 전 가족이 구원을 받아 교회를 성실하게 섬기며 살고 있습니다. 할렐루야!

제 **5** 장

대교구장 임명

제5장

대교구장 임명

　우리 때는 신학교를 졸업하고 전도사 사역을 4년 하고 난 후에야 목사안수를 받게 됩니다. 나는 1974년 신학교를 졸업하고 1978년 4월에 목사 안수를 받게 되었습니다. 그 당시 여의도 순복음교회에는 여자 전도사들이 많았고 남자 전도사들은 극소수였습니다. 그러므로 위로 목사는 몇 분 안 계셔서 목사 직분이 매우 필요했습니다. 1978년 4월에 6명의 목사가 안수받게 되었고, 목사안수를 받자 즉시 대교구장으로 임명 되었습니다. 그 당시 나는 7 대교구장으로 화곡동, 목동, 오류동, 개봉동에다 인천까지 맡았습니다. 7 대교구는 작은 대교구라서 전도사들이 7명이었습니다. 이젠 소교구장 때보다 사역의 범위도 많이 넓어지고 책임감도 무거워졌습니다.

　내가 전도사 시절부터 관광버스를 대절해서 월 1회 꼭 성령대망회를 열어 기도원에서 뜨겁게 기도하면 성령세례를 받고, 또 성령충만을 위해 가정, 직장, 사업장, 자녀의 신앙문제를 놓고 기도를 하면 응답을 많이 받게 되니까 기도원에 가는 성도가 점점 많아졌습니다. 신월동, 신정동 교구에서는 버스 5대 이상 대절해서 기도원에 올라갔습니다. 대교구장이 된 후에는 대교구 기도원 성령대망회에 버스가 20대 이상 올라가서 성령운동을 했습니다. 나중 1대교구 대교구장 때는 16교구가 되어서 버스가 50여 대 정도 동원되었습니다.

기도원 성령대망회는 말씀선포 후 성령충만 기도회를 시작하면 기도원 성전이 흔들릴 정도로 뜨겁게 통성기도를 했습니다. 많은 병이 치료되고 성령세례를 받는 등, 그 당시 오산리기도원은 큰 기적의 역사가 많이 일어났습니다.

당시 여의도 순복음교회 장로님들은 모두 남성구역장으로 열심히 전도하고 말씀을 가르치고 심방하고 영성이 충만하고 신령한 분들이었습니다. 남성 구역을 열심히 관리해서 한 분의 장로님 구역에서 수십 명의 남성 구역원들이 모여 부흥이 되고 다시 여러 구역으로 분할해서 부흥되어 갔습니다. 이렇게 오직 전도, 오직 조용기 목사님의 능력 있는 말씀공부, 오직 기도회와 성령운동으로 여의도 순복음교회가 불같이 일어나 3만, 6만, 10만, 20만, 30만, 50만, 70만 성도로 성장해 갔습니다.

1.

우리 선생님(미동초교)
살려주세요

어느 날, 화곡동 구역장이 나에게 병자를 위한 특별 심방을 요청했습니다. 그 당시 화곡동은 대부분 개인 주택으로 서울에서는 비교적 안정된 가정이 많았습니다. 심방을 갈 곳은 여교사 집인데, 서대문에 있는 미동초등학교 교사라고 했습니다. 그 여교사가 걸린 병은 온몸에 퍼진 피부병인데 의학용어에도 없는 희귀한 난치병이랍니다. 1년 이상 치료를 받고 집에서 요양하고 있는데, 미동초등학교 학생들이 '우리 학교 선생님을 살려주세요'라는 신문광고도 냈다고 합니다.

그 집을 방문하니 온 집안 식구들이 다 병을 앓고 있었습니다. 시아버지도 계시는데 중풍으로 수족을 쓰지 못하고 누워계시고, 여교사 남편도 아내 간호하느라 직장도 그만두고 뒷바라지하다가 지쳐서 집에 누워있고, 어린아이 하나는 철없이 멍하니 앉아 있으니 온 집안이 병마에 찌들어 있었습니다. 집안에 건강한 사람은 어린아이 하나뿐이었습니다. 이상하게 집안은 컴컴하고 청소도 제대로 못해서 쾌쾌하고 고약한 냄새가 집안을 감싸고 있었습니다.

하나님의 은혜와 축복을 받은 가정은 집에 들어가면 벌써 영이 맑아지고 마음이 가벼워지며 안온하고 평안한 기운이 봄바람 같이 스며들어옵니다. 이런 가정에서 예배를 드리면 찬송도 부드럽게 잘 나오고, 하나님 말씀도 성령님의 기름부으심이 임하고 은혜가 되며 가슴이 열리고 기도도 뜨겁게 잘 나옵니다.

그런데 이 여교사의 집에서 예배를 드리려 하니 가슴이 답답하고 찬송이나 기도도 목이 막혀 순조롭게 나오지 않았습니다. 이 여교사는 1년 전부터 피부에 이상이 생겼는데, 피부가 거북등같이 딱딱하게 온몸을 감싸고 쩍쩍 갈라지면서 갈라진 부위에서는 피가 나고 고름이 생기고 온몸이 철판으로 조여오는 것같이 아파서 잠도 잘 수 없었다고 합니다. 이런 종류의 병은 예전에는 없었기에 병원에서 '미국의학협회'에 문의해봤는데 미국에서도 모르는 병이랍니다. 병명도 모르니 약물이나 치료방법도 알 수 없다는 것입니다.

30대 중반쯤 되는 젊은 선생님이 앓고 있는 병의 이름도 모른 채 불치병이라 약도 없으니까 이제 절망 가운데 있었고 간병하는 남편도 지쳐서 낙담하고 있었습니다. 사방을 둘러봐도 사망의 그늘에 둘러싸여 있었습니다. 온몸의 피부는 매일 고통스럽게 조여와서 밥도 제대로 먹을 수가 없고, 불안과 초조로 제대로 잘 수도 없으니 환자가 당하는 고통은 이루 말할 수 없었습니다. 기도와 말씀, 찬송밖에 없었습니다. 구역장과 성도들이 환자를 눕혀 놓고 빙 둘러앉아서 보혈의 찬송을 뜨겁게 불렀습니다.

> "울어도 못하네 눈물 많이 흘려도/ 겁을 없게 못하고 죄를 씻지 못하니 울어도 못하네/ 십자가에 달려서 예수 고난 당했네/ 나를 구원하실 이 예수밖에 없네"

이 여교사는 교회에 나가지 않았고, 기독교에 관해서도 상식적으로 아는 정도였습니다. 찬송을 한동안 부르다가 환자를 위해서 통성기도를 간절히 했습니다. 그리고 예수님에 관해서, 하나님은 어떤 분이시고, 예수님은 무슨 사역을 하셨는지 알려주었습니다. 그분은 결국 십자가에 달려서 우리의 모든 죄를 자신의 흘리신 피로 다 대속해주셨고, 우리의 모든 병과 저주도 청산해주셨으니, 지금이라도 예수님을 구세주로 영접하면 구원받고 그분께 기도하면 어떤 병이든지 고쳐주신다고 설명해 주었습니다.

그리고 예수님이 고치신 여러 가지 병, 그중에서 특히 베데스다 연못가의 38년 된 병자의 예를 들었고, 예수님 영접기도를 하며 결신시켰습니다. 그리고 나와 구역장과 5명의 구역 성도들이 합심해서 기도하면서 저는 환자의 머리와 어깨 팔다리를 만지며 안수기도를 했습니다. 땀이 나도록 간절히 기도를 마치고 나니까 가슴이 열리고 마음에 안도감이 생겼습니다. 계속 기도하면 이 병은 하나님의 영광을 위해서 치료된다는 믿음이 생겼습니다.

그 후 화곡동 근처에 심방 갈 때마다 이 가정에 들러서 구역장들과 같이 예배를 드리고 말씀을 가르치고 간절히 기도했습니다. 이 선생님 역시 가르치는 교사라서인지 말씀을 빨리 깨닫는 것 같았습니다.

> "좋은 밭에 떨어진 씨앗은 착하고 좋은 마음으로 말씀을 듣고 깨달아서 30배, 60배, 100배의 열매를 맺느니라"(마 13:23).

아마 5, 6번 정도 그 집에 심방 가서 기도회를 가졌던 것 같습니다. 그랬더니 점점 차도를 보이기 시작했습니다. 거북등같이 딱딱하게 굳었던 피부가 점점 부드러워지면서 엉겼던 피도 없어지고 몸에 생기가 돌기 시작했습니다. 밥도 제대로 먹지 못했는데 식사도 점점 잘하게 되고, 불면증도 차차 없어지는 기적이 일어나게 되었습니다. 두 달이 채 못 되어서 7 교구 구역장과 같이 교회 출석을 했습니다. 몸이 거의 다 나아서 피부와 얼굴도 깨끗하고 새 옷을 입고 왔는데, 집안에 누워있을 때의 모습은 간곳없고 어린아이 얼굴같이 귀엽게 보였습니다. 이 가정에 어둠의 세력인 악한 사탄이 쫓겨나가고 예수님이 이 가정의 주인이 되었습니다.

> "믿음의 기도는 병든 자를 구원하리니 주께서 그를 일으키시리라 혹시 죄를 범하였을지라도 사하심을 받으리라 그러므로 너희 죄를 서로 고백하며 병이 낫기를 위하여 서로 기도하라 의인의 간구는 역사하는 힘이 크니라"(약 5:15-16).

2. 🌏

여의도 교구 총무처장관 부인의 불치병 치유

　여의도 구역식구들은 말씀을 받아들이는 자세나 수준이 상당히 차원이 다르다는 느낌을 받았습니다. 이러므로 여의도교구 연합예배는 1개 교구에 월 1~2회 사도행전 강해를 했습니다. 여의도 본교회에서는 조용기 목사님의 주옥같은 말씀과 성령의 은혜가 넘치므로 예배 때마다 많은 은혜와 말씀을 들어서 믿음이 자라고 깊어져 가지만, 사도행전의 사도들의 사역을 통해서 실제적인 사건들을 목격하게 되니까 기도가 더 뜨거워지고 신앙의 체험이 많아져 갔습니다.

　어느 날, 여의도 구역장 한 분이 "목사님, 우리 이웃에 총무처장관이 살고 있는데(당시 박정희 대통령 시절) 그 사모님이 병에 시달리고 있습니다." 얘기들 들어보니 오래전부터 몸이 피곤하고 쇠약해져서 집안 살림을 제대로 못하며 불면증이 심해서 제대로 잠을 들지 못하므로 너무 고통스럽다고 합니다. 물론 유명한 의사들에게 진찰을 받고 주사도 맞긴 하지만 뚜렷한 병명도 없다고 합니다. 하루하루 지내는 것이 너무 고통스럽고 지겹다고 합니다.

　그 당시 총무처장관이면 모든 장관을 관리하는 대통령 직속 장관입니다. 부족함 없는 풍족한 생활이지만 몸이 쇠약하고 마음에 기쁨이 없으니까 사는 게 지옥같이 괴롭다는 것입니다. 목사님이 가서서 기도를 해주시면 하나님이 고쳐주실 줄 믿는다고 내게 심방을 요청했습니다.

그 당시 신앙이 좋은 구역장들은 웬만한 주의 종보다 더 담대하고 신앙이 깊었습니다. 구역장이 전화로 오늘 우리 대교구장 목사님을 모시고 기도해 드리러 간다고 전달하고 승낙을 받았다고 합니다. 구역장 5~6명과 권사님 두 분과 동행하여 그 집을 방문했습니다. 장관 집이라 큰 아파트 거실에는 각계고위층 관료들과 함께 대통령을 수행한 사진 등, 실내장식이 품격있게 진열되어 있었습니다. 인사를 드리고 예배에 관해서 진행 과정을 말씀드리고 사도신경을 외우고 찬송을 뜨겁게 부른 후 성경 말씀을 또박또박 증거했습니다.

"하나님이 세상을 창조하시고 아담과 하와의 죄로 인하여 에덴동산에서 쫓겨나게 되었고, 그 후 아담의 정죄로 인하여 땅에 저주가 임해서 땅에는 잡초가 나서 땀을 흘려야 곡식을 먹고 사람은 병이 들고 고생하다 결국은 흙으로 돌아갑니다. '죄의 삯은 사망이니라'고 했습니다. 그러므로 누구든지 원죄가 있어서 사망을 면할 수 없습니다.

그러나 하나님이 우리 인생을 불쌍히 보시고 우리 인류를, 나를 구원해 주시려고 예수님을 이 땅에 동정녀 마리아 몸에서 태어나게 하시고, 성년이 되신 후 33세까지 곳곳마다 다니시며 온갖 병든 자를 고치시고 때론 죽은 나사로도 살리시는 기적을 베푸셨습니다. 그러나 우리 죄를 담당하시려고 십자가에 달려서 자신의 몸은 다 찢기시고 팔과 다리에 대못이 박혀서 피를 다 쏟으시고 돌아가셨습니다. 그러나 삼일 만에 우리 하나님이 죽은 예수님을 살리시고 이 땅에서 40일간 복음을 전하시다가 500여 명이 지켜보는 가운데 승천하셨습니다. 지금은 하나님 우편에 앉아 계시지만 다시 재림하셔서 우리 모두를 천국으로 인도하실 것입니다.

예수님에 관해서 전혀 모르니까 구체적으로 복음을 증거하고 지금도 지나온 모든 죄와 예수님 믿지 않은 죄를 다 고백하고 예수님의 흘리신 피로 용서받으면 하나님의 자녀가 되고 천국에 갈 수 있습니다. 하나님의 자녀가 되면 하나님은 무슨 병이든지 치료해주실 것입니다. 또 간절히 기도하며, 또 주의 종들이 안수기도 하며 병낫기를 기도하면 어떤 병이든지 치료받을 것입니다."

내가 보니까 이 장관 부인은 오래전부터 병 마귀에 점령당하고 있는 것을 깨달았습니다. 이러므로 다같이 합심기도를 하면서 나는 이 사모님의 머리에 손을 얹고 방언기도로 악령을 쫓아냈습니다. "이 악한 더러운 병 마귀 귀신아, 지금 떠나가라. 이젠 이 딸은 하나님의 자녀가 되었다." 귀신도 분명한 명분을 갖고 기도해야 합니다.

귀신도 더러운 귀신, 악한 귀신(액운도 포함), 폐병 귀신, 암 귀신, 불면증을 주는 귀신, 의심 귀신, 미움 귀신, 불안 두려움 주는 귀신, 분쟁하고 싸움을 도발하는 귀신 등, 구체적으로 명령해야 귀신이 자기 정체가 드러나므로 변명도 못하고 쫓겨나갑니다. "귀먹고 말 못하는 귀신아" 예수님의 기도입니다.

이렇게 약 5분 이상 합심기도를 하고 다시 내가 축사기도를 알아듣게 강하게 했습니다. "이 딸을 괴롭히는 악령 병마의 귀신은 떠나가라." 방언기도로 했습니다. 이 부인은 이 병 때문에 유명한 점술가도 찾아가고 부적도 해보고 별 짓을 다해봤다고 합니다. 기도가 끝난 다음 "내 주의 보혈은 정하고 정하다" 찬양을 드린 후 주기도문으로 예배를 마쳤습니다.

그로부터 일주일이 지난 후 담당구역장이 대교구 사무실에 와서 그 장관 사모님이 목사님과 구역장들을 초청해서 꼭 대접하겠다고 하며 시간을 알려달라고 했다는 것입니다. 그래서 일정을 잡아서 구역장들과 다시 찾아갔습니다. 그 당시만 해도 식당이 별로 없어서 대부분 집에서 음식을 장만해서 대접했습니다. 그날 집에 들어가니까 음식을 얼마나 거창하게 차려 놓았는지 어마어마한 상을 차렸습니다.

그리고 그 사모님이 하시는 말씀이 "제 남편이 수석 장관이고 박 대통령을 제일 가까이 모시고 있기는 하지만 박 대통령님이 우리 집에 오셔도 이렇게 정성을 다해 드리지 못할 것입니다. 목사님과 구역장님들을 위해서 정성껏 음식을 장만했습니다. 제가 십여 년이 넘도록 이상한 병을 앓고 있었습니다. 밤에 잠이 들면 바로 무서운 꿈에 시달리다가 깨면 밤새껏 못 자고 그러면 종일 피곤했습니다. 그리고 이유도 없이 어지럽고 몸에 기운에 쫙 빠지고 몸을 움직이기도 싫고 소화를 못해서 음식도 제대로 못 먹고 조금 먹으면 체하게 되니 매일 사는 게 너무 고통스럽고 아무 재미도 없었어요. 병원에서 처방한 약을 수없이 먹어도 아무 효험이 없었고요. 그런데 목사님이 구역장님들과 기도해주신 후로는 온몸을 눌렀던 병덩어리가 벗겨진 듯 시원하고 잠도 푹 자게 되었으니 마음도 몸도 가벼워지고 너무 상쾌하고 기쁨이 넘쳐서 딴 세상에 온 것 같아요. 하나님이 살아계신 듯합니다. 너무 감사합니다. 정말 교회에 열심히 나가겠습니다."라고 하며 정말 기뻐했습니다.

하나님은 한순간에 십여 년 넘도록 고통받고 있던 여인을 바로 치료해주셨습니다. 모든 병은 여러 가지 원인이 있어서 의사를 통해서 치료를 받는 경우도 많지만, 현재 의학으로도 치료될 수 없는 악령에 눌려서 병에 시달리는 경우도 많이 있습니다. 우리 주의 종들은 영들을 분별해서 예수님께서 명령하신 "어느 집에 들어가든지 먼저 귀신을 쫓아내고 모든 병을 고치고 천국복음을 전파하라"는 말씀을 그대로 믿고 실행해야 합니다. 할렐루야!

 "예수께서 그의 열두 제자를 부르사 더러운 귀신을 쫓아내며 모든 병과 모든 약한 것을 고치는 권능을 주시니라"(마 10:1).

3.

군부대 위문 선교

우리나라 군부대 위문방문의 시작은 국가 재정후원이 거의 없을 때 였습니다. 1970년대 초반에도 대다수의 우리 국민 생활 수준은 가난을 면치 못했습니다. 이러므로 군인에게 보급되는 식품도 풍부하질 못했습니다. 내 동생(이호상 목사)이 군대 의무병으로 복무하면서 자기 부대에 위문을 왔으면 좋겠다는 요청을 했습니다. 나는 그 당시 여의도 순복음교회 7대 교구장이었습니다. 7 대교구에는 비교적 생활이 풍족한 구역장들이 많았습니다. 일선에서 고생하는 군인들을 위로하고 또한 맛있는 음식과 선물도 준비하고 전도도 하자고 구역장들에게 광고하니까 버스 두 대 정도 지원을 하게 되었습니다. 선교후원금을 모금해서 라면, 과자, 선물 등을 많이 준비했습니다. 관광버스 두 대를 대절해서 군부대 방문을 준비했습니다.

우리가 방문하는 부대는 연대급으로 연대장이 대령이었습니다. 구역장들도 마음이 부풀어서 관광버스를 타고 일선 장병들 위문을 가니까 신바람이 났습니다. 군인 장병들을 연병장에 모아놓고 간단히 설교말씀을 전하고 나면 율동 전도사들이 나가서 일선 장병들에게 율동을 가르치며 찬양을 하도록 준비했습니다. 만물이 소생하는 봄철에 약 두 시간 걸려서 연대본부로 갔습니다. 군부대 위문 선교이지만 버스를 타고 일선으로 가는 낯선 길을 가면서 찬송을 부르며 다들 즐거워했습니다. 도착하니까 연대장 대령이 나와서 영접해 주었습니다. 간단히 인사를 마치고 많이 가지고 간 선물을 나누어 주니 군인들이 모두 기뻐했습니다.

연대본부 안에서 군인들만 모아놓고 짤막한 설교로 예배를 마치고 우리 구역장들이 점심을 준비했습니다. 군인 식당에서 점심을 같이 먹고 난 다음 연병장에서 군

일선장병 위문 선교

인들을 모아놓고 여전도사들이 율동을 하면서 찬양도 같이 했습니다. 군인들도 흥겹게 따라 했습니다. 예쁜 여전도사들이 앞에서 율동을 아름답게 하니까 신바람이 났습니다. 마지막에 기도를 해드리고 군인들의 전송을 받으면서 서울로 돌아왔습니다. 이 소문이 부대마다 들리니까 또 다른 부대에서 위문 요청이 들어왔습니다.

내가 1 대교구 대교구장 때도 다시 다른 부대로 위문 방문을 가게 되었습니다. 두 번째도 기쁨의 위문전도가 되었습니다. 우리 대교구가 위문전도의 문을 여니까 다른 대교구도 군부대 위문을 많이 가게 되었습니다. 우리 순복음교회가 군부대 위문의 문을 여는 계기가 되었는데, 이일이 시발점이 되어 그 이후에는 군 선교회까지 조직하게 되었습니다. 지나고 보면 참 아름다운 전도의 추억입니다. 주님의 일을 할 때에도 즐겁고 기쁘게 하는 것이 하나님의 뜻입니다. 할렐루야!

 "너는 말씀을 전파하라 때를 얻든지 못 얻든지 항상 힘쓰라"
(딤후 4:2).

4.

기도 받고 8년 만에 낳은 아이

　우리 여의도 순복음교회의 구역장들이나 구역성도들은 성령세례를 받고 또 병 치료를 받는 등 신앙생활에서 여러 가지 체험한 분들이 많습니다. 그래서 자기가 받은 은혜와 축복을 전하려고 시도 때도 없이 열심히 전도했습니다. 안양교구도 전도대회를 준비하고 있었습니다. 마침 제가 사는 안양 입구 기독보육원(고아원)에 교회가 새로 아담하게 세워졌습니다. 교회가 안양지역 내에 있으므로 이 보육원 교회에서 전도 부흥성회를 준비하는 중에 삼일 동안 내가 강사로 교구 전도 부흥성회를 진행하게 되었습니다. 박 교구장이 준비위원장으로서 진두지휘하고 구역장들과 구역원들이 열심히 전도하였습니다. 여의도 본교회로 가기에는 거리가 멀었으므로 바로 안양 지역 안에 있는 교회로 전도대상자들을 인도해오면 말씀을 증거하고 찬양과 기도로 많은 초신자들을 결신시켰던 것입니다.

　대교구 부흥성회를 하게 되니까 다른 교구 전도사들도 함께 부흥성회에 참석해서 기도로 도왔습니다. 교구 전도사들과 강사인 대교구 담당 목사의 식사를 준비했습니다. 그 당시 1978년도는 식당이 많지 않으므로 집에서 음식을 대접하는 게 보통이었습니다. 저녁부흥회를 마치고 저녁 식사는 어느 구역장 집에서 준비했다고 연락이 와서 우리 대교구 교육자들 7, 8명이 그곳으로 식사하러 갔습니다. 구역장 집에 들어가니 집안이 깨끗이 청소되고 정돈도 잘되어 있었습니다. 안방에다 큰 상을 차렸는데, 큰상 위에는 흰 식탁보를 깔아놓고 많은 음식을 정성껏 차려 놓았습니다.

우리들이 자리에 다 앉으니까 음식을 차린 구역장이 들어와서 인사를 하고 간단히 우리에게 부탁의 말을 했습니다.

"저는 자녀를 꼭 갖고 싶어 하지만 결혼한 지 8년이 지났는데도 임신이 되질 않아 아직 아기가 없습니다. 수년 동안 아기를 갖기 위해 기도도 많이 했습니다. 한나와 같이 간절한 마음으로 저뿐 아니라 남편도, 집안 어른 시부모님들도 아이를 간절히 원합니다. 목사님, 이번 우리 안양교구 전도대부흥성회를 준비하시고 뜨겁게 기도하시는데, 제가 삼일 동안 금식기도를 하면서 이번 성회에 목사님의 기도를 받으면 꼭 하나님께서 잉태의 축복을 주셔서 아기를 주실 줄 믿습니다. 그런 마음으로 우리 집에서 저녁 식사를 준비했습니다."

그리고는 밥상 옆자리에 무릎을 꿇고 고개를 숙이고 간절한 마음으로 기도 받을 준비를 했습니다. 저도 마음이 엄숙해지고 하나님의 은총이 임하시길 마음속으로 간절히 바랐습니다. 그리고 옆으로 전도사들도 빙 둘러앉아서 기도를 도왔습니다. 머리에 손을 얹고 간절히 기도했습니다.

"하나님! 하나님은 사람을 창조하시고 축복해주시고 생육하고 번성하여 땅에 충만하라 땅을 정복하라 바다의 고기와 공중의 새와 땅에 움직이는 모든 생물을 다스리라고 말씀하셨습니다. 하나님! 한나가 아기가 없으므로 소원이 되고 한이 되어서 하나님께 전심을 다해 간구했을 때 그 기도를 들으시고 사무엘을 선물로 주시고 나중에 더 많은 자녀를 주셨습니다. 하나님! 이 구역장님, 너무나 간절히 간구합니다. 금식을 하면서 기도합니다. 꼭 이 구역장님의 태의 문을 열어주셔서 소원인 자녀를 선물로 주시옵소서. 우리가 땅에서 합심해서 간구합니다. 우리의 기도에 꼭 응답해 주시옵소서. 하나님 나라를 위해서 구역장의 소명을 받아서 열심히 전도도 하고 복음을 위해서 헌신합니다. 오늘 저녁도 주의 종들을 위해서 이렇게 음식을 차려서 대접합니다. 우리는 예수님의 이름으로 대접을 받습니다. 이 구역장의 정성을 꼭 받아주시고 축복을 내려 주시길 간절히 기도드립니다. 예수님의 이름으로 간절히 기도드립니다. 아멘 할렐루야."

그리고 "꼭 아기를 선물로 받을지어다. 받을지어다." 하고 축복을 선포했습니다. 아멘 아멘! 그리고 저녁 식사를 아주 맛있게 먹고 나왔습니다.

그렇게 두 달쯤 지났을까? 그 구역장이 교구사무실에 들어와서 기쁜 소식을 전해주었습니다. "목사님, 하나님이 우리 기도를 들어주셔서 아기가 잉태된 지 3주가 되었습니다. 의사 선생님께 진찰도 받았습니다."

"무엇이든지 기도하고 구하는 것은 받은 줄로 믿으라 그리하면 너희에게 그대로 되리라"(막 11:24). 의심하지 않으면 꼭 이루어주십니다. 두세 사람이 땅에서 합심해서 기도하면 꼭 이루어주십니다.

그 이후 나는 남미 브라질 상파울루 선교사로 떠났습니다. 다음 담임 교구장을 통해서 그 구역장이 남자 아기를 출산해서 예쁘게 자란다는 것을 알게 되었습니다. 이 구역장이 금식하며 기도하고 또한 주의 종들을 집에 초청해 음식을 준비하고 같이 간절히 기도를 드렸으므로 하나님께서 이 정성을 보시고 기도 응답을 해주셨습니다. 할렐루야!

제6장

브라질 상파울루
선교사 출발

제6장

브라질 상파울루
선교사로 출발

　여의도 순복음교회 교인 중 몇 사람들이 브라질에 이민 갔으나 그곳에 순복음교회가 없으므로 자체적으로 순복음교회를 세우고 몇 가정들이 예배를 드리고 있었습니다. 그러던 중 교회에 담임목사가 없으니까 독일에서 시무하시는 박성준 목사님을 청빙해서 몇 년간 사역하게 되었습니다. 그러나 교회 분쟁이 생겨서 박 목사님은 그분을 따르는 성도들을 데리고 다른 교회를 세워서 교회가 분리되었습니다. 남아있는 성도들이 여의도 순복음교회 조용기 목사님에게 선교사 파송을 요청했던 것입니다.

　1979년 10월쯤, 조 목사님이 나에게 브라질 선교사로 발령을 내려서 파송하기로 하셨습니다. 그때 나는 1 대교구장으로 발령받아서 1년 정도 한창 열정적으로 사역하던 중이었습니다. 나는 자녀들이 다섯 명이나 되어서 외국 선교사로 사역하리라고는 전혀 생각하지 못했습니다. 그러나 전도사 시절 고아원 전도사로 시무하면서, 안양 기독보육원 뒷산 꼭대기에 올라가서 기도할 때마다 5대양 6대주로 다니면서 복음을 전하는 기도를 많이 했습니다. 왜냐하면 조용기 목사님께서 미국, 영국, 남미 등 해외 곳곳마다 다니면서 부흥성회를 인도하시면서 선교보고를 하실 때마다 나도 세계에 다니면서 복음을 전하겠다는 꿈이 생겼기 때문입니다.

브라질 대사관에 가서 선교사로 이민 신청을 했습니다. 그 당시에는 우리나라가 후진국이어서 그런지 미국이나 브라질에서도 비자를 거의 발급해 주지 않았습니다. 그런데 미국의 폴랜도 선교사가 브라질 상파울루 근처에 신학교를 세워서 교장으로 사역하고 있는데, 여의도 순복음교회와 조용기 목사님을 잘 아는 터라 그분이 브라질 외무부에 한국 선교사를 초청했다는 것입니다. 그 당시 한국인에게는 거의 비자발급을 안 하는데 폴랜도 선교사로 인해서 브라질 외무부에서 직접 비자발급을 해주었던 것입니다.

여권을 준비하고 비행기표를 사고 브라질로 출국할 준비를 하고 있었습니다. 출국을 위해 신체검사도 해야 하는데, 둘째 딸이 당시 초등학교 1학년이었는데, 신체검사 시 폐에 이상이 있다고 해서 정밀검사 하면서 여러 날을 대기하기도 했습니다. 1979년 12월 23일, 건강진단 검사가 합격되어서 조용기 목사님이 바로 출발하라고 명령하셨습니다. 공항에는 거의 200여 명이 배웅을 나왔습니다. 여의도 순복음교회에서 비자를 받아서 정식으로 출국하는 선교사는 제가 처음이었습니다. 사모와 같이 조용기 목사님께 출국 인사를 드리고 공항에 나오니까 그 당시 여의도교회 목회자가 약 70여 명이었는데, 여의도 목사님들이 거의 다 나왔습니다. 저희 부모님도 시골에서 상경해서 공항에 나오셨습니다. 배웅을 받으면서 김상호 목사님의 축복기도를 받고 비행기에 올랐습니다.

하늘에 떠다니는 비행기는 많이 봤지만 비행기를 타보기는 처음이었습니다. 그 당시에는 KAL은 없었고 영국 비행기 브리티시 에어라인이었습니다. 영국 스튜어디스가 영어로 안내방송을 하는데 한 마디도 알아 들을 수 없었습니다. 저녁 8시쯤 출발한 비행기가 김포공항 활주로를 벗어나서 동쪽으로 날아갔

브라질 선교사로 떠나기 전 공항에서
최자실 목사님과 조용기 목사님

습니다. 어느덧 높이 떠 있는 비행기 안에서 창문 아래를 내려다보니 희미한 불빛이 가물가물하게 보이는데 '이젠 조국을 떠나는구나. 이제 조국을 떠나면 평생 돌아오지 못하겠구나.' 하는 생각이 들었습니다. 40여 년간 조상 대대로 살아온 조국의 부모 형제들, 가까운 친척, 친구, 동역자들을 두고 떠나면서 고향산천을 생각하니 갑자기 마음이 뭉클하여 눈물이 주르르 흘러내렸습니다. 옆자리에 있는 아내도 곁눈으로 보니 흐느끼며 울고 있었습니다.

멀고 먼 브라질. 말로만 들었던 나라, 브라질의 지리나 문화, 환경을 전혀 모르고 가는 길입니다. 아브라함이 갈대아 우르를 떠나서 낯선 가나안 땅에 갈 때 아마 지금 나와 같은 심정이었겠지! 여행을 가는 것도 아니고 이민 간다는 것은 조국의 혈연을 끊고 먼 미지의 땅에 미아가 되

어 가는 느낌이었습니다. 나는 선교사 훈련도 받지 않았고 예비지식도 전혀 없었습니다. 단지 하나님이 명령하시니까, 그리고 오직 하나님 말씀, 성경만 가지고 빈손으로 브라질로 가는 것이었습니다. 수중에는 몇몇 분이 주머니에 넣어준 달러 700$밖에 없었습니다.

　브라질로 바로 가는 직행이 없었는데, 비행시간은 몇 시간이 걸리는지, 어디서 비행기를 갈아타는지 잘 알지도 못했고, 공항에서 출입국 신고서 쓰는 것도 전혀 모르고 짐을 어디서 찾고 어떻게 다시 짐을 싣는지도 전혀 몰랐습니다. 그 누구도 미리 가르쳐준 사람이 없었습니다. 그 당시만 해도 외국에 다니는 사람이 거의 없었습니다. 이민 가방이 8개, 우리 아이들 다섯 명이고, 말도 전혀 통하지 않고 한국에서 배운 영어는 전혀 통하지도 않았습니다.

　그런 악조건 속에서 손짓, 발짓 하면서 LA에 내려서 다시 짐을 부치고, 남미 칠레를 향해 갔습니다. 얼마나 가는지 밤새도록 비행하여 칠레 산티아고에 내려서, 다시 알젠틴 브에노스아이리스 공항으로, 거기서 또 상파울루가 아니라 깜비냐스 비행장으로 갔습니다. 브에노스아이리스 공항에서는 큰 짐이 든 가방이 두 개가 없어졌습니다. 너무나 먼 여행으로 인해 상당히 지쳐 있어서 그 짐은 그냥 찾지 않았습니다.

상파울루 공항에 내려서 마중 나온 성도들을 찾아보니 아무도 없었습니다. 그래서 상파울루 교회 장로님이 내게 보낸 편지가 마침 가방 속에 있어서 살펴보니 장로님 집 주소가 있었습니다. 늦은 밤에 택시를 타고 그 주소로 장로님 집에 도착한 후 짐을 내려놓고 다시 교회로 갔습니다. 마중 나온 성도들이 비행장을 잘못 알아서 서로 엇갈려서 성도들이 우리보다 늦게 교회에 도착했던 것입니다. 교회는 약 40여 평 건물 안 2층에 자리 잡고 있었고, 교인은 20여 명 남아있었습니다. 반갑게 인사하고 첫인사의 말씀을 전했습니다.

"초청해 주셔서 감사합니다. 저는 오직 성경말씀과 복음만 들고 왔습니다. 최선을 다해서 여러분과 교회를 섬기겠습니다."

1.
상파울루 순복음교회 사역 시작

브라질은 모든 것이 한국과 반대입니다. 한국이 낮이면 브라질은 밤이고, 서울이 겨울이면 브라질은 한여름입니다. 언어도 다르고 길도 양

방통행이 아닌 일방통행입니다. 아이들을 학교에 보내니 언어가 전혀 통하지 않아서, 아이들이 학교에 가면 너무 힘들고 답답해서 울고 올 때가 한두 번이 아니었습니다. 나는 아무것도 몰라 그저 엎드려서 "성령님, 인도하여 주옵소서"라는 기도만 했습니다.

그 당시 상파울루 인구는 1천만 명, 도시 크기는 서울의 4배이고, 번화가 '바울리스타'의 중심지는 지금 서울의 강남처럼 빌딩과 상가가 즐비한 대단한 도시였습니다. 1만 5천 명 정도의 교민이 있었고, 40여 교회가 있었으며, 그중에 우리 상파울루 순복음교회가 제일 작았습니다.

내가 처음 부임한 상파울루 순복음교회의 주일 출석성도는 약 15명 정도밖에 되지 않았으나 최선을 다해 말씀을 선포하며 오직 성령충만과 전력을 다해 기도하며 하나님께 매달렸습니다. 여의도 대교구장 사역 시에 내가 맡았던 1 대교구는 교역자가 20여 명, 구역장이 1,200명, 성도가 2만 명 정도였습니다. 오산리기도원 성령대망회 때는 관광버스 50대에 2,000여 명의 성도가 매달 한 번씩 기도원에 올라오기도 했습니다. 이에 비하면 상파울루 순복음교회 성도는 1구역 정도밖에 되지 않았습니다.

2.

귀신에 잡힌
상파울루 공대생 박명보

부임한 지 한 달 정도 되었을 때입니다. 교회 박 장로님의 둘째 아들 박명보 군이 당시 상파울루대학 공대 5학년 재학 중이었는데, 정신이상(귀신이 들림)이 되어서 학교도 못 가고 헛소리를 하고 때로는 집안에서 난동을 일으키고 밤잠도 자지 않고, 틈만 나면 칼로 자살을 시도하고 행패를 부리고 있어서 가정이 전쟁터와 같다고 했습니다. 물론 집에서나 교회에서도 기도를 많이 했지만 근 1년간 차도가 없다고 했습니다. 내가 부임한 후, 장로님이 귀신을 쫓아주길 간청했습니다.

그 당시는 아직 목회에 정착이 되지 않아서 기도로 준비하고 있었습니다. 물론 한국에서는 기도원(오산리 금식기도원) 전도사로 사역 당시 최자실 목사님 밑에서 신유기도와 특히 축사기도와 귀신 쫓는 강력한 기도로 훈련되어서 수많은 악령과 귀신들린 사람들을 치료하고 수많은 병자를 기도로 치유했습니다. 당연히 신유의 능력을 받기 위해서 금식기도를 하며 시시때때로 하나님께 매달리기도 했습니다. 그 이후 여의도 순복음교회 소교구장으로, 대교구장으로 사역 당시에도 심방 다니면서 수많은 환자를 예수님 이름으로 고치기도 했습니다.

하루는 저녁 예배를 드리고 나오는데, 귀신에 잡힌 박명보 군이 문앞에 버티고 서서 나를 노려보고 덤빌 기세였습니다. 그래서 나는 무심코 그의 머리에 손을 얹고 "이 더럽고 악한 귀신아! 이 청년에게서 나오라. 예수님 이름으로 명한다." 이렇게 계속 방언기도를 하면서 축사를 했습니다. 그리고 그날 밤, 잠이 오질 않아서 밤새도록 맹숭맹숭 뜬눈으로 밤을 새웠습니다. 그래서 이튿날 낮에는 몸이 몹시 피곤하고 정신이 흐려졌습니다. 뿐만 아니라 다음 날, 그다음 날도 한잠 못 잤습니다. 그렇게 한 일주일을 못 자니까 그만 몸이 처지고 마음이 괴롭고 밥맛은 없어지고 신경이 날카로워 짜증이 나고 기쁨도 없어졌습니다. 운전하면서 교회로 가다 보면 차로 전봇대를 들이박고 싶을 정도로 마음이 갈피를 잡지 못하고 캄캄했습니다.

그렇게 기도도 지쳐서 속으로 방언기도만 하고 있는데, 언뜻 그 명보 청년을 괴롭히던 귀신의 영이 나에게 붙어서 괴롭히고 있다는 사실을 알았습니다. 이젠 정체를 알았으니 밤낮으로 귀신 쫓는 축사기도를 했습니다. 그런데 한 달이 가도 두 달이 가도 꿈쩍도 안 합니다. 낮에 지쳐서 잠깐 잠이 들면 가슴이 서늘해지면서 악령이 스쳐 가는 듯해서 깜짝 놀라 깨어나곤 했습니다. 또 밤에 잠을 못 자니까 자그마한 교회 강대상 마룻바닥에 뒹굴며 마귀와 싸웁니다. 내 손으로 내 머리에 얹고 축사기도를 시도 때도 없이 했습니다. 교인이 몇 안 되니까 심방 갈 일도 별로 없고 또 상태가 이러니 갈 수도 없었습니다. 그 당시 교회에서는 리오데자네이로로 가는 고속도로 주변 밀림지대에 자그마한 땅을 사서 기도원을 지으려고 임시 슬라브 집을 짓고 있었습니다.

나는 임시 기도원인 슬라브 창고 같은 곳에 가서 며칠씩 금식기도를 해도 여전히 잠을 이룰 수 없고, 악마는 계속 내 마음을 점령하고 있었습니다. 수만 리 먼 이국 땅에서 악령에 눌려 잠을 못 자고 고통을 당하니까 온 세상이 캄캄하고, 산다는 것이 너무 괴로웠습니다. 밤낮으로 잠을 못 자니까 너무 고통스러워서 죽을 것만 같았습니다. 기운도 다 빠지고 의욕도 사라지고 의지도 꺾이고 이 고통에서 나를 위해 기도해 줄 사람은 사모밖에 없었습니다. 아이들은 아직 어리고 교인들에겐 이 사정을 말도 못했습니다. '만약 알게 되면 그나마 성도들이 다 떠나가 버릴 텐데.' 목사가 귀신에 눌려서 잠도 못 잔다고 상파울루 시내에 소문이 나면 선교사역 앞날이 무너지고 말 것입니다.

밤이나 낮이나 나의 기도는 오직 "하나님, 저를 살려주시옵소서"였습니다. 교회 부흥도, 선교도 아무것도 보이지 않았습니다. 나 자신이 죽을 지경이니까 "하나님, 저를 불쌍히 보시고 살려주옵소서. 이 악한 귀신아 떠나가라!" 매일 울면서 간구했습니다. 이렇게 계속 1년 정도 견디어 나갔습니다. 서울 본교회 조용기 목사님께 보고를 드린 후, 이 실상을 알려

드리면서 여의도 순복음교회에 강력한 중보기도를 요청했습니다.

밀림 속에 있는 기도원에는 온갖 새들이 지저귀는 소리와 풀벌레 소리들, 형형색색의 아름다운 꽃들이 숲을 이루고 향기를 품고 있지만, 내 마음이 고통스럽고 괴로우니까 생지옥 같아 보였습니다. 이젠 인생 자체가 포기상태였습니다. '이 먼 이국땅에서 어린 자식들 다섯, 젊은 아내, 내가 죽으면 어떻게 살아가나.' 생각할수록 슬프고 마음이 찢어질 듯 아팠습니다. 서울에서 사역할 때는 수많은 귀신 잡힌 자, 병든 자들을 예수님 이름으로 기도만 하면 거의 다 나았습니다. 그런데 이젠 나의 영적 능력도 효력이 없는 것 같았습니다. 성경 속의 약속의 말씀도 믿어지지 않았습니다.

그런데 설교준비도 못하고 씨름하다가도 주일예배를 인도하면, 설교말씀에는 능력이 있고 성령의 기름부음이 충만한 것을 깨달았습니다. 금식기도를 수없이 해도 소용이 없었는데, 1년이 거의 다 되었을 때 성령님이 강력하게 지시를 하셨습니다. 너 혼자 씨름하지 말고 그 귀신 잡힌 청년과 그 부모, 장로님 가족 모두 같이 기도원에 올라가서 함께 회개하면서 금식기도로 매달리라고 말씀하셨습니다.

그래서 박 장로님 가족 다섯 명을 비롯하여 사모와 같이 금식기도원에 올라가서 일주일을 작정하고 합심해서 금식기도를 했습니다. 가족 중 한 사람이 중병에 걸리면 전 가족이 회개하며 하나님께 간구해야 됩니다. 그로부터 1주일째 되던 날, 기도굴에 그 청년 명보 군을 데리고 같이 들어가서 네가 죽든지 내가 죽든지 씨름하자고 했습니다. 야곱의 얍복나루터 기도와 같이 씨름을 하며 하나님께 매달렸습니다. "둘이 죽든지 살든지 하나님, 이젠 결판을 내주십시오, 이놈의 악한 귀신아, 떠나가라" 하고 방언기도로 둘이서 씨름을 했습니다. 그러다가 우리 자신도 모르게 둘이 잠에 떨어졌습니다. 아마도 온종일 둘이서 코를 골면서 잔듯합니다.

눈을 뜨니 아침 햇살이 기도굴 문으로 들어오는데, 그동안 그토록 괴롭히고 고통을 주던 악령이 완전히 떠나가고, 마음에는 평안과 기쁨이 솟아나고 기운이 생기고 새 세상이 된듯했습니다. 캄캄한 안개가 걷히고 마음에는 밝은 햇빛이 환하게 들어왔습니다. 입에서는 찬송가 "내 영혼에 햇빛 비치니 주 영광 찬란해"라는 가사가 절로 나오고, 기쁨이 강물같이 솟아났습니다. 할렐루야! 1년 동안 괴롭히던 악한 귀신이 떠나갔습니다. 명보 군도 깨끗이 나았습니다. 이젠 기쁨과 환희가 넘치니까 모든 것이 아름답고 귀하게 보였습니다.

전 가족이 하산하여 집에 돌아와서 조금 쉬려는데 낯선 여인이 찾아왔습니다. 그 여인이 "저는 악령에 눌려서 몇 년간 잠도 못 자고 고통스러워 아무 일도 못하고 죽지 못해 살고 있습니다. 목사님이 기도원에서 박명보 청년을 누르고 있던 귀신을 쫓아냈다는 소식을 듣고 찾아왔습니다. 기도 좀 해주세요."라고 간청하는 것이었습니다. 하지만 그 당시 나는 너무 힘들어 "제가 기도해 주겠습니까? 죽다가 이제 겨우 살아왔는데~" 하며 거절했습니다. 그리고 겁이 나서 안수기도할 수도 없었습니다. 애원하고 매달렸지만 냉정하게 돌려보냈습니다.

그런데 며칠 후 주일날에 여러 사람이 지치고 병든 얼굴로 떼를 지어 교회에 와서 기도해 달라고 합니다. 나는 겁이 나서 안수기도할 수 없다고 거절했습니다. 그때는 정말 머리에 손을 얹고 기도하다가 죽다가 겨우 살아나 겁이 나서 안수기도를 할 수 없었습니다. 그런데 여러 사람이 제각기 얼굴에는 병색에 찌들고 죽을 고생을 하면서 병원으로 약방으로 다니면서 치료를 받았으나 아무 소용이 없는데, 좀 살려달라고 애원합니다.

그래서 하나님께 잠깐 기도드렸습니다. "하나님 어찌할까요? 저는 겁이 나서 전혀 기도해 줄 수가 없습니다." 그때 성령님의 음성이 마음에 들려왔습니다. "이 상파울루에는 이와 같은 환자들이 수없이 많이 있다. 너를 통해서 이 사람들을 치유시키기 위해 너를 먼저 고통당하게 하고 체험하게 한 것이다. 이들은 모두 불쌍한 사람들이다. 이젠 담대하라. 겁내지 말라. 내가 함께 하겠다." 이렇게 성령님의 강한 능력이 임하는 것이었습니다. 그래서 그들을 교회 의자에 앉혀놓고 차례차례 안수기도를 해 드렸습니다. 처음에는 겁이 조금 났지만 담대함이 생겼습니다. 그리고 집으로 돌려보냈습니다.

그전에는 우리 상파울루교회에서 한 사람도 전도가 되질 않았습니다. 이 일 후에는 안수받은 사람들이 즉시 악귀가 떠나가고 수년 동안 악령에 눌려서 잠도 못자고 몸과 맘이 지치고 고통 가운데서 죽지 못하고 살았는데 깨끗하게 나으니까 너무 기뻐서 이들이 상파울루 시내에 소문을 냈습니다. 그 후로는 소문을 듣고 매주 10여 명씩 교회로 몰려왔습니다. 온갖 병마에 시달리던 환자들, 그중에는 권사, 집사들도 있고 장로님 부인 권사들도 있었습니다.

그렇게 1년이 지나니까 300여 명의 성도들이 전도되어서 출석했습니다. 출석성도들은 매달 한 번씩 금식기도원에 가서 성령대망회를 했습니다. 300여 명씩 와서 북을 치고 춤을 추며 찬송을 하면서 기도하는데, 성령의 큰 역사가 일어났습니다. 상파울루에서 5년 사역하는 동안 등록성도가 1,000여 명이 넘었고, 매주 출석성도 800여 명이 모여 예배를 드렸습니다. 수많은 사람이 믿음으로 변화를 받아서 상파울루에 있는 교회마다 우리 성도들이 한두 명씩 기둥이 되어 섬기고 있습니다. 이 모든 것이 하나님의 은혜요 능력입니다. 할렐루야!

고린도후서 1장 8-9절에 보면, 사도 바울이 아시아에서 당한 환난으로 살 소망까지 끊어지고 사형선고를 받은 줄 알았으나 이는 자신을 믿지 말고 죽은 자를 다시 살리시는 하나님만 의지하라시는 말씀이 나에게 임했던 것입니다. 우리 상파울루 금식기도원은 점차로 소문이 나서 기도원에 올라가서 기도드리면 응답받는다는 믿음으로 모든 교회 성도님과 목사님들이 수시로 와서 기도했습니다.

나는 무조건 빌립보서 4장 13절에 나오는 "내게 능력 주시는 자 안에서 내가 모든 것을 할 수 있느니라"라는 말씀만 가지고 상파울루에 갔다가 하나님이 먼저 나를 하나님께 항복하게 하시고 그 후에야 이 말씀이 내게 임하게 되었던 것입니다.

3. 🌍
이용수 집사 부친
임종 직전에 폐암 치료

우리 교회에 열심히 충성 봉사하는 이용수 안수집사님이 특별심방을 요청해왔습니다. 자기 부친이 폐암으로 고생하시던 중 상파울루에서 약 150km 떨어진 곳에 폐병 환자들만 수용하는 깊은 산속 공기 좋은 요양원에 모셔드렸는데, 그곳에서 수개월 요양 중에 곧 임종하실 것 같다는 요양병원의 통보를 받고 마지막 임종 전에 세례식과 임종예배를 드려달라는 요청이었습니다. 그래서 날짜를 잡아서 주일 낮예배를 드린 후 바로 요양병원으로 심방 가겠다는 광고를 했습니다.

그날은 전형적인 상파울루의 가을 날씨로 아주 화창하고 상쾌한 주일이었습니다. 막상 심방하려고 하니 집사님들과 성도들 약 40여 명이 동참하겠다고 해서 승용차 10대 정도 분승해서 출발했습니다. 심방하는 데 이렇게 한꺼번에 많이 참석하기는 처음이었습니다. 상파울루에서 리오데자네이로로 가는 고속도로를 한 시간쯤 걸려서 다시 산속 깊은 곳으로 달려갔습니다. 브라질이지만 산속 깊이 들어가니까 소나무 숲이 우거져있고 공기는 아주 상쾌했습니다.

산속 소나무 숲속에 있는 요양병원에 도착해서 입원 중인 할아버지를 뵈었습니다. 이 할아버지는 몇 년 동안 주일에만 출석하는 성도였습니다. 함께 심방 간 성도들이 빙 둘러서서 임종예배를 드리는 중에 물세례를 집례했습니다. 오랜 병환으로 몸이 바싹 여위고 뼈만 앙상하게 남았습니다. 수년 전 자녀들이 브라질로 이민 오게 되니 한국에 혼자 계시던 아버님도 모셔오게 되었고, 사업을 하는 아들을 도우며 함께 살게 되었습니다. 그렇게 사시던 중에 몸에 이상이 생겨 진찰한 결과 폐암 진단을 받게 되었고 지금까지 고생하시다가 자신의 마지막을 먼 이국에서 떠나게 된다고 생각하니까 마음이 매우 외롭고 슬퍼하셨습니다.

다같이 찬송을 부르고 성경말씀을 증거하고 세례를 베풀고 안수기도를 하던 중, 성령님께서 지금 임종예배를 드릴 것이 아니고 병이 나아서 더 오래 살다가 천국 가신다는 음성이 내 마음속에 들렸습니다. 간절히 기도드리니까 성령의 능력이 이 할아버지 속에 역사하심을 느꼈습니다. 그래서 기도 후에 선포했습니다. "이 성도님은 임종이 아니고 다시 치료되어 살아나십니다." 임종예배에서 이렇게 선포하는 것은 매우 위험한 용기로 만약 살아나지 않는다면 그 책임은 고스란히 나에게 돌아올 것입니다.

예배가 끝나고 모두 기쁜 마음으로 상파울루로 돌아와서 저녁 예배를 드리고 귀가했습니다. 그런데 내가 선포한 말씀대로 며칠 뒤부터 기력이 점점 살아나고 폐암 증세도 차츰 사라지고 한 달이 못 되어서 깨끗이 치료되어 상파울루 집으로 돌아왔다는 것입니다. 건강한 모습으로 열심히 교회 출석도 하시고 가게에서 아들 집사님 사업도 돌보시고 그 이후 거의 10여 년 더 사시다가 천국으로 가셨습니다. 할렐루야! 하나님의 기적의 치유입니다.

4.
정창호 성도
전신마비 중풍병 치료

상파울루 순복음교회는 병든 사람이 교회 나오면 대부분 병 고침 받는다는 소문이 상파울루 교민 사이에 많이 알려지게 되었습니다. 어느 날인가 주일예배를 마치고 뒤편으로 나오니까 처음 보는 분이 맨 뒷좌석에 누워있었습니다. 중풍으로 반신불수인데 꼼짝하지 못한다는 것이었습니다. 우리 교회 이윤우 집사님 남편의 친구인데, 1년 전에 중풍에 걸려서 한의원에도 가보고 여러 병원에도 가보았지만, 치료가 불가능하여 이젠 집에서 누워만 있다고 했습니다. 이 집사님 남편이 "야 이사람아! 여기 순복음교회 가면 하나님이 이 병을 고친단다." 하고 무조건 이 환자를 업고 차에 태워서 교회 뒷자리에 눕혀 놓았다는 것입니다. 그래서 간단히 치유기도와 안수기도를 하고 집으로 돌려보냈습니다.

그리고 그 주 화요일에 그 집에 심방을 갔습니다. 집에 들어가니 방은 어두컴컴하고, 환자는 누워있고, 쾌쾌한 냄새가 나고 생명의 희망은 도저히 찾아볼 수 없었습니다. 이 환자는 집이나 교회에서 기도해서는 안 되겠다고 판단하고는 친구 차로 우리 '상파울루 금식기도원'에 입원하라고 지시했습니다. 우리 '상파울루 기도원'은 교회에서부터 리오데자네이로로 가는 고속도로로 한 시간 반 정도 가서 1km 정도 더 들어가 있습니다. 밀림 속에 나무를 베어내고 자그마한 규모로 금식기도원을 설립해 놓았습니다. 상파울루교회의 많은 성도들이 이 산기도원에 가서 금식기도를 많이 하곤 했습니다.

환자인 정창호 씨를 업고 가서 무조건 기도굴에 눕혀 놓고 옆에 둔 녹음기를 통해서 조용기 목사님 테이프와 우리 교회 내 설교테이프로 밤낮으로 말씀을 듣게 했습니다. 몸을 꼼짝 달싹도 못하니까 싫든 좋든 밤낮으로 설교말씀을 들었습니다. 간혹 내가 안수기도도 해주곤 했습니다.

기도원 관리 장로님께 이렇게 부탁해놓고 내려왔다가 약 3일 후 기도원에 올라가 보았더니, 정창호 씨가 아무렇지도 않게 일어나서 기도원을 거닐고 있었습니다. 어떻게 된 일인지 알아 봤더니 이분이 몸은 완전히 식물인간이 되었지만 정신은 멀쩡하니까 이렇게 된 자신의 처지에 좌절과 낙심, 그리고 분통이 터져 울분을 토하고 있는데, 조용기 목사님의 능력의 말씀이 자기 마음을 찢어 쪼개니까 얼마나 울며 회개했는지 누워서 종일 눈물로 통곡을 했답니다. 그러니까 입에서는 방언이 터져 나오고 마음에는 성령의 불이 임하여 원망, 분노, 슬픔이 다 떠나가고 평안이 강물같이 솟아났다는 것입니다. 그래서 감사를 하는 중, 팔다리에 힘이 생기고 손발을 움직이니까 움직여져서 그만 털고 일어나니까 1년 동안 꼼짝도 하지 않던 손과 발, 그리고 몸이 움직여지고 벌떡 일어나게 되었다는 것입니다. 혼자서 부흥회를 하고 혼자서 말씀을 듣고 깨닫고 회개하고 나니까 하나님께서 일으켜 주셨던 것입니다.

후에 집사님이 된 정창호 씨는 과거 5.16 군사혁명 때 조직폭력배로 수배당하다가 밤에 밀수선을 타고 일본으로 피신했다가 일본에서 다시 브라질 상파울루로 도망, 이민을 왔다는 것입니다. 조폭으로 있을 때는 악한 짓, 나쁜 짓 등 범죄를 많이 저질렀다고 합니다. 브라질에 와서는 해병대 군악대장으로 제대한 김진혁이라는 친구와 상파울루에서 큰 댄스홀을 차려놓고 수많은 여성과 춤을 추며 또 춤을 가르치는 선생으로 살았다고 합니다. 이젠 댄스 홀도 문을 닫았습니다. 상파울루에서도 교회를 얼마나 핍박했던지 식당에서 밥을 먹다가도 목사님이나 성도들이 교회 이야기만 해도 욕설을 퍼붓고 뛰쳐나갔다고 합니다. 얼마나 악독한지 정창호 씨가 차를 몰고 가다가 길 가운데 세워도 상파울루 경찰이 이 차를 알고 그냥 지나간다는 것입니다.

이런 지독한 사람이 예수 믿고 병 치료 받고 성령충만 받고 나니까 완전히 변화되어서 교회 문만 들어서면 눈물을 줄줄 흘리면서 온갖 궂은일을 도맡아 봉사했습니다. 내가 심방을 가는 곳이면 어디든지 따라다니면서 담임목사님을 보호해야 된다고 해서 나의 개인 경호 집사가 되었습니다. 또 교회 수리할 곳이 있으면 가지고 있는 목공기술로 도맡아서 수리를 하고 봉사했습니다.

불성실한 생활로 가정생활도 평탄하지 않았습니다. 이혼과 재혼을 여러 번 하여 자식도 여러 곳에 낳아서 흩어져있었는데, 그 당시 사는 부인은 일본 여자이지만 같이 꼭 예배를 드리고 열심히 신앙생활을 했습니다. 나중 들은 소식에 의하면 고국에 돌아가서 처음 결혼한 부인을 다시 만나 살다가 여의도 순복음교회 구역예배 드리는 도중에 쓰러져서 천국에 가셨다고 합니다. 정창호 집사님은 지금도 눈에 선합니다. 중풍으로 고생하던 중 교회에 끌려 나와 설교말씀 듣다가 눈물로 회개하고 성령세례 받고 즉시로 중풍병이 치료되어 오직 하나님, 오직 예수님, 오직 교회만 열심히 섬기면서 15년을 더 살다가 천국으로 가셨던 것입니다.

 "내가 고통 중에 야훼께 부르짖었더니 야훼께서 응답하시고" (시 118:5).

5. 한동환 성도 불치의 사지마비 치유

　어느 주일예배에 젊은 부부가 기도 받으려고 처음 우리 교회에 출석하여 뒷좌석에서 예배를 드리고 있었습니다. 내가 상파울루교회에 부임한 지 1년쯤 지난 후라 상파울루순복음교회에 가면 병 고침 받는다는 소문을 듣고 있던 차에 우리 교회에 출석하는 오 집사가 강권해서 차에 태워 같이 왔다고 합니다. 한동환이라는 이 사람은 브라질 이민을 온 지 10년이 넘었으며, 그때 나이가 35세쯤 되는 젊은 분이었습니다.

　열심히 장사하고 살아가는데 이상한 병에 걸렸다는 것입니다. 양다리에 쥐가 나면 계속 밤낮없이 다리가 뒤틀려서 밤에 잠도 깊이 못 자고 걸어 다닐 수도 없고 자동차 운전도 할 수 없고 그저 앉았거나 누워만 있어야 된다는 것입니다. 이 병 때문에 아무 일도 할 수 없고 병원마다 다니면서 치료를 받았으나 아무 효과도 없고 의사마다 불치의 병이라고 진단했다고 합니다.

　주일이 지난 후, 화요일 심방집사님 두 분과 사모와 같이 이 가정에 심방을 갔습니다. 그는 상파울루 한인들이 밀집해서 장사하는 오리엔치 거리 입구에 있는 아파트에 살고 있었습니다. 집안에 들어서니 집안 전체가 찌든 병 냄새와 약 냄새로 가득 찼습니다. 방안에는 작은 어린아이 세 명이 쪼그리고 앉아 있는데, 얼굴이 모두 아버지의 병색을 닮아서 뼈만 앙상하여 가련하고 불쌍해 보였습니다. 가장이 몇 년 동안 병마에 눌려서 사업도 못하고 일도 못하니까 생활이 매우 빈곤하여 가난이 온 집안에 덮여 있는 것을 보았습니다.

"도둑이 오는 것은 도둑질하고 죽이고 멸망시키려는 것뿐이요 내가
온 것은 양으로 생명을 얻게 하고 더 풍성히 얻게 하려는 것이라"
(요 10:10).

이 가정에는 병마가 들어가서 온 가족을 가난에 찌들어 죽이려는 것을 알았습니다. 그래서 먼저 보혈의 찬송을 몇 번 부르고('예수 십자가에 흘린 피로써 그대는 씻기어 있는가'), 말씀을 증거했습니다. 그는 교회에 전혀 나가지 않았습니다. 먼저 예수님 십자가의 보혈과 우리의 죄를 대속하셨음을 설명하고, 누구든지 예수님을 구주로 영접하면 하나님의 자녀가 되고, 하나님은 아버지가 되셔서 병에서, 가난에서, 저주에서 해방시켜 주신다고 말씀을 증거하고 안수기도 할 때, 성령의 능력으로 병마 귀신이 떠나가고 병이 낫는다고 증거한 후 합심기도 하면서 안수기도를 했습니다.

"저주받은 이 병마귀야, 다리에 쥐가 나서 마비시키는 악한 귀신아 떠나가라!" 하고 한동안 축사기도를 하고 심방을 마치고 교회로 돌아왔습니다.

놀랍게도 다음 주일날 그 가족 모두 교회에 나왔는데, 그날 집에서 예배드린 후에 다리에 쥐가 나고 뒤틀리는 증세가 없어지고 밤에 깊이 잠을 잤다는 것입니다. 몇 년 동안 고통을 주던 병마가 사라졌다는 것입니다. 그 이후 열심히 교회 예배 때마다 참석하고 기도원 성령대망회 때 성령세례를 받고 뜨겁게 신앙생활을 했습니다. 하나님이 축복해주시기 시작하자 별 쓸모없던 땅을 소유하고 있었는데, 그곳에 상가가 확장되면서 그 땅에다 상가빌딩을 지어서 분양하였다고 합니다. 본인도 그 상가 하나에 가게를 열어서 의류도매업을 시작했는데, 그 사업이 놀랍게 번창하여 나중에는 옷감을 짜는 방직공장도 세워 큰 부자가 되었습니다.

교회도 열심히 잘 섬겨서 모든 일에 앞장 서서 봉사하면서 집사에서 부터 안수집사, 장로가 되어서 교회에 큰 기둥이 되었습니다. 자녀들도 주 안에서 축복을 받아서 영혼이 잘되고 범사에 잘되는 강건한 축복을 누리고 있습니다. 우리 하나님은 영생을 주시고 치료와 축복을 주시는 살아계신 좋으신 하나님이십니다.

6.

관절이 썩어 걷지 못하는
김홍준 어린이 난치병 치료

매월 마지막 주일은 본교회에서 예배드리고 난 후 바로 상파울루 금식기도원에 가서 성령대망회로 성령충만, 신유예배를 드렸습니다. 그리고 브라질 국경일이나 공휴일은 우리 기도원에서 3일간 금식기도성회를 가졌습니다. 이때는 우리 교회뿐만 아니라 다른 교회 성도들도 기도원에 같이 와서 예배에 참석하고 은혜를 받았습니다. 보통 기도원에 200~300명 참석하여 큰 북을 치면서 찬송을 부르고 온몸으로 찬양을 했습니다. 말씀을 증거한 후에는 전원 안수기도를 해주었습니다. 그때 성령세례 받는 분, 병고침 받는 분, 심령에 치유를 받는 분 등 뜨거운 성령의 역사가 강하게 임하곤 했습니다.

그렇게 안수기도하던 중 약 5세쯤 되어 보이는 어린아이가 바닥에 누워있는 것을 발견했습니다. 그 옆에는 아이 엄마가 아기를 바라보고 기도하고 있었습니다. 간단히 안수기도를 하고 예배를 마친 후 아기엄마에게 사연을 물어보았습니다. 이들은 한국에서 브라질 이민 온 지 4

년 정도 되었는데, 2년 전부터 아이가 걸어가다가 주저앉고 걷질 못해서 병원에 가서 진찰해 보니 무릎과 무릎 사이의 뼈가 썩어서 일어서지도 못하고 너무 아파서 견디지 못하고 그냥 앓고 있다는 것입니다.

자식의 병을 고치려고 브라질의 큰 병원과 미국까지 가서 치료를 받았지만 불치의 병이라는 것입니다. 온 가족이 절망이었습니다. 이분은 다른 교회에 출석하고 있었는데 우리 상파울루 금식기도원에 가서 기도하면 병이 낫는다는 소문을 듣고 기도원 금식성회에 참석했다는 것입니다.

아기 엄마에게 기도를 많이 했느냐고 물어봤더니 교회는 다녔지만 기도도 제대로 할 줄 모른다고 했습니다. 그래서 "엄마가 먼저 성령세례 받으세요. 그 이후에 아들을 위해 간구해야 됩니다. 어머니의 간절한 기도가 있어야 됩니다."라고 강조한 후, 다음 예배시간에 합심기도와 통성기도로 그 아기 엄마를 위해서 간절히 안수기도 하고 있었는데, 그 아기 엄마가 눈물 콧물 쏟으면서 통곡하고 웁니다. 그때 그 아기 엄마에게 안수기도 하니까 성령의 뜨거운 불을 받고 입에서 방언이 쏟아져 나오고 온몸이 진동했습니다.

그래서 그 엄마의 손을 아기의 가슴에 얹고 나도 그 아기의 머리부터 관절, 관절에 손을 얹고 치유기도를 했습니다. "이 어린아이에게 붙어서 병을 주는 악한 마귀야, 묶음을 놓고 떠나가라! 이 가정에 붙어있는 저주의 귀신은 떠나가라! 예수님의 보혈로 씻음받고 일어나라!" 이렇게 간절하게 기도를 마치고 예배가 끝난 후 온몸에 땀이 나서 기도원 목양실에 와서 샤워하고 쉬고 있는데 한 집사님이 급히 쫓아와서 "목사님, 그 아이가 나아서 걸어 다니고 있어요."라고 기뻐하며 보고를 합니다.

성전에 가보니까 그 어린아이가 일어서서 성전 안을 어기적어기적 걷고 있었습니다. 우리가 기도 드린 후 10분쯤 되어서 아이가 몸을 움직이더니 자기 혼자 앉았다가 일어서서 걷는다는 것입니다. 2년 동안이나 누워만 있던 아이가 지금 걸어 다니고 있으니까 모두 깜짝 놀랐습니다. 하나님은 성전 미문의 앉은뱅이를 베드로의 기도를 들으시고 일으켜 세웠습니다(행 3:1-10). 지금도 우리 예수님은 옛날이나 지금이나 동일하게 살아 계십니다. 그 이후 이 아이는 교회에 오면 얼마나 극성스럽게 뛰어다니는지 온 교회 마당을 휘젓고 다니며 자랐습니다. 그 어머니는 주일학교 교사를 맡아서 열심히 봉사하고, 아이는 자라서 지금은 청년이 되었습니다. 하나님께 영광을 돌립니다.

7.
상파울루 금식기도원

우리 상파울루 순복음기도원은 상파울루에서 리오데자네이로로 가는 고속도로에서 100km쯤 가서 다시 산속으로 1km정도 더 들어간 곳에 있습니다. 밀림속 나무를 베어내고 기도원 땅을 조성해서 임시 예배당과 숙소를 짓고 기도굴도 20여 곳 만들어서 상파울루 내 모든 교회 성도들이 수시로 와서 기도하는 기도원입니다. 이 기도원은 공휴일마다 부흥성회를 개최하고 또한 매월 마지막 주일 오후에는 본교회 성도 300여 명이 기도원에 가서 성령대망회를 열고 전 성도들에게 안수기도를 해드리고 하산합니다.

기도원 주변에는 나무숲이 우거지고 언제나 각종 아름다운 브라질의 새들이 노래하고 기도원 주변 밭에는 바나나를 심어서 해마다 아름드리 바나나 뭉치가 누렇게 익어가고, 사탕수수와 레몬나무를 심어서 그 열매가 노랗게 주렁주렁 열려 있습니다. 숲속이라 공기가 아주 맑아서

상파울루 금식기도원

상파울루 금식 기도원 집회

조금만 있어도 머리가 상쾌하고 시원함을 느낄 수 있습니다.

　나도 수시로 사모와 같이 기도원에 올라가 금식기도를 드리고 금요 철야예배 때는 저녁 9시부터 새벽 2시까지 본교회서 기도회를 마치고 승용차로 운전해서 꼭 기도원에 올라갔습니다. 어떤 때는 밤안개가 자욱해서 한 치 앞도 안 보여도 더듬어서라도 꼭 기도원에 가서 잠을 자고 토요일 오후까지 기도한 후 교회로 옵니다. 그리고 주중 월요일에는 거의 기도원에 올라갑니다. 성도들은 수시로 기도원에 가서 쉬기도 하고 기도하곤 합니다.

상파울루 모든 교회 목사님과 각 교회 성도들도 수시로 우리 기도원에 올라가서 기도하여 수많은 기적을 체험하고 응답을 받습니다. 영적 훈련과 심신의 힐링과 하나님과의 만남이 수없이 일어났던 아름답고 추억이 깃든 신앙훈련소, '상파울루 순복음 금식기도원'입니다.

8.

화가 성도 병원에서
임종 준비 중 치료

상파울루 순복음교회 부임한 지 2년쯤 되었을 때 교회 출석하는 열심 있는 여집사님이 긴급 심방을 요청했습니다. 상파울루에 있는 큰 병원에 자기 남편이 심장이 나빠서 입원 중인데 위독하다는 것입니다. 병원에서는 임종이 가까웠으니 가족을 다 불러서 장례준비를 하라고 지시했다는 것입니다. 그래서 먼 도시에 있는 자녀들과 가족이 다 모여서 장례준비 하는 중에 아내 되는 집사님이 자기 남편은 비록 교회에 나오지 않았어도 목사님 모시고 임종 예배를 드리자고 제안해서 목사님을 모시게 되었다는 것입니다. 내가 사모와 같이 병원에 도착하니까 자녀들이 다 모여 있었습니다. 그중에 교회 안 나가는 자녀들도 있었습니다.

먼저 찬송을 부르고 말씀 증거했습니다. 이 세상이 끝이 아니고 예수 믿고 죄사함 받고 구원받은 사람은 천사의 손에 이끌려 천국으로 가지만 예수 믿지 않고 죄용서 못 받은 사람의 영혼은 마귀의 손에 붙잡혀 영원한 지옥불에 들어간다고 증거하고 그의 귀에 대고 간절히 기도를 드렸습니다. 그의 머리에 손을 얹고 기도를 하는데 '이 사람은 죽지 않는다. 임종예배가 아니고 치유기도를 하라.'는 성령님의 세미한 음성이 들렸습니다. 그래서 예배 후에 내가 선포하기를 "이분은 다시 살아납니다. 장례준비 필요 없습니다."라고 했더니 가족들이 웅성거렸습니다. 내가 이렇게 선포하는 데는 대단한 결단과 용기가 필요하고, 또 그 말에 책임을 져야 합니다.

그런데 집에 돌아와서 앉으니까 머리가 핑핑 돌고 가슴이 답답하고 못 견딜 것 같았습니다. 그래서 서재에 들어가서 한 시간 정도 방언기도를 했더니 구토가 나고 입에서 구역질과 침이 쏟아져 나왔습니다. 그러고 난 후 속이 편안하고 두통도 사라졌습니다. 이런 증상은 신학교에서도, 성경에서도 기록이 없는 것이라 내용을 몰랐는데, 그 환자를 기도할 때 그 환자 속에 붙어있던 악한 병마가 나에게 옮겨 왔던 것입니다. 만약 내가 성령의 권능과 기도가 없었다면 오히려 내가 그 병마에 눌려서 대신 죽을 고통을 당한다는 것입니다.

이 같은 체험을 한 후부터는 이런 사례가 종종 일어나도 당황하지 않고 담대하게 귀신을 쫓아내었습니다. 이 환자는 예배 후 즉시 치유가 되어서 그 이튿날 퇴원했습니다. 의사들도 이런 기적에 놀랐다는 것입니다. 고침받은 이분은 서울에 있을 때 '피카디리' 극장 홍보간판 그림을 그리는 화가였습니다. 그림을 매우 잘 그려서 그분에게 살아있는 듯한 장미꽃 한 송이 그림을 선물로 받았습니다. 하나님은 죽은 자도 살리시는 생명의 주님이십니다. 이 기적을 체험한 후 온 가족이 교회에 출석하였고, 이 성도님은 구원을 받고 7~8년 더 사시다가 천국에 가셨습니다.

9. 상파울루 순복음교회 건물 구입 이전

　내가 상파울루교회에 부임해서 약 3년이 경과한 후에는 교회도 많이 안정되고 성도들의 신앙도 더욱 든든히 다져지고 교세가 점점 부흥되어 갔습니다. 제가 부임 당시 교회는 '리베라다지' 거리 3층 건물에 약 30여 평의 상가건물을 수리해서 예배를 드렸습니다. 성도는 17명 정도 출석했는데, 1년이 지난 후에는 성도들이 앉을 자리가 없었습니다. 그런데 교회에 방해하는 무리가 있었습니다. 예배 때마다 성전 창문에 돌을 던지고 성전이 비어있을 때는 교회 출입문 열쇠 구멍에 껌을 붙여놓아서 문을 열려면 열쇠 구멍에 박혀있는 마른 껌을 후벼판 후에야 겨우 문을 열었습니다. 너무 방해가 심해서 하나님께 간절히 기도드렸더니 성령님께서 성전을 옮겨가라는 소원이 일어나게 했습니다.

　그 이튿날부터 교회 건물을 물색하면서 부동산 중개소에 부탁했습니다. 얼마 지난 후, 교포들이 많이 밀집해서 사는 교민회관 바로 옆에 큰 인쇄소 하던 건물이 매매로 나온 것을 알게 되었습니다. 교회 예배당을 사용하기에 모든 면에서 적절하고 건평은 300여 평 되니 교육관과 주방시설, 목양실 등을 건축할 수 있었고, 본 성전은 약 800명 정도 좌석을 갖출 수 있었습니다. 즉시 계약을 하고 건축헌금을 작정해서 한 달도 못되어서 건물을 구입하고 내부 인테리어를 마친 뒤 의자를 주문해서 새 성전으로 이전했습니다. 이전한 후 3년 만에 계속 부흥되어 출석 성도가 800명이 넘어서 성전 의자가 모자랄 정도였습니다. 상파울

브라질 상파울루 교회당 건물

브라질 상파울루 교회 예배 장면

루에서 우리 교회는 소문난 교회가 되었습니다.

처음에는 주위의 다른 교단에서 우리 순복음교회를 약간 이단시했습니다. 뜨겁게 통성기도하고 손뼉을 치면서 찬송하고 또한 방언기도를 하고 수많은 불치의 환자들이 와서 성령의 능력으로 치료를 받게 되고 또 치료받은 이들이 열심히 기도하던 중 성령세례를 받아서 방언기도를 하고 교회출석한 이후부터는 사람들이 완전히 변화되었습니다. 허물어졌던 가정이 다시 생명을 얻어 화목한 가정으로 회복이 되고, 성령운동이 상파울루 교회마다 번져나가게 되었습니다.

다른 교단 교인들이 우리 교회 철야예배에 참석하여 기도하던 중 회개하고 성령세례를 받으니까 영의 눈이 열리게 되고, 은혜받은 분들이 본 교회 가서 뜨겁게 기도하고 교회를 잘 섬기며 담임목사님께 충성스럽게 순종을 잘하니까 상파울루에 있는 목회자들도 많이 변화되어서

순복음교회 목사인 나와도 화목하게 교제를 나누고 친밀하게 지내게
되었습니다.

　우리 상파울루 금식기도원 밑에는 산속에 테니스장이 있었습니다.
월요일이면 십여 명의 목사님들이 모여서 온종일 테니스를 치며 운동
하고 낮에는 목사님들이 바비큐를 구워서 점심을 손수 해먹고 아주 재
미있게 교제를 하게 되니 상파울루 교포사회가 서로 화목하고 마찰도
없어지게 되었습니다. 성령의 역사하심이 상파울루 일대에 충만하게
일어났습니다.

　또한 틈틈이 월요일 쉬는 날은 우리 젊은 목사들이 연로목사님들을
모시고 상파울루에서 1시간 30분 정도 걸리는 대서양 바닷가 산토스에
가서 휴식을 취하고 맛있는 식사도 대접하니 교단을 초월하고 계층을
초월해서 40여 개 교회 목회자들이 한 가족같이 친밀하게 지내게 되었
습니다.

　　"화평하게 하는 자는 복이 있나니 그들이 하나님의 아들이라 일컬
　　음을 받을 것임이요"(마 5:9).

성경말씀에 "모든 사람과 더불어 화목하라"(롬 12:18) 하신 명령처럼 교회가 서로 화목하니까 상파울루 교포사회가 다툼이나 분쟁이 사라지게 되었습니다.

10. 상파울루 최자실 목사님 초청 성회

브라질 상파울루교회에 부임한 후 2년쯤 지나서 최자실 목사님이 파라과이에 선교차 부흥성회를 인도하시고 서울로 돌아가셨는데, 브라질은 오시지 않았으므로 브라질 선교를 소원하셨습니다. 브라질 비자를 신청했지만 비자가 거부되었습니다. 1980년초 당시에도 우리나라는 전 세계에서 빈국으로 간주되었으므로 브라질에서는 한국인의 비자를 거의 거절했습니다.

그래서 우리 상파울루교회에서 정식 브라질 방문비자를 발급받아 최자실 목사님을 초청했습니다. 하나님의 섭리하심으로 1981년 봄 최자실 목사님이 상파울루에 오셨으며, 부흥성회를 위해 준비 기도를 많이 했습니다. 최자실 목사님은 브라질에 있는 일본 사람들에게도 많이 알려져 있었고, 상파울루 교민들도 최자실 목사님을 대부분 알고 있었습니다. 그러므로 부흥회 장소를 약 2,000여 명 수용하는 브라질의 큰 교회를 빌려서 부흥성회를 준비했습니다. 귀한 목사님이 오시니까 숙소는 우리 교회에 소속된 이 집사님 댁이 매우 크고 아름다운 집이라서, 이 집을 거실과 방을 새로 도배도 하고 침대도 새것으로 마련하여 아주 편안하게 지낼 수 있도록 준비하고 모셨습니다.

상파울루 최자실 목사 부흥성회

　최 목사님 도착 시 상파울루 공항에는 플래카드를 들고 많은 성도님이 모여 공항에서 기쁘게 영접했습니다. 최자실 목사님이 상파울루에 오시니까 교포교회 교인들이 떠들썩하게 흥분이 되었습니다. 최자실 목사님이 손을 얹고 기도하면 성령의 불세례를 받고 방언이 나오고 귀신이 떠나가고 병마가 떠나간다는 소문이 쫙 퍼졌습니다. 우리 교회에서는 전단지를 돌리고 현수막도 곳곳마다 걸고 홍보를 많이 했습니다.

　성회가 시작되는 날 성전이 가득 찼으며 일본 사람들은 관광버스를 대절해서 참석했습니다. 우리 교회 성가대원들도 거의 50여 명이 찬양을 준비하능 등 상파울루에 큰 성령잔치가 벌어졌습니다. 은혜스럽게 말씀을 증거하시면서 가끔은 일본 사람들을 위해 일본어로 설명하시곤 했습니다. 안수기도 시간에는 강대상 앞에 몰려와서 최 목사님과 내가 땀을 뻘뻘 흘리며 수없이 안수기도를 해주었습니다. 낮 시간에는 우리 상파울루 금식기도원에 가서서 기도하시고 목사님의 안수기도로 많은 사람이 성령세례를 받고 또한 질병으로 고통을 받던 사람들이 병고침을 받았습니다.

내가 오산리기도원 전도사로서 최자실 목사님의 지도를 직접 받고 훈련을 받았으니까 최 목사님은 나에게 특별한 애정과 관심이 많았습니다. 기도하는 중에 성령님이 최자실 목사님의 부흥성회를 브라질 상파울루의 도시 풍경과 또 세계 3대 미항인 리오데자네이로의 아름다운 도시의 풍경을 연결시켜 영화로 만들어야겠다는 마음이 뜨겁게 일어났습니다. 그 당시는 비디오도 없던 시절이었습니다. 그래서 일본 사람 중에 영화촬영하는 회사가 있어서 연결되어 이 스케줄을 계약했습니다.

영화촬영은 4명의 기사가 3일간 계속 촬영을 했습니다. 경비가 그 당시 3만$이었으니까 요즈음 계산하면 5천만 원 정도 들었습니다. 상파울루에서 국내선 비행기로 리오데자네이로에 도착했습니다. 예수님 동상, 봉지, 아수카, 코파카바나 비치, 도시 곳곳마다 아름다운 곳, 야자수 숲, 바닷가에 지어진 수백 채의 아름다운 빌딩 숲, 대서양 바다, 그리고 최 목사님의 일거수일투족을 촬영했습니다. 식사 장면, 관광 코스, 호텔 풍경 등 촬영을 다 마치고 2일간 쉬시고, 최 목사님을 리오데자네이로 국제공항에서 바로 미국으로 가시도록 환송해 드렸습니다.

당시의 상파울루 도시, 리오데자네이로, 브라질의 명소들을 최 목사님의 대부흥성회와 함께 촬영한 기록 영화를 서울 여의도 본교회로 보내드렸습니다. 여의도 순복음교회 성도님들이 이 영상을 보고 모두 감탄했다고 합니다. 그 당시 브라질은 우리나라 보통사람들에겐 생소한 나라였습니다. 최자실 목사님의 성령의 뜨거운 역사와 기도가 상파울루 모든 교회에 큰 은혜와 도전이 되었습니다. 이 큰 은혜를 주신 하나님께 감사를 드렸습니다.

11. 🌏

상파울루 아마존 밀림 탐사

브라질 상파울루교회에 부임한 지 아마 3년 정도 되었을 때, 브라질에서는 겨울인 8월경에 상파울루교회 목회자 연합회에서 아마존으로 선교탐사 겸 관광 차 출발하게 되었습니다. 10여 명의 목회자들이 아마존강 중심에 서 있는 마나우스란 조그만 도시비행장을 향해 밤 비행기를 탔습니다. 상파울루에서 아마존강을 가려면 숲이 너무 울창하고 중간 곳곳마다 수없이 많은 강물이 흘러가므로 육로를 통해 자동차로 들어가는 길이 없으므로 꼭 비행기를 타야만 마나우스로 갈 수 있습니다.

아마존강은 세계에서 제일 크고 긴 강이므로 잘 알려진 강입니다. 아마존강 주위 밀림 원시 숲들이 얼마나 큰지 우리나라 남북한 합친 면적의 4배쯤 된다고 합니다. 강물 길이가 6,992km가 넘고, 강물 폭은 지류에 따라 다르지만 본류 입구의 폭은 80km정도 넓은 강입니다. 이 아마존강 밀림 숲에서 뿜어나오는 산소가 지구의 1/3이 된다고 합니다. 지구의 허파라고 합니다. 참 신비한 강 아마존 밀림입니다.

우리 목사님 일행이 비행기를 타고 4시간쯤 경과하여 아마존 마나우스 도시에 새벽 3시쯤 도착하여 그 도시 안에 있는 호텔에 숙박했습니다. 지금부터 거의 40년 전이므로 도시도 그다지 개발되질 않아서 우리나라 읍 소재지쯤 되어 보였습니다.

그런데 신기한 것은 밤새도록 비행기를 타고 새벽 시간에 아마존에 내려서 조금 쉬었다가 일찍이 아침을 먹고 밀림을 향해 자그마한 모터보트를 타고 숲속을 돌아다녀도 조금도 피곤하지 않았다는 것입니다. 산소통 안에 있는 듯 온몸이 가볍고 상쾌하고 음식을 먹어도 금방 소화가 되어 버립니다. 작은 보트를 타고 강 지류 숲속을 헤치고 다니니 나무 위에서는 원숭이들이 이리저리 나무숲 사이 머리 위로 뛰어다니고 강물 속에는 수없이 많은 종류의 큰 물고기들이 떼로 몰려다닙니다. 우리는 경이로운 눈빛으로 아마존 원시림 속을 누비고 다녔습니다.

인디언 원주민 집을 가보니 그들은 강물 위에 나무를 엮어서 집을 짓고 삽니다. 이 인디언들은 물고기나 밀림 속에서 야생짐승을 잡아서 먹고 삽니다. 7~8세쯤 되는 어린아이가 집 앞에 갈대숲을 엮어서 만든 큰 둥지를 열더니 길이가 4~5m 정도 되는 큰 구렁이 한 마리를 끌어내어서 목에 감고 나오는 것입니다. 마치 어린아이들이 강아지 다루듯이 뱀을 마음대로 끌고 다니며 구경시켜 줍니다. 우리 목사님들도 무섭지만 신기해서 사진도 찍고 나도 사진을 찍어서 기념으로 남겼습니다.

아마존강은 너무나 넓게 퍼져 있어서 강물 줄기를 조금 지나면 육지가 있고, 또 강물이 흐르고 육지와 강물 줄기가 섞여서 흐릅니다. 아마존강에는 '피라냐'라는 작은 고기가 있는데, 이빨이 톱날 같고 성질이 흉포해서 강물에 소가 빠지면 수만 마리 되는 피라냐 떼가 몰려들어 한 시간도 안 되어서 다 뜯어 먹는다고 합니다. 이러므로 이 고기를 매우 무서워합니다.

아마존강 숲속을 온종일 강물 줄기를 따라서 누비며 원시림 자연을 보니 꼭 수천 년 전 원시시대에 온 것 같았습니다. 원 없이 체험했습니다. 아마존강이 흐르는 이곳은 적도를 지나므로 브라질은 한겨울인데도 얼마나 햇볕이 따가운지 모자를 벗으면 머릿속이 햇볕에 벌이 쏘는 듯 따갑고 아팠습니다.

마나우스는 홍콩같이 국제적인 시장이 되어서 세계 각국의 전자제품과 유럽에서 수입해서 파는 의류는 세계 각국에서 온 관광객들의 쇼핑을 즐겁게 합니다. 나도 티셔츠를 비롯한 몇 가지 샀습니다. 마침 마나우스 도시 중심에 우리 한국인 한 가족이 자녀들이랑 살면서 사업을 하고 있었습니다. 그들이 조국의 귀한 동포가 아마존에 왔다고 얼마나 기쁘게 영접하는지 모릅니다. 자기 자녀들도 결혼해서 근처에 가까이 살면서 자주 내왕한다는 것입니다. 어떻게 이 뜨거운 아마존에 둥지를 틀고 사는지 정말 대견해하면서 이들이 대접하는 저녁 식사도 맛있게 먹고 한 분씩 따로따로 해주는 선물도 참으로 고맙고 감동적이었습니다. 역시 피는 물보다 진한가 봅니다. 지구 끝 아마존에서 한국 사람을 만나기가 얼마나 귀한데 말이 통하고 문화나 식성도 통하니까 너무 반가워했습니다. 고국 얘기, 상파울루 얘기를 정말 많이 나누었습니다.

지금은 문명이 발달되어서 많은 사람이 아마존강에 관광을 다니고 또 탐색도 하고 동영상을 찍어서 TV나 유튜브 등을 통해 많이 보여줘서 일상화된 듯합니다. 그러나 아마존은 역시 신비의 원시림입니다.

이렇게 처음 선교탐색을 한 후에 우리 상파울루교회에서 김용철 선교사를 파송하게 되었습니다. 내가 같이 아마존 밀림에 들어가 임시 기둥을 세우고 갈대숲을 엮어서 지붕을 만들고 교회당을 만들어서 인디언 선교를 시작했습니다. 인디언 선교 사역은 다음에 설명할 것입니다.

그 이듬해에 인디언 선교를 시작했습니다. 지금은 김용철 선교사가 밀림에 들어가서 교회를 세우고 마나우스에도 교회를 세워서 인디언 원주민이 교육을 받고, 스스로 목회를 하게 하여 지금은 인디언 교회가 20여 곳에 세워져 있고, 수천 명의 인디언 부족들이 신앙생활을 하고 있습니다. 지난 2018년 8월에는 '성령 세계 본부' 주최로 아마존까지 가서 탐방하고 500여 명의 인디언과 원주민을 모아서 부흥성회를 인도하고 왔습니다.

처음 40년 전과는 너무나 다르게 도시가 엄청나게 발전했고, 아마존 강은 수많은 관광객으로 말미암아 강 주변의 순수한 원시림이 관광객 유치와 개발이라는 명목으로 많이 훼손, 파괴되어 안타까웠습니다. 나는 이 아마존 밀림을 여러 번 탐사했습니다. 이 모든 것이 하나님의 은혜요 하나님의 은총입니다. 지금도 아마존강 아마존 밀림 속 그 많은 산소를 마실 때의 상쾌함을 잊을 수가 없습니다.

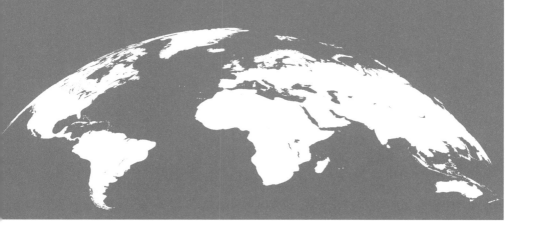

1. 🌎

볼리비아에 산타크루즈 교회 설립

교회가 많이 부흥되고 안정되니까 기도하던 중 성령님이 상파울루교회를 중심으로 남미 일대에 먼저 교민 교회를 세우라는 뜨거운 소원을 갖게 하셨습니다.

> "너희 안에 행하시는 이는 하나님이시니 자기의 기쁘신 뜻을 위하여
> 너희에게 소원을 두고 행하게 하시나니"(빌 2:13).

남미는 알젠티나, 파라과이, 볼리비아, 칠레, 에콰도르, 인디언 원주민 등 많은 곳이 있습니다. 사도 바울의 1차 선교는 각 나라에 흩어져 있는 유대인이요, 2차는 유대인 교회를 세운 다음 원주민 교회로 선교 활동을 했던 것을 성경에서 볼 수 있습니다.

나는 먼저 1982년 3월경에 볼리비아 산타크루즈로 비행기 표를 사서 아무 연고도 없는 볼리비아로 향했습니다. 2시간쯤 지나서 공항에 내려보니 그 공항은 꼭 시골 버스터미널 같았습니다. 내려서 무조건 한국인 식당을 찾아갔습니다. 택시 기사에게 부탁하니 정확하게 한국식당에 내려주었습니다. 먼저 식사 주문부터 하고 한국인 식당 주인에게 사정을 이야기하고, 상파울루에서 이곳에 교회를 설립하러 왔다고 하니, 시내 조금 들어가면 옷가게가 있는데 수백 개의 옷가게가 자그마한 좌판같이(동대문 시장처럼) 있다고 얘기해 줍니다. 다시 택시를 타고

그 장소를 찾아갔습니다. 수많은 가게가 촘촘히 들어서 있는데 거기는 우리 한국인들이 집에서 옷을 만들어서 이 시장에서 직접 팔고 있었습니다.

마침 한국 사람이 운영하는 가게를 발견하고 가게로 들어가서 이곳에 온 취지를 이야기했습니다. 마침 이 가게주인인 젊은 부부가 이민오기전에는 여의도 순복음교회에 다녔는데 이곳에 와서는 아직 교회를 정하지 못하고(당시 볼리비아에는 3, 4개의 한인교회가 있었다고 함) 있다는 것입니다. 그래서 저의 모든 사정 얘기를 다한 후에 가게 주인인 배 집사 집에 교회를 세웠으면 좋겠다고 요청했습니다. 이 집 아랫방에 여장을 풀고 교회를 세우기 위해 간절히 기도를 드렸습니다. 마침 지하실 방이 깨끗하게 정리되어 있어서 거기서 예배를 드리기로 하고 볼리비아에 온 김에 며칠간 기도회를 하기로 결정했습니다.

3일간 기도회를 준비했는데, 첫날 저녁에 개척한 교회 집주인 부부와 처음 나온 여자 한 분 이렇게 세 사람이 기도회에 참석했습니다. 그런데 삼일 째 되는 날에는 세 사람이 모두 회개하고 성령세례를 받아서 눈물을 흘리고 방언기도를 하기 시작했습니다. 삼일째 되던 날 아침, 어떤 여인들이 이 집에 찾아와서 자기 교회 목사님이 순복음교회 목사님을 대접하고 싶으니 모시고 오라고 했다는 것입니다. 그래서 아무 영문도 모르고 개척교회 주인 배 집사와 같이 승용차를 탔습니다. 그런데 차가 시내로 가지 않고 변두리 숲속으로 가는 것입니다. 약 30여 분 지나서야 평지 산속에 창고 같은 외딴집이 보였습니다.

교회도 아니고 숲속이라 조금 이상한 느낌이 들었지만 일단 문을 열고 들어가니 건장한 젊은 남자 7명이 담배를 물고 연기를 내뿜으면서 우리 두 사람을 가운데 두고 빙 둘러섭니다. 옆에는 소주병이 몇 개 있었습니다. 그중에 인상이 험상궂게 생긴 한 사람이 나에게 "당신이 상파울루에서 이곳에 교회를 세우러 왔다면서? 절대 교회를 세울 수 없어! 만약 교회를 세운다면 이곳에서 못 나가고 상파울루에 다시는 못 돌아갈 거야. 당신은 간첩이야. 우리는 남미의 테러집단인데 말 안 들으면 당장 죽여버린다."고 협박했습니다. 자기들은 알젠틴에서나 파라과이에서도 여러 사람을 테러로 죽여버렸다는 것

볼리비아 교회 성도와 함께 (시장 옷가게 앞에서)

입니다. "그러니 죽을 거냐 살아 돌아갈 거냐"고 위협하면서 일곱 명이 눈이 벌겋게 충혈되어서 빙 둘러서는데 겁도 나고 불안했습니다.

그런데 이런 험악한 분위기 가운데서 속으로는 방언기도를 했습니다. 속으로 방언기도를 하니까 배에 힘이 생기면서 담대해졌습니다. "여러분이 나에게 협박을 하는데, 나는 하나님의 종입니다. 하나님이 이곳에 교회를 세우지 말라고 하시면 세우지 않겠습니다. 그러나 하나님이 교회를 세우라고 하시면 나는 교회를 세웁니다. 나는 하나님의 뜻을 따릅니다." 그렇게 말하고는 둘러선 무리를 당당히 제치고 문을 열고 나왔습니다. 성령님이 강력하게 임재하시니까 그들은 손도 대지 못하고 멍하니 쳐다보기만 했습니다. 밖에 나와서 차를 몰고 온 여인들에게 "갑시다" 하고 차를 타고 교회로 돌아왔습니다.

이 테러 소문이 볼리비아 교민 사이에 쫙 퍼졌습니다. 오히려 소문을 들고 순복음교회에 다니다가 이민 온 사람들이 몰려오기 시작했습니다. 그리고 세 사람 중 한 사람(나중에 한 집사가 됨)이 성령의 불세례를 받아서 뜨겁게 변화되었습니다. 이 여성은 피아니스트인데, 이민 오기 전에는 일본 도쿄 밤무대 클럽에서 오르간 반주를 했었습니다. 피아노를 전공한 이 여인이 산타크루즈에 있는 학생들 집을 찾아가서 아이들에게 피아노를 무료로 가르치며 전도하기 시작했습니다. 내가 6개월 후에 볼리비아 부흥성회에 오니까 이 한 집사가 피아노 레슨하며 전도한 70여 명이 교회에 출석하고 있었습니다.

그 교회는 담임목사님이 초빙되질 않아서 내가 보내준 조용기 목사님 비디오와 내가 설교한 비디오를 보며 예배를 드리고 있었습니다. 나는 3, 4개월에 한 번씩 그곳에 와서 부흥성회를 인도하고 심방도 했습니다. 교회는 날로 부흥되었습니다. 이 볼리비아 교회가 중심되어서 최인규 목사님이 담임목사가 되어 볼리비아 원주민 교회가 세워지고, 또한 대학교와 신학교가 설립되어서 수많은 신학졸업생이 배출되었고, 많은 교회가 세워지게 되었습니다. 지금은 원주민 교회가 많이 세워져서 많은 원주민이 예수 믿고 구원받아서 하나님의 백성이 되었습니다.

2.

칠레 산티아고 교회 설립

브라질 상파울루 순복음교회에 부임한 지 3년 정도 지나서는 교회가 많이 부흥되고 교회 구성원들인 핵심 멤버들도 단단해져 가면서, 성령님이 내 마음속에 '남미 일대를 복음화하기 위해서는 먼저 교민교회를 세우고, 다음에 교민교회가 발판이 되어서 원주민 선교를 해야 된다'는 설계도와 꿈을 주시면서 마음에 소원이 일게 하셨습니다. 그러나 칠레 산티아고(칠레의 수도)에는 아는 성도가 한 사람도 없었습니다. 하나님의 기쁘신 뜻은 마음에 소원을 두고 일어나게 하시므로 기도로 많이 준비하고 비행기표를 사서 상파울루에서 칠레 산티아고로 출발했습니다.

비행기에 있는 2시간 30분 동안 "성령님 인도해 주옵소서." 하고 계속해서 기도했습니다. 비행기가 산티아고를 가려면 남미의 안데스산맥을 넘어가야 합니다. 안데스산맥은 해발 7,500m나 된다고 합니다. 비행기가 산맥을 넘어갈 때 창밖을 내려다보니 하얀 눈이 산맥 전체를 하얗게 뒤덮고 있었습니다. 바로 비행기 밑으로 손에 닿을 듯한 산봉우리에 눈이 덮여 있었습니다. 백년설인 것 같았습니다. 나무 한 그루 없는 하얀 산봉우리가 끝없이 펼쳐있어서 그 광경이 지금도 눈에 선합니다.

칠레공항에 도착했으나 아무도 마중 나올 사람이 없으니까 무조건 택시를 타고 'korean'을 찾아가자고 하니까 한인들이 장사하는 가게 앞에 내려다 주었습니다. 산티아고 중심가에 옷과 잡화를 파는 가게였습니다. 그 당시는 칠레에 이민 온 교포 대부분은 옷을 파는 상점을 가지고 있었습니다. 가게에 들어가서 한국 사람이라 인사하고 나는 브라질 상파울루에서 온 선교사라고 소개했습니다. 얘기하는 중에 알고 보니 이들은 서울에서 이민을 왔는데 여의도 순복음교회에 몇 개월 다녔다고 합니다.

칠레의 여러 가지 생활을 이야기하고 사업상의 문제들도 얘기했습니다. 자기 집 큰방 창고에는 1년 전에 서울에서 사 가지고 온 옷, 가방, 악세사리 등 컨테이너 한 칸쯤 되는 물건들이 팔리질 않아서 큰방에 가득히 쌓여있어서 큰 걱정이며, 사업에 막대한 어려움이 있다는 것입니다.

여의도교회 선교대회, 남미 선교보고

그래서 식당에서 점심 대접을 받고 집주인과 같이 그의 집으로 갔습니다. 큰 방안에는 옷과 잡화 등이 가득 채워져 있었습니다. 그 집주인(나중에 장로 되심)의 손을 잡아 물건 박스에 손을 얹고 축복기도를 드렸습니다.

하나님은 축복의 하나님이십니다. 베드로가 빈 배를 가지고 있었으나 예수님 모시고 바다에 들어가서 예수님 말씀에 순종하여 그물을 바다에 던졌더니 그물이 찢어지도록 고기가 많이 잡혔습니다. "하나님, 이 가정이 사업에 빈 배가 되어서 큰 어려움을 겪고 있습니다. 축복하셔서 이집에 있는 물건이 다 판매되게 하옵소서. 예수님 이름으로 명하노니 이 모든 물건이 팔려 나갈지어다." 명령하고 축복했습니다. 2일간 머무르면서 산티아고 시내를 답사하고 교민사회의 사업실태도 알아보고 교회 사정도 점검한 후 다음 또 다시 방문하기로 하고 상파울루 돌아왔습니다.

2개월 후에 이젠 확실히 교회를 세워야겠다고 결단하고 기도로 준비하고 다시 산티아고에 가서 처음 기도해드린 가게를 찾아갔습니다. 그런데 그 가게 주인이 너무 반가워하는 것이 아닙니까. 1년 동안 꽁꽁 묶여있어서 사업이 큰 위기에 처해 있었는데, 목사님이 오셔서 기도드린 후 삼일 만에 그 물건이 다 팔려서 방이 휜하게 비었다고 합니다.

이런 큰 기적을 체험한 그 부부가 앞장서서 교회창립을 돕겠다고 했습니다. 바로 시내 교통 좋은 곳에 자그마한 건물 이층을 세 얻어서 교회 간판을 세우고(칠레 순복음교회) 의자를 사다 놓고 강대상을 임시로 만들어서 예배당을 꾸몄습니다. 그 부부와 장성한 아들 3명 합해서 다섯 사람과 마침 파라과이 아순시온에서 장사하기 위해 온 청년(파라과이 순복음교회 청년)과 나를 합해서 7명이 창립예배를 드렸습니다.

그리고 주일예배는 상파울루에서 조용기 목사님 비디오 테이프를 주일마다 보내서 영상예배를 드리게 하고, 사회는 파라과이에서 온 청년에게 맡기고 나는 본교회 상파울루로 돌아왔습니다. 처음에는 두 달마다 칠레에 가서 예배를 인도했습니다. 그런데 이 청년이 장사를 그만두고 예배를 인도하면서 그를 칠레(원주민) 하나님의 성회 신학교에 입학시켜서 전도사로 임명하여 담임교역자로 임명했습니다. 이 청년이 바로 진유철 목사(LA 순복음교회 목사)의 형인 진유식 목사입니다. 성도들이 점점 모여서 40~50명이 예배를 드렸습니다.

그다음은 후임으로 이정현 목사님을 초빙해서 담임목사로 임명하고, 이 교회를 중심으로 원주민 교회를 세우고 더 많은 원주민 선교를 하게 되었습니다. 칠레는 인구 1,900만 정도이고, 국토가 갈치같이 길게 태평양 바다를 끼고 있어서 경치가 참 아름다운 곳이 많습니다. 산티아고 도시 뒤에는 안데스산맥이 병풍같이 둘러있고 안데스산맥에서 흘러내려오는 강물은 무척 차갑고 깨끗했습니다. 포도와 체리가 많이 생산되고 바닷가에 위치한 도시라 생선이 아주 많았습니다. 도시는 상당히 발달되어 있고 칠레인들은 한국 사람같이 행동이 빠르고 성미는 급하지만 성격은 매우 낙천적입니다.

이곳에 교회가 세워지고 우리 순복음남미선교사 대회도 이곳에서 치르게 되었는데, 선교사 7~8명이 모여서 선교대회와 기도회를 가지면서 매우 보람된 선교교회가 되었습니다. 현재 산티아고 순복음교회에서는 교포선교만 하는 게 아니고 칠레 원주민들에게도 시골교회를 많이 세워서 원주민 교회가 날로 부흥되고 있습니다.

"너희는 산에 올라가서 나무를 가져다가 성전을 건축하라"(학 1:8).

하나님은 하나님의 교회를 세우고 영혼을 구원하고 하나님을 섬기며 믿음으로 사는 자녀들을 제일 기뻐하십니다.

3. 브라질 아마존 밀림 교회 설립

우리 교회에서 수련을 한 김용철 청년이 신학교를 졸업하고 전도사로 임명받은 후 본인은 인디언 선교가 꿈이라며 인디언 선교지로 가겠다고 보고를 했습니다. 나는 그때까지 아마존 인디언 선교는 미처 생각지도 못했습니다. 그런데 김 전도사가 가겠다고 하니까 우리 교회에서 선교비를 마련하여 상파울루 북쪽 아마존강 근처로 보내기로 결정했습니다. 의약품과 간단한 선물을 준비해서 '캄보그렌지'까지 비행기로 가서 다시 자동차를 렌트하여 미란다 작은 마을을 통과하여 비포장 도로인 밀림 속으로 몇 시간 동안 들어갔습니다.

인디언 교인들

이미 몇 개월 전에 김 선교사가 먼저 이곳에 와서 인디언 마을에다가 기둥을 몇 개 세우고 밀림 속 풀들을 베어다가 지붕을 만들고 벽도 없이 나무 기둥을 옆으로 눕혀

인디언교회 개척 멤버들

서 의자로 만들어 준비하고 있었습니다. 인디언들이 사는 집들은 나무 기둥을 몇 개 세우고 억새풀을 뜯어서 지붕을 덮고 바닥은 맨땅으로 잠은 흙바닥에서 자고 가구라고는 아무것도 없고 물 항아리 한 개 정도일 뿐, 음식은 밖에서 불을 피워서 냄비솥을 걸고 강에서 잡아온 고기나, 사냥해서 잡은 야생짐승을 익혀서 먹고 살았습니다.

옷은 하의만 걸치고 맨몸으로 삽니다. 전기도 없고 문명 혜택이란 아무것도 보이지 않았습니다. 밀림나무 숲을 걸어서 한참 가니까 큰 악어가 새끼를 여러 마리 거느리고 꽥꽥소리를 지르며 숲속을 지나갔습니다. 새끼 한 마리를 잡아서 임시 통에 넣어두었다가 며칠 후 상파울루 집에 가져 오니 그만 죽어 버렸습니다.

임시 움막교회에서 예배를 드리니까 인디언 남녀 약 20여 명이 모여 왔습니다. 내가 말씀을 증거하고 김 선교사가 포르투갈 언어로 통역을 하니까 조금 알아듣는 듯했습니다. 예배 도중 동네 개들도 떼를 지어서 인디언들 의자 밑에 누워서 같이 예배를 드리는데 짖지도 않고 조용히 앉아 있었습니다. 개들과 예배드리는 것이 생전 처음이자 마지막인 듯합니다.

예배가 끝난 후 인디언 추장 부인인 할머니가 물을 한 그릇 가지고 와서 먹으라고 권해서 섭씨 40도 넘는 더위인데 꿀꺽 받아먹고 나서 고맙다고 머리로 인사를 하니까 그 할머니가 간증했습니다. 자신은 수십 년간 머리가 너무 아파서 눈을 제대로 뜰 수 없었는데 내가 머리에 손을 얹고 안수기도를 하고 난 후 수십 년간 괴롭혔던 통증이 말끔히 사라졌다고 통역을 했습니다. 너무 감사하고 신기하다고, 그래서 물 한 바가지 떠서 감사표시를 한 것입니다.

그들은 날짜 개념이 없어서 생일도 나이도 모르고 살아갑니다. 이 교회에 인디언 추장이 예수님 믿고 점점 부흥이 되어서 40년 동안 20개의 인디언 교회가 세워지고, 2천여 명의 인디언 성도가 증가되고, 남녀 선교회, 성가대도 조직되었고, 뿐만 아니라 인디언 청년들이 신학교에 가서 공부하고 졸업하여 인디언 목사로 수십 명이 사역하고 있다고 합니다. 지금은 김용환 선교사가 이 인디언 교회를 총괄하며 순회예배를 인도한다고 합니다.

4.  알젠티나 교회 다시 세움

알젠티나 수도 부에노스 아이리스에는 부에노스 순복음교회를 황규영 선교사가 처음 개척해서 목회를 했습니다. 그리고 몇 년 후 예배당을 건립하기 위해 헌금을 모아서 건물을 구입했습니다. 그 안에 사택도 있고 교회가 매우 안정적으로 부흥되어 갔습니다. 내가 상파울루에 있으면서 남미 전체교회를 총괄하는 연합회장이 되어서 남미선교회를 행정적으로 관리하고 있었습니다. 그런데 갑자기 전화가 왔습니다. 알젠틴 순복음교회 두 집사 가정이 교회에서 난동을 부리고 담임목사님을 사택에서 쫓아내고 가구도 전부 끌어내고 담임목사를 바닥에 눕혀 놓고 목을 밟고 구타를 했다는 것입니다.

우리 상파울루교회는 홍두환 시무장로님(기도원 부원장)께 잠시 예배인도를 맡기고 비행기로 2시간 반 정도 걸리는 알젠틴으로 바로 날아갔습니다. 교회에 도착하니 주일예배 시간이 되어 교회 안으로 들어가려니까 난동을 일으킨 그 집사의 청년 아들이 부엌칼을 들고 교회 안에 들어가면 나를 찔러버린다고 협박하는 것입니다. 아무도 말리는 사람도 없고 교인들은 이 광경을 보고 겁이 나서 마당 한구석에서 웅성웅성하고만 있었습니다. 상황을 봐서는 교회 안 강대상에는 도저히 올라갈 수 없었습니다. 그 두 가정의 가족구성원 7, 8명이 눈에 불을 켜고 교회 안과 밖을 지키고 있었습니다. 그러던 중 경찰차가 사이렌 소리를 요란하게 내면서 교회 마당에 들어와서 그 난동 피운 사람과 몇 마디 주고받더니 나와 담임인 황 목사를 경찰차에 강제연행해서 경찰서 유치장에 가두어놓고 가버렸습니다.

　나중에 알고 보니 그들은 우리를 브라질에서 온 마약 밀매꾼이라고 고발했다는 것입니다. 주일날 꼼짝없이 예배도 못 드리고 감옥에 갇혀 버렸습니다. 우리는 아무 변명도 못하고 경찰서 유지장에서 굶어가며 갇혀 버렸습니다. "하나님 교회에 난동이 일어나서 성도님들 보호하러 와서 이게 무슨 영문입니까?" 낯선 나라에 와서 언어도 안 통하니 그저 하나님 뜻이 있으리라 믿고 감방 안에서 기도만 했습니다.

　그런데 주일이 지나고 월요일 낮이 되어서야 이 일이 경찰서장에게 보고되고 결정된다고 했는데, 그날 초저녁쯤 되어서 경찰관이 감방문을 열고 나오라는 것입니다. 경찰서장이 전화해서 감옥에 있는 사람들은 목사들인데 잘못 고발되어서 그러니까 속히 출옥시키라는 지시가 왔다는 것입니다.

　알고보니 우리가 체포되어 가는 광경을 교인들이 보고 이리저리 수소문해서 교포 중에 경찰서장과 교분이 있는 사람을 찾아가서 자초지종을 얘기했더니, 휴일이지만 즉각 경찰서장에게 사실대로 얘기하고 부탁해서 바로 출옥시킨다는 것입니다. 감옥에서 나오니까 알젠틴 본교회 성도들이 다 모여서 우리를 기다리고 있었습니다.

　난동을 부린 사람들은 서울에서는 조폭들과 같이 불량하게 살다가 이민을 왔는데 교회에 나와서 조금 변화된 듯했으나 역시 본성이 드러나서 교회가 자체건물을 갖게 되니까 담임목사님만 쫓아내면 자기들이 건물을 차지하고 건물가격이 그 당시 20~30만 불 되니까 탐심이 들어가서 내분을 일으켰다는 것입니다.

　한 집사님 거실에 약 30여 명이 모여서 저녁 예배를 드리고 내가 선포를 했습니다. "이제 저들과 싸울 필요도 없고 건물을 비워주고 우리는 새로 시작합시다." 하고 집사님 거실에서 다시 교회 이름을 '알젠틴 순복음교회'로 짓고 새로 창립을 하게 되었습니다. 창립 후 우리 교회 홍 장로님을 몇 개월간 상주시키면서 교회를 섬기게 하고, 내가 한 달에 한 번 정도 그곳에 내려가서 예배를 인도하다가, 그 후에는 한국에 계시는 박요한 목사님을 선교사로 초빙해서 그 교회 담임목사 임직예배를 드렸습니다. 그 이후 이정현 목사님이 취임하면서 성도 출석만 500여 명이 되는 큰 교회가 되었습니다. 지금은 현재 목사님이 담임하면서 원주민 교회를 많이 세우고 알젠틴에서도 교민교회에서 두 번째 가는 대형교회로 성장하고 있습니다.

알젠티나는 남미에서 두 번째로 큰 나라이며, 넓고 큰 평야가 너무 많아서 목장의 소들이 셀 수 없이 많습니다. 원래 알젠티나는 부요한 나라였으나 정치적으로 불안정해서 발전과 번영을 하지 못했습니다. 수도인 부에노스 아이리스는 150년 전부터 지하철이 개통되고 오래전부터 문명도시였으나 4년 전에 공산주의가 들어와서 수년 동안 공산화하는 바람에 국력이 쇠퇴하고 추락되어서 경제적, 정치적, 군사적으로 많이 퇴락되었다고 합니다. 넓고 넓은 평야, 끝없이 펼쳐진 초원에서 풀을 뜯는 소들을 수만 마리 소유하고 있는 목장들이 수없이 많이 있습니다. 알젠티나에 거주하고 있는 교민들은 1만여 명이 있는데, 대부분 상업에 종사하며 생활은 많이 안정되어서 열심히 신앙중심, 교회중심으로 살아가고 있습니다.

5. 🌍

파라과이 순복음교회 설립

파라과이는 브라질과 알젠티나 중간에 위치한 자그마한 나라입니다. 인구는 400만 명 정도되고, 수도인 아순신은 우리나라 읍소재지 같은 분위기입니다. 작은 나라이지만 대통령과 각 부서 장관이 있고 국가를 방위하는 국군과 치안을 담당하는 경찰도 있습니다. 파라과이는 주산업이 농업이며, 모든 생필품은 대부분 수입하여 소비하는 시스템으로 운영되고 있습니다.

파라과이 순복음교회는 1965년경 처음 이민 간 교포들이 모여서 교회를 세웠습니다. 처음에 허균 장로님(여의도 순복음교회 출신)과 여러 가정이 모여서 예배를 드리다가 그 후 장로님이 직접 예배를 인도하시면서 교회가 세워지고, 장로님이 목회자의 역할을 감당하시다가 미국으로 이민 가셨습니다. 따라서 목회자가 공석이 됨으로 인해 내가 브라질에서 파라과이로 왕래하면서 예배를 인도하다가 이 교회 총무집사인 최인규 집사(후에 목회자가 됨)에게 예배인도를 맡기고 최인규 집사를 신학교에 입학시켜서 공부하게 한 후 졸업과 동시에 담임전도사로 시무하게 했습니다.

파라과이 순복음교회는 성도들이 한 가족같이 친밀한 교제를 나누며 이민생활의 외로움을 교회 안에서 서로 위로하면서 교회가 든든하게 세워졌습니다. 이 파라과이 순복음교회에서 남미 선교사 대부분이 배출되었습니다. 고경환 목사, 최인규 목사, 김용철 선교사, 진유철 목사, 진유식 목사 등 이 교회 청년들이 성령세례를 받고 복음전도의 뜨거운

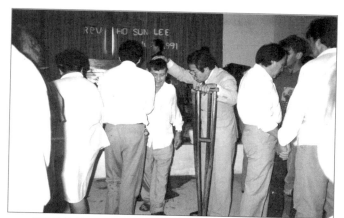

부흥성회 중 치유받고 중풍병자인 파라과이 원주민이 걷는 모습

불이 붙어서 남미 일대에 원주민 선교를 시작하게 되었습니다. 이후 윤 종남 목사가 담임목사로 부임한 후 파라과이 순복음교회는 새 교회당 을 구입하여 날로 부흥하게 되었으며, 이로 인해 남미 전역에 선교의 불꽃이 타오르게 되었습니다.

6.
에콰도르 순복음교회 설립

에콰도르는 중남미 콜롬비아와 페루 사이 태평양 연안에 있는 나라 입니다. 남미선교는 브라질 상파울루 순복음교회가 본부, 중심이 되어 서 남미 전역에 교회를 세우고 선교사를 파송했습니다. 선교지에 원주 민 교회를 창립하면 교회운영에 필요한 선교비는 상파울루 순복음교회에서 지원하여 운영해 나갔습니다. 어느 날, 파라과이에서 신학교를 졸업한 고경환이라는 젊은(당시20세) 전도사가 나를 찾아와서 본인은 이민 온 후 학교를 다니면서 스페인어를 다 배우고 이민사회의 문화와 생활에 적응되었고, 선교사로서의 자질을 다 갖추었으니 에콰도르의 수도 '키토'에 가서 교회를 세우겠다고 보고를 했습니다.

아직 어린 나이인데 복음 전도에 열정이 있어서 에콰도르 '키토'에 선교사로 파송했습니다. 연합회에서 선교지로 가는 경비를 준비해서 고 전도사를 에콰도르로 보냈습니다. 수도 '키토'에 도착한 고경환 전도사는 에콰도르 교민들을 먼저 찾아다니면서 인사하고 교민들의 여러 가지 어려운 문제들을 해결해 주었습니다. 처음 이민 온 교민들은 언어 소통이 어려우므로 고 전도사가 나서서 자녀들 학교입학 문제, 사업상 계약관계, 운전면허 취득, 관공서 공문서 서류관계 및 스페인어 통역까지 교포들의 생활 전반을 도와주며 친절하게 봉사하니까 감동된 교민들이 자연히 교회에 출석하게 되고, 신실하게 신앙생활을 하면서 교회가 부흥하게 되었습니다. 고 전도사는 매주 한 번씩 꼭 나에게 전화로 선교사역을 보고했습니다.

에콰도르 교회 선교비는 우리 연합회 본부교회에서 매월 송금해 주었습니다. 고경환 선교사는 열심히 교회를 튼튼하게 세웠습니다. 3년 후에 후임에게 인계하고 서울로 가길 원해서 여의도 순복음교회 선교국에 요청하여 전입을 시켰습니다. 서울에 와서 다시 신학을 공부하고 여의도 순복음교회에서 사역하게 되었습니다. 그후 '원당 순복음교회' 담임목사가 되어 열정적으로 목회하여 지금은 큰 교회로 성장시켰습니다.

상파울루에서
미국 샌프란시스코를 향하여

제8장

상파울루에서
미국 샌프란시스코를 향하여

브라질 상파울루에서 사역한 지 만 5년이 지났습니다. 본 상파울루 순복음교회도 부흥이 되어서 안정되고 선교개척 동안 주위 볼리비아, 에콰도르, 칠레, 알젠티나, 파라과이, 아마존 인디언 부족들, 곳곳마다 원주민 교회들을 세우고, 우리 남미 후배 선교사들이 사역할 수 있도록 선교지 교회가 정착되어 갔습니다. 항상 기도하면서 이젠 남미 일대에 선교지가 정착되어서 자생할 수 있으므로 더 큰 미국으로 가서 전 세계로 선교 사역을 할 수 있도록 하나님께 기도를 드렸습니다.

1980년도 초까지 미국에서는 우리 한국인과 특히 목회자들에게는 비자를 발급하지 않았습니다. 그런데 서울 여의도 본교회 선교국에서 지시가 내려왔습니다. LA에서 '나성 순복음교회' 성도 중 400여 명의 집사들이 분리되어서 따로 교회를 세우려고 건물을 빌려서 예배를 드리고 있으니, 이 목사가 속히 미국 LA로 들어가서 담임목사로 부임하고 교회를 맡아서 목회하라는 지시였습니다.

그런데 문제는 시간이 급하니 미국에 관광비자로 들어가서 불법체류자가 되어서라도 담임목사로 부임하라는 지시였습니다. 만약 관광

브라질 리오데자네이로 선교사들과 함께

비자로 미국에 입국해서 교회를 세우고 교회 담임 목사로서 영주권을 신청해도 1년 이상의 기간이 걸리고, 또 영주권을 받고서 우리 가족 사모와 자녀들을 초청하려면 3년 정도 기간이 걸린다는 점입니다. 도합 4년 동안 가족이 떨어져 있어야 하고 또한 불법체류자로서 1년간 은폐하고 살아야 하니까 나는 선교국의 지시를 받아들일 수 없었습니다. LA에 세운 교회가 시급하지만 내가 만약 미국에 선교개척 하려면 정식으로 온 가족이 이민비자 목사로서의 초청비자를 받아서 가야 한다고 회답을 보냈습니다. 그리고 하나님께 간절히 기도를 드렸습니다.

지금의 선교국 지시는 거부하는 게 당연하다는 하나님의 뜻이었습니다. 하나님은 공의의 하나님이시고 정직히 행하시는 하나님이십니다. 미국이나 브라질이나 불법체류자가 되면 국가에서는 범죄자로 취급합니다. LA에 세운 교회는 서울에서 온 김영길 목사님이 취임했습니다. 나는 하나님께서 길을 인도해주실 줄 믿고 계속 기도하고 때를 기다렸습니다.

얼마 지나지 않아 몇 개월 후에 여의도 선교국에서 통보가 왔습니다. 샌프란시스코에서 수십 명이 모여서 교회를 세웠는데 목회자를 여의도 선교국에 초청 의뢰했고 총재 '조용기 목사님'이 브라질의 이호선 목사를 파송시키라는 지시가 내렸다는 것입니다. 샌프란시스코 교회에서는 조용기 목사님의 지시를 받고 교회에서 이민국에 정식으로 담임목사 초빙을 신청해서 몇 개월 지나지 않아 이민 비자가 나왔습니다. 상파울루 순복음교회에 부임한 후 밤낮을 가리지 않고 매주 금식기도원에 올라가서 교회를 위해서 브라질 복음화를 위해서 수없이 금식기도 하면서 성령운동을 해왔는데, 남미의 사명이 끝나게 되니까 성령님의 불기둥, 구름기둥이 떠나게 됨을 알게 되었습니다. 정식으로 교회 당회와 전 제직들에게 뜻을 알리고 미국선교를 위해 준비를 하기 시작했습니다.

온 가족, 어머님까지 여덟 식구가 비자를 받아서 샌프란시스코를 향해 떠나는 날, 상파울루 공항에는 수백 명의 성도들이 전송을 나와서 울음바다가 되었습니다. 처음 상파울루교회에 부임했을 때는 성도 수가 20명도 채 되지 않았지만, 내가 부임한 후에는 우리 순복음교회가 손뼉을 치고 방언기도를 하고 병든 자를 안수하고 귀신을 쫓아내는 등으로 초대교회의 역사가 일어났고 크게 부흥했습니다. 그러니까 다른 교단에서는 약간 이단시하고 핍박했지만 각종 고통에 눌린 성도들이 간절히 부르짖고 기도하니까 예수님 이름으로 치료를 받고 또한 회개하고 성령세례를 받고 은혜받고 영적 체험을 한 성도들이 닥치는 대로 전도하여서 교회가 불같이 일어났습니다. 이후로 교회가 단합되고 성령으로 뜨거워져서 성도들의 단합과 교회연합이 이루어지고, 나는 타교단 담임목사님들과 성령 안에서 뜨거운 사랑의 친밀한 교제로 정이 깊이 들었습니다. 이런 상황에서 정든 교회를 떠나려니까 전 성도들이 눈물로 아쉽게 손을 잡고 이별을 했습니다.

브라질에 처음 갈 때는 지구의 끝에서 끝으로 태평양을 건너고 대서양을 횡단해서 상파울루에 도착했으니, 처음에는 지구 끝에 뚝 떨어져 너무나도 외롭고 고독했는데, 이젠 제2의 고향같이 깊은 애정이 들었습니다. 매일 다니던 교회, 리오데자네이로 고속도로에 있는 기도원, 상파울루와 브라질의 아름다운 산수, 세계 3대 미항 중의 하나인 리오데자네이로의 그 아름다운 바다와 어우러져 있는 도시의 빌딩들, 시외로 조금나가면 남미의 순박한 시골마을이 내 눈앞에 아른거렸습니다.

조국을 떠나 이역만리 타국에 이민 가서 사는 사람들은 언제나 마음 한가운데 허전함과 외로움이 있습니다. 내가 태어난 조국, 우리 조상들이 살아온 조국을 항상 그리워하게 됩니다. 간혹 남선교회나 여선교회에서 멀리 관광여행을 갈 때 관광버스 안에서 마이크를 잡으면 거의 대부분 고향의 노래를 부릅니다.

"고향이 그리워도 못 가는 신세 저 하늘 저 산 아래 아득한 천리…"

대부분 향수에 젖어서 눈물을 적십니다. 그러한 외로움이 가슴속에 도사리고 있으니까 고향의 친구 친척을 더 그리워하며 살아갑니다. 집을 나가 객지에 살면서 고생하게 되니 고향의 집을 더욱 귀하게 깨닫게 됩니다. 먼 외국에 있으면 자연히 고국이 그리워지고, 예배 때마다 조국을 위해서 간절히 기도를 합니다.

상파울루 순복음교회에서 5년간 사역하는 중 성도님들의 뜨거운 사랑과 정이 많이 들어서 헤어지는 게 정말 마음이 아팠습니다. 이제 상파울루를 떠나면 언제 다시 돌아와서 정든 교회, 기도원, 성도님들을 만나게 될까! 바울 사도가 선교를 마치고 그 지방을 떠나 이별할 때마다 잠시나마 신앙 안에서 교제하며 정이 들었던 성도들과 헤어질 때는 얼굴을 맞대고 눈물로 기도하며 떠났다는 성경의 기록이 있습니다.

상파울루 공항에서 마지막 이별을 하는 순간, 수백 명의 성도들이 눈물을 흘리며 손을 흔드는 모습에 나 역시 사모와 함께 눈물이 범벅되어서 출국 게이트로 들어갔습니다. 상파울루에서 국내선 비행기로 리오데자네이로 국제공항에 도착해서 다시 밤 비행기를 타고 미국으로 향했습니다. 처음 서울에서 남미 브라질 상파울루 선교사로 떠날 때는 집사람과 어린아이 다섯 명을 거느리고 이민 가방 8개를 챙겨서 전혀 알지 못하는 낯설고 물선 남미 수만 리로 향하여 갈 때는 고국을 떠나는 게 너무 마음이 아프고 외로움과 슬픔이 가슴에 저려왔고 또한 미지의 세계로 떠난다는 두려움까지 합쳐져 마음이 무겁기만 했습니다.

그러나 이제는 이민선교 생활을 5년 하고 나니 그동안 미지의 세계에서 도전도 하고 목회선교와 생활에 실전을 통해 경험이 쌓이니까 앞으로 미국에서의 목양과 선교는 마음이 담대해지고 또한 새로운 선교지, 특히 세계최대의 문명국이며 부강한 미국에 간다는 기대감에 마음이 설레기도 하며, 한편 바라고 꿈꾸던 기도가 응답되었다는 기쁨의 감사가 넘쳐 나왔습니다.

리오데자네이로 국제공항에서 온 가족이 비행기를 타고 밤새껏 10시간 정도 걸려서 샌프란시스코 공항에 도착했습니다. 교회 성도님들이 마중을 나와서 시내를 통과하여 사택까지 왔습니다. 미국의 샌프란시스코는 세계에서도 매우 아름다운 도시 중 하나입니다. 기후는 사시사철 초가을 날씨 같고 구름 한 점 없는 가을 하늘은 푸르디푸르고 도시는 먼지하나 보이지 않고 공기도 아주 깨끗했습니다. 도로는 말끔히 포장되어 있고 길가에는 도시 전체에 각양각색 꽃밭으로 장식되어 있었습니다. 정말 지상낙원 같았습니다. 도시 전체 주택들도 깨끗하게 정돈되어 있어서 부유한 곳으로 보였습니다.

샌프란시스코 순복음교회는 약 25명 정도의 개척교회 성도들이 모여서 담임목사로 나를 초청한 후 1년 정도 기다리고 있었습니다. 예배는 장로 한 분이 인도하셨는데, 나는 새로운 부임지라 새로운 마음으로 목회를 시작했습니다. 교회는 시내를 좀 벗어나서 산밑에 있었는데 나사렛 미국교회를 빌려서 주일 오후 2시에 예배를 드렸습니다. 그러나 교회는 큰 문제를 안고 두 파로 갈라져서 계속 갈등하고 있었습니다. 나는 어느 편을 들 수 없어서 잠자코 있던 중, 서울 조용기 목사님께서 샌프란시스코 교회는 후임을 정해서 인계하고 뉴욕 큰 도시에 가서 교회를 세우라는 지시를 하셨습니다.

조용기 목사님은 세계선교회 총재이시므로 순종하는 마음으로 교회 후임에 박수영 목사님을 초빙해서 맡기고 바로 뉴욕으로 실사 목적으로 갔습니다. 뉴욕에는 후배인 박수철 목사가 있어서 1주일 간 박 목사 집에서 숙식을 하고 박 목사 승용차로 뉴욕 일대를 샅샅이 돌아다니며 도시상태를 파악했습니다. 워낙 거대한 도시라 복잡하고 안정감이 없어서 불안한 마음이 들었습니다. 샌프란시스코는 아름답고 정돈되어 있고 깨끗하고 정원 같은 도시였는데, 이와 비교하니 뉴욕은 엄두가 나질 않았습니다.

1. 샌프란시스코에 다시 교회를 세움

1주일 후, 샌프란시스코로 돌아오니 이 교회에서 1년 6개월 동안 신앙생활을 하던 네 가정이 교회를 떠났습니다. 그리고 나에게 뉴욕에 가지 말고 네 가정이 합심해서 다시 교회를 개척해서 세우자고 강청했습니다. 이에 깊은 기도도 없이 교회를 세우자고 수락하고는 예배드릴 미국교회를 수소문 했습니다. 마침 흑인침례교회가 허락해서 상항 오크랜드에서 교회를 개척했습니다.

그러나 몇 개월 후 흑인침례교회 교인과 우리 한인교회 집사님이 사소한 일로 말다툼이 생겼습니다. 그 여파로 침례교회 목사님이 나가라고 해서 쫓겨났습니다. 예배드릴 교회를 수없이 찾아도 빌려줄 교회가 나타나지 않았습니다. 할 수 없이 당분간 우리 집 사택 거실에서 예배를 드렸습니다. 그러던 중 우리 교회 서 권사님 동생이 국기도 사범이고 원장인데, 그 태권도장 옆에 자그마한 물품창고가 있으니까 거기서 예배를 드리자는 요청이 왔습니다. 그 장소는 샌프란시스코 다운타운 중심가에 있었습니다.

이 창고를 청소하고 각양각색의 의자를 가져다가 정돈하고, 강대상은 임시로 사과상자 세 개를 엎어서 흰 종이로 덮어놓고 말씀을 선포하며 예배를 드렸습니다. 의자는 약 20여 명 앉을 수 있게 마련했습니다. 성도의 수가 10여 명 남짓하니까 헌금이 적어서 사택 렌트비 월 1,200$도 충당되지 않았습니다. 따라서 생활비는 전혀 없으니 당연히 식품을 구입하러 마켓에 가지도 못했습니다. 사택에 있는 냉장고에는 소금하고 밀가루 봉지 몇 개만 남아 있어서 매일 아침저녁으로 수제비만 끓여 먹었습니다.

브라질에서는 교회가 크니까 의식주는 걱정 없이 매우 풍성하게 살다가 미국에서도 아름다운 샌프란시스코에서 밥을 굶고 사니까 한심한 생각이 들었습니다. 한창 먹어야 될 나이인 고등학생, 중학생, 초등학생 아이들이 매일 번갈아가며 냉장고를 열어보는데 열어봐야 아무것도 없었습니다. 아이들 용돈을 못 주니까 방과 후 미국 가정에 파트타임으

샌프란시스코 골든게이트 공원 앞에서 가족들과 함께

로 세 시간 정도 부엌설거지를 하고 10$을 받아서 학교 용돈을 쓰고 다녔습니다.

사모와 나는 교인이 몇 가정 안 되니 심방도 갈 곳 없고, 기도하려니 기도원도 없고, 그런 데다 미국에는 산에도 자유롭게 들어가지 못하게 하니까 시내 중심지 Golden Gate Park에 가서 공원 안의 큰 소나무 밑에서 기도를 했습니다. 이 공원은 여의도 공원의 약 6배 정도의 크기인데, 정말 아름답게 꾸며져 있고, 큰 소나무들이 빽빽이 둘러싸여 있고, 넓고 넓은 푸른 잔디밭 곳곳마다 아름다운 꽃이 있어서 국내와 세계에서 관광객들이 오면 꼭 이 공원에 들러서 산책하면서 사진을 찍고 잔디 위 꽃밭에서 쉬는 장소로 유명합니다.

아침에 수제비를 조금 먹고 온종일 공원에서 기도하니까 배는 고픈

데 사먹을 돈이 없어 공원 수돗가에 가서 입을 대고 물로 실컷 배를 채우기를 수없이 했습니다. 지나고 보면 미국에서 또한 목회에 도전하니까 하나님이 배고프고 고독하게 연단시킨 것입니다. 비록 몇 가정 안 되는 성도들이지만 담임목사가 생활고에 시달려도 전혀 알지 못하고 관심도 없었습니다. 나는 최자실 목사님 밑에서 훈련받았으므로 없으면 금식기도하고 절대로 주의 종은 사람들에게 궁색하게 손을 벌려서는 안 된다는 충고를 많이 들었습니다.

어느 날, 막내아들 요한이가 다섯 살 때 너무 먹을 것이 없고 배가 고프니까 냉장고 앞에 앉아서 "엄마 우리 냉장고 부흥하게 해, 왜 냉장고 부흥 안 해." 하고 엄마를 졸랐습니다. 우리 어른들은 매일 기도 때마다 "교회 부흥케 해주세요." 하고 기도하는데 막내아들은 "냉장고도 부흥하게 해주세요." 하며 기도했던 것입니다. 엄마가 마음이 아파서 "하나님, 냉장고 부흥하게 해주세요. 냉장고 안에 빵도 주시고 계란도 주시고 사과도 주시고 주스도 주시고 우유도 주시고 고기도 주시고… 하나님, 냉장고 꼭 부흥케 해주세요." 하며 막내아들 손을 꼭 잡고 간절히 기도드리고 '아멘' 하고는 아들을 유치원에 보냈습니다. 그렇게 보내고 난 후 엄마는 아들이 유치원에서 돌아왔을 때 냉장고가 비어 있는걸 보면 실망을 할까 봐 무릎을 꿇고 하나님 앞에 우리 아이들 먹을 것을 냉장고에 채워달라고 통곡하며 눈물로 기도했습니다.

그런데 그날 오후 3시쯤 되어서 우리 집안 6촌 동생이 집에 왔습니다. 그 동생은 당시 미군(직업군인)으로서 우리 교회에 가족이 출석했는데, 평소에는 관심도 없던 이 집사가 그날은 슈퍼마켓에 가서 자기 집 식료품을 사는데 갑자기 목사님 가정에 할머니와 자녀들 여덟 식구나 있는데 무엇을 먹고 사실까 하는 생각이 들어 식료품 네 박스를 사서 차에 싣고 찾아왔던 것입니다. 어린 아들과 손잡고 기도한 그 물품 그대로 갖고 온 선물로 냉장고를 가득 채웠습니다. 수개월 동안 소금과 밀가루만 있던 빈 냉장고가 기도의 응답으로 부흥되어서 냉장고 안에는 빵과 우유와 쇠고기와 계란, 밀가루, 바나나, 과일, 치즈 등 모든 식품들로 가득 채워졌습니다. 엘리야와 사렙다 과부의 밀가루 통과 기름병에 가뭄이 지날 때까지 가득 채워서 먹고 남음이 있었던 기록이 있습니다.

> "그러므로 염려하여 이르기를 무엇을 먹을까 무엇을 마실까 무엇을 입을까 하지 말라 이는 다 이방인들이 구하는 것이라 너희 하늘 아버지께서 이 모든 것이 너희에게 있어야 할 줄을 아시느니라"(마 6:31-32).

이후에는 냉장고가 비지 않고 성도님들을 통해서 의식주는 하나님이 넉넉하게 채워주셨습니다. 미국에서 목회하는 동안에도 먹는 것, 입는 것, 모든 것을 부족하지 않게 풍족하게 채워주셨습니다.

> "내가 궁핍하므로 말하는 것이 아니니라 어떠한 형편에든지 나는 자족하기를 배웠노니 나는 비천에 처할 줄도 알고 풍부에 처할 줄도 알아 모든 일 곧 배부름과 배고픔과 풍부와 궁핍에도 처할 줄 하는 일체의 비결을 배웠노라 내게 능력 주시는 자 안에서 내가 모든 것을 할 수 있느니라"(빌 4:11-13).

이 일 후에는 배고프고 주린 사람들의 심정을 알게 되어 뉴욕에서 목회할 때는 미국에 밀입국하여 불법체류자가 되어서 먹을 것도 없고 잠잘 곳도 없이 빈손으로 온 사람들에게 교회에서 숙식을 제공해주면서 안정된 생활을 할 때까지 많은 사람을 돌보아주는 계기가 되었습니다. 할렐루야!

2. 이선래 자매의 전신 관절염 치료

　예배드릴 교회 처소가 없어서 샌프란시스코 타운 한 중심에 있는 서 권사님 남동생인 '국술원 원장'의 배려로 국술원 옆 임시 비품창고를 빌려서 몇 개월 예배를 드리다가 마침 교회로 사용할 만한 건물 2층을 월세로 임차하게 되었습니다. 한쪽은 예배당으로 30여 평 정도에 80여 명이 예배드릴 수 있는 좌석이 있었고, 바로 옆 건물은 사택으로 쓸 수 있게 꾸몄습니다. 샌프란시스코에서 처음으로 예배당 자체 건물을 마련해서 너무 기뻤습니다.

　마침 교포 중에 의자를 짤 수 있는 목공기술을 갖고 있는 분이 계셔 서 80여 명이 앉을 수 있는 새 의자를 성전에 구비해 놓을 수 있었습니다. 커텐도 제일 고급스러운 천으로 만들었고, 강대상 뒤쪽 벽에는 독일제 최고급 벨벳천으로 휘장을 장식했습니다. 사과 궤짝을 수개월 동안 강대상으로 사용했다가 이젠 새 강대상을 맞추어놓았고, 새로 들어온 성도님이 피아노 한 대를 헌물로 기증했고……, 예배당이 정말 아름 답고 아담하게 장식되었습니다. 미국에서 처음으로 자체 예배당을 마련하게 되니까 하나님께 감사하고 또 기쁨과 감격이 넘쳤습니다. 이젠 자유롭게 예배를 드리고 기도회도 마음껏 열 수 있었습니다.

　샌프란시스코는 우리 교민들이 많지 않아서 교포들이 어디서 사는지 확인도 못하고 전도를 하고 싶으나 찾아갈 수도 없었습니다. 이런저런 이유로 교회는 별로 성장되질 않았습니다.

　우리 막내딸 한나가 초등학교 3학년쯤 되었는데, 우리 딸 친구가 매일 우리 집에 놀러와서 동생과 함께 놀다 가곤 했습니다. 어느 날인가 우리 딸이 놀러오던 친구에게 "우리 집에서만 놀지 말고 너희 집에도 가서 놀자." 하고 제안했습니다. 그런데 그 친구 하는 얘기가 자기 집에는 엄마가 오래전부터 아파서 방에 누워만 있으니까 친구들 데리고 오지 말라고 했다는 것입니다. 막내딸의 그 말을 듣고는 하루 금식기도를 하고 나와 사모가 전도차 그 집을 찾아갔습니다.

샌프란시스코는 똑같은 모델로 수많은 집이 도시를 메우고 있었습니다. 어렵게 주소를 가지고 그 집을 찾아가 벨을 눌렀더니 한참 후에 한 여자가 나왔는데, 머리카락은 산발이고 몸을 겨우 이끌고 기어 나와 간신히 문을 빼꼼 열어주었습니다. 문 안에 들어서면서 "저는 샌프란시스코 교회 목사입니다. 우리 딸 한나가 자매님의 딸과 친구인데 우리 엄마가 몸이 아파서 오랫동안 집에서 누워만 있다고 해서 기도해 드리려고 왔습니다." 이렇게 인사하면서 집안으로 들어갔습니다.

집안에는 옷이며 가재도구들이 방과 마루에 널브러져 있었습니다. 방안에는 병색에 찌든 냄새가 물씬 났습니다. 심방을 가게 되면 오랜 경험으로 영적인 분위기가 몸과 마음에 부딪쳐옵니다. 이 자매님은 우리가 들어서자 슬슬 기어서 방바닥에 드러누워 버렸습니다. 온몸에 병이 깊이 들어서 전신 관절염으로 마비가 되어 일어날 수도 없고 걸어 다닐 수도 없어서 완전 식물인간처럼 누워만 있었던 것입니다.

본인이 하는 이야기를 들어보니, 수년 동안 이 전신 관절염을 고치려고 샌프란시스코 병원을 안 가본 데 없이 다 찾아갔으나 고치지 못했다는 것입니다. 이젠 남편마저도 치료가 불가능하니까 집안에 그냥 방치해놓고 죽는 날만 기다리는 형편이었습니다. 눈동자도 흐려져 있고 몸은 병에 눌려서 찌든 냄새가 나고 가누지도 못하니까 누워만 있었습니다. 이 병든 자매에게 간단하게 예수님은 어떤 분이시고 하나님은 살아

계시니 예수님을 믿고 구원받으면 어떤 병도 고쳐주신다고 설명했습니다. 이 자매는 교회 이야기는 들었으나 한 번도 교회 나가본 적은 없다고 합니다.

그래서 사모와 둘이서 10여분 동안 보혈의 찬송을 뜨겁게 드리고 예수님이 38년 된 베데스다 연못가의 환자를 고치는 말씀을 증거하고, 몸과 머리 관절마다 안수기도를 했습니다. "이 추악하고 저주받은 전신 관절염 귀신아, 이 딸에게서 떠나가라. 이 딸은 이제 하나님의 자녀가 되었다. 예수님이 채찍에 맞음으로 병나음을 받았다." 하고 외치며 계속 뜨겁게 기도했습니다. 간절히 예배를 드리고 난 다음 또 와서 기도를 드리겠다는 인사를 하고 돌아왔습니다. 이미 병이 아주 오래된 중병이니까 여러 번 와서 기도를 드려야 되겠다고 생각했습니다.

다음 주일, 예배드리는 시간이 되었습니다. 성도들이 약 20여 명밖에 안 되니까 강대상에서 기도로 준비하다가도 시간이 되면 성도들이 얼마나 출석했는지 궁금해서 강대상 아래를 옆으로 내려다봅니다. 그런데 성전 안에 사람들이 가득하게 앉아 있었습니다. 너무나 반갑고 또 궁금했습니다. 어디서 갑자기 이렇게 성도들이 모여왔는지 예배를 마치고 내려가서 처음 나오신 분들과 인사를 했습니다. 그중에 30대 후반쯤 되는 단정하게 옷을 입은 자매가 나에게 반갑게 인사를 합니다.

"목사님, 저를 모르시나요?"

"예, 잘 모르겠는데요. 어디서 오셨지요?"

"목사님, 어제 저희 집에 오셔서 기도해 주셨잖아요. 누워있던 제가 나아서 오늘 우리 가족 모두 그리고 이웃에 있는 친구 가족 모두 교회에 나왔습니다."

가까운 옆집에 한국에서 같이 이민 온 친구가 있는데, 간간히 병들어 누워있는 친구를 방문해서 보살피곤 했다고 합니다. 그런데 어제 토요일 친구 집에 가니까 수년 동안 누워서 꼼짝하지 못하던 친구가 일어나서 싱크대에서 음식을 장만하고 있더랍니다. 그래서 "얘 친구야. 선래야. 어쩐 일이냐? 네가 일어나서 음식을 만들다니!" 하고 물었더니 그제야 어제 이웃교회 목사님이 오셔서 기도를 해 주셨다고 대답했다는 것입니다.

"정말 하나님은 살아계시는구나. 샌프란시스코에 있는 그 큰 병원을 다 다녀도 못 고친 병인데, 이렇게 하나님이 즉시 고쳐주셨네. 야! 정말 하나님이 살아계시네. 우리 모두 교회 나가자." 그렇게 해서 그 친구도 한국에 있을 때는 좀 나갔으나 이민 온 후부터는 교회를 나가질 않았는데, 하나님의 기적을 보고는 환자 부부와 자녀들 다섯 7명과 친구 가족 4명, 도합 11명이 교회에 출석했던 것입니다. 한 번에 하나님의 기적의 치료가 11명을 구원하신 겁니다.

교회 출석 후에는 이선래 자매가 얼마나 열심히 신앙생활을 하는지 예배 때마다 참석하였고, 몇 날 안 되어서 성령세례를 받고 열심히 교회를 섬기고 봉사했습니다. 또 과수원에 가서 사과밭에 따고 남은 사과를 한 트렁크 싣고 와서 사택에 드리고, 또 바다에 나가 물고기를 낚아서 가져오고, 먹을거리를 때마다 마련해서 우리 집 냉장고를 가득 채웠습니다. 내가 샌프란시스코 교회를 2년 만에 후임 목사에게 맡기고 뉴욕으로 떠날 때는 얼마나 슬퍼하고 우는지 정말 나도 마음이 많이 아팠습니다. 지금은 온 가족이 성숙한 신앙인이 되어있는 줄 압니다. 하나님은 어디서든지 간절히 찾고 찾으면 만나주십니다.

야고보서 5장 13절에 "너희 중에 고난 당하는 자가 있느냐 그는 기도할 것이요"라고 하였으니, 믿음의 기도는 병을 고쳐주십니다.

교회가 소문이 나니까 전입한 교인도 우리 교회를 찾아왔습니다. 서울 여의도 순복음교회에서 구역장으로 헌신하던 집사님 한 분이 본인이 전도해서 구성된 성도 일곱 가정을 연합해서 우리 교회로 왔습니다. 내가 서울 여의도교구에서 사역 당시 맡았던 구역장이었습니다. 열심히 여기저기 전도해서 성도가 1년여 만에 70여 명의 장년성도가 출석하고 주일학생이 15명 정도 출석하게 되었습니다.

처음 교회창립 당시는 사모가 직접 식사 준비를 해서 주일 성도 대접을 하고, 대예배 전에는 주일 학생들을 가르치고, 때론 고속도로를 30여 분 달려서 성도들을 모셔오고, 예배 후에는 태워다 드리면서 몸과 마음을 다해 교회를 위해서 열심히 섬겼습니다.

3.

기도로 선물 받은 아기(주둘선 자매)

교회를 세운 후 임시예배당 국술원 창고에서 일어난 일입니다. 한 집사님이 여자 한 분을 전도해 왔습니다. 그런데 임시 예배처소이기에 여기저기서 얻어온 의자인지라 교회 의자가 각양각색이었습니다. 새로 전도 받아 온 자매가 설교를 시작한 지 채 5분도 지나지 않아 후다닥 의자를 박차고 교회 밖으로 나가는 것이었습니다. 모두 이 자매가 나가는 뒷모습을 보느라 예배가 어수선했습니다. 그럼에도 불구하고 그 자매는 다음 주에도 교회 출석을 했습니다. 그런데 이번에도 설교 시작 10분쯤 되어서 또 후다닥 의자를 떨치고 밖으로 나가 버렸습니다. 후에 구역장을 통해서 예배 도중에 나가는 이유를 알아봤더니, 목사님의 설교만 시작되면 머리가 너무 아프다는 것이었습니다. 그다음 세 번째 주일에도 여전히 출석했습니다.

이제는 이유를 알았기 때문에 나는 예배 전에 나와서 그 자매를 의자에 앉혀놓고 안수기도를 했습니다. "이 악한 귀신아, 예배 때마다 두통을 주는 귀신아 나가라!" 귀신이라고 말할 때는 고개를 돌리고 살짝 '귀신아' 하고 '나가라' 할 때는 큰소리로 계속 반복기도를 했습니다.

이 자매의 이름은 '주둘선'인데 키도 크고 몸도 뚱뚱하고 머리는 파마머리로 수사자 머리같이 치솟아있고, 체격이 보통이 아니었습니다. 여자로서는 몸집이 씨름꾼같이 뚱뚱하고 억세게 보였습니다. 안수기도보다 오히려 축사기도를 간절히 한 후 바로 앞 임시 강단에 서서 예배를 인도하기 시작했습니다. 성도들은 약 20여 명이 모여 옹색한 자리에서도 뜨겁게 보혈의 찬송을 부르고 통성기도를 드린 후 예배를 진행했습니다.

관심을 갖고 살펴보니 설교를 시작하고 계속 말씀을 선포하는데도 이 새신자는 예배 도중 밖으로 나가지 않고 끝까지 예배를 드렸습니다. 예배를 마친 후 어떻게 오늘은 끝까지 예배를 드리게 되었냐고 물으니까 "목사님, 오늘 예배 때는 신기하게도 말씀을 들어도 머리가 아프지 않았어요. 그래서 예배를 온전히 드리게 되었어요."라고 대답하는 것입니다. 예배 후 친교시간에는 토스트와 커피로 친교하는데, 이 자매는 처음 나온 성도인데도 앞장서서 음식 서비스를 하면서 성도들에게 봉사를 했습니다.

그날 이후부터 이 자매는 빠지지 않고 예배에 열심히 참석했습니다. 교회 출석한 지 몇 달이 못 되어서 금요성령대망회에 참석하여 열심히 기도하던 중 안수기도 할 때 성령세례를 받고 눈물 콧물로 회개하며 방언기도가 쏟아져 나왔습니다. 얼굴에는 기쁨과 평안히 충만해졌습니다. 예배 때마다 너무 열심히 교회에 출석하니까 미국인 남편이 자기 부인이 밤에 교회 나가서 늦게 오니까 의심이 생겨서 부인 따라서 교회까지 들어왔습니다. 교회 뒷자리에 앉은 미국인 남편이 찬양을 하니까 같이 손뼉을 치면서 흥이 나서 찬송을 불렀습니다. 그 이후로는 금요일마다 철야예배에 같이 참석해서 찬양을 드렸습니다.

이 주둘선 자매의 신앙이 점점 자라 교회를 사랑하고, 담임목사도 귀한 줄 알게 되고, 예배 때마다 은혜를 받았습니다. 출석한 지 1년쯤 지난 후 내가 서울 여의도 순복음교회 선교대회에 다녀온 뒤에 담당구역장이 나에게 "목사님, 주둘선 자매님이 목사님과 사모님 두 분만 초청했으니 일정을 잡아서 심방을 가보세요"라고 말을 해주었습니다. 그 말을 듣고 가슴이 덜컹 내려앉는 듯했습니다. 왜냐하면 미국이나 남미에서는 교회출석 하다가 교회를 떠나거나 다른 주로 이사 가게 되면 대부분 담임목사님을 초청해서 식사 대접하고 교회를 떠난다는 인사를 하고 떠나기 때문입니다.

어느 하루 오후 시간을 잡아서 사모와 같이 주둘선 자매의 가정을 처음 심방했습니다. 집은 개인주택으로 큰 집이었습니다. 주 자매가 반가이 맞아주셔서 인사를 하고 거실 소파에 앉아서 심방예배를 드렸습니다. 예배를 마친 후 주 자매는 바로 안방으로 들어가더니 신문지로 싼 큰 보따리 뭉치를 가지고 나왔습니다. 그리고 이야기를 합니다.

"목사님, 이 신문지 안에는 1달러짜리 지폐가 7천불이 들어있습니다. 이 돈은 제가 흑인들 모텔에서 화장실 청소하면서 1불씩 손님이 주신 팁을 모은 돈입니다. 그 당시는 제 형편이 너무 어려워서 빵도 사 먹지 않고 수년간 모은 돈입니다. 한국에서는 저희 집이 너무 가난해서 어려서부터 서울에 올라와서 공부도 못하고 이집 저집 가정부로 일하다가 미군이 있는 부대 근처에서 가정부로 있다가 미국 군인을 알게 되어 동거생활을 했습니다. 남편은 미군 복무를 마치고 귀국하면서 제대를 하게 되었습니다. 남편의 집은 샌프란시스코였습니다. 막상 미국에 왔으나 아는 사람은 한 사람도 없고, 시댁 부모(미국인)는 저를 얼마나 미워하고 학대를 하는지 영어도 잘못하고 동양인인 데다가 자기들 보기에는 인물도 별로 예쁘지 않아 완전히 무시를 당했습니다."

1970년대는 우리 한국도 아주 가난하고 못 사는 후진국으로 취급 받았습니다. 나라가 가난하면 그 국민들까지 무시를 당하고 살아갑니다.

"시부모님이 워낙 반대하고 며느리로 받아들이지 않으니까 남편도 이젠 나를 멀리하고 이혼하자고 강요했습니다. 할 수 없이 쫓겨났습니다. 그 당시는 샌프란시스코에는 한국인이 별로 살지 않았습니다. 영어도 잘못하고 돈도 없이 빈손으로 쫓겨나니까 오갈 데도 없었습니다. 간신히 손짓 발짓 서툰 영어로 허술한 집 방 한 칸을 얻어서 살았습니다. 일은 흑인들 모텔 시터, 화장실만 맡아 청소하면서 연명해 나갔습니다. 이 돈은 그 당시 눈물과 땀과 아픈 가슴으로 일을 하면서 모은 돈입니다. 이 돈을 함부로 쓸 수 없어서 모아뒀다가 앞으로 한국에 계시는 친정아버지에게 보내드리려고 했는데, 목사님이 교회를 개척해서 생활도 매우 어려운데 생활비로 쓰시고, 또 나머지는 강대상이 없으니까 강대상을 구입해서 예배에 사용하셨으면 좋겠습니다. 지금은 새 남편을 만나서 가게도 큰 것이 두 개나 있고 집도 몇 채 있어서 생활은 아주 풍족합니다.

그런데 소원이 있습니다. 목사님 설교에 한나가 아기를 갖지 못해서 간절히 기도하는 중 엘리 제사장이 축복을 해주시니까 하나님이 한나의 기도를 들으시고 사무엘을 선물로 주시고 나중에는 더 많은 자녀를 주셨다는데, 저는 지금까지 결혼한 지 7년이 넘었지만 아기가 없으니까 아기를 갖게 해주세요."라고 하면서 그 돈을 내미는 것이었습니다.

그때 그 자매의 나이가 30대 중반쯤 되었습니다. 그 헌금 돈뭉치 위에 주 자매의 손을 얹고 사모도 손을 얹고 제 손을 얹은 다음 간절히 축복기도를 했습니다.

"하나님! 이 사랑하는 딸이 이국땅에 와서 너무나 고생도 하고 무시도 당하고 외롭게 살았지만, 지금은 좋은 남편을 만나고 또 예수님을 믿어서 구원도 받았습니다. 이처럼 눈물로 모은 돈을 교회 헌금으로 드립니다. 하나님, 이 딸의 정성을 보시고 꼭 태의 문을 열어주셔서 귀한 자녀를 허락하여 주옵소서. 하나님, 꼭 허락해 주시옵소서! 태의 문이 열리고 자녀를 가질지어다!" 수없이 반복기도를 했습니다. 그리고 교회에 돌아왔습니다.

그런데 한 달이 채 되지 않아 하나님이 기도응답을 해 주셔서 이 자매가 잉태하게 되었습니다. 1년 후 여자아기가 태어나 예쁘게 자랐습니다. 그 이후 또 자녀를 갖게 되었다는 소식을 들었습니다. 나는 얼마 후 교회를 다른 목사님께 인계하고 뉴욕으로 임지를 옮기게 되었습니다. 우리 하나님은 좋으신 하나님이십니다. 한나의 기도를 들으시는 하나님은 우리의 기도도 꼭 들어주십니다. 할렐루야!

THE POWER OF
THE HOLY SPIRIT

샌프란시스코 교회 사임 후
미대륙 횡단 뉴욕으로

제9장

샌프란시스코 교회 사임 후
미대륙 횡단 뉴욕으로

　선교회 총재이신 조용기 목사님이 샌프란시스코에 들러서 서울 가실 때 나를 불러서 샌프란시스코는 작은 도시이니까 세계 최대의 도시 뉴욕에 가서 교회를 세우고 선교하라는 지시를 하시고 가셨습니다. 그 이후 이 문제를 놓고 기도하는 중 최자실 목사님이 뉴욕에 가셔서 성회를 인도하시는 중에 나에게 전화하셔서 뉴욕 브루클린에 작은 교회가 있는데, 담임목사가 없어서 청빙하는 중이라, 이 목사가 이 교회에 부임하는 게 좋겠다고 연락이 왔습니다. 그 후 내가 뉴욕 브루클린 교회를 탐방하고 이 교회 이 장로님과 협의한 후 부임하기로 결정해놓고 샌프란시스코로 돌아왔습니다. 여기 교회를 정리하고 후임 목사에게 위임하고 뉴욕으로 출발하기 위해 먼저 2일간 금식기도를 드리는 것으로 떠날 준비를 했습니다.

　샌프란시스코에서 뉴욕까지는 거의 5,000km 정도 됩니다. 이삿짐 센터에 모든 짐을 맡기고 우리 가족은 어머님을 포함해서 여덟 명이라서 고등학교 2학년인 큰딸 진민이가 할머니를 모시고 비행기로 뉴욕으로 향하고, 나머지 자녀 네 명과 우리 부부, 도합 여섯 식구는 내가 타고 다니던 차로 샌프란시스코에서 뉴욕까지 대륙 횡단 계획을 세웠습니다. 여행경비로는 자동차 연료비, 6일간의 숙식비의 경비로 겨우 500불이 준비되었습니다.

여행기간 동안 식사는 쌀과 반찬을 준비해서 아침, 저녁은 모텔에서 식사 준비를 하여 먹기로 했습니다. 승용차는 Delta 8기통 큰 대형승용차라서 6명이 타고 갈 수 있으므로 먼 여행이라 자동차 전반을 자동차 정비공장에서 정비를 했습니다. 미국 대륙횡단이라 그 당시는 내비게이션도 없었으므로 지도만 가지고 대륙을 횡단한다는 것이 조금 걱정도 되었습니다.

내가 2년 동안 교회를 세우고 선교했던 샌프란시스코는 참 아름다운 도시이며, 미국 50개 도시 중에서도 기후도 좋고 공기도 맑고 거리가 깨끗해서 미국 사람들이 그리워하는 마음의 고향이라고 했습니다. 샌프란시스코 도시 주변은 아름다운 푸른 산으로 둘러싸여 있고, 앞에는 푸른 바다가 도시를 감싸고 있습니다. 도로는 길가마다 형형색색 꽃들로 꽃밭을 이루고, 도시 한가운데로 golden gate park 꽃밭과 잔디로 꾸며져 있어 그야말로 도시 전체가 꽃밭 정원입니다. 공원 잔디밭 뒤에는 아름드리 소나무숲이 공원을 뒤덮고 있어서 공원 안으로 들어가면 깊은 산속에 들어간 기분입니다.

나는 수시로 우리 아이들과 이 공원에 나와서 잔디밭에 누워서 기도도 하고 세계 각국에서 관광을 오는 관광객들의 평화스런 모습을 보며 휴식을 취하곤 했습니다. 하늘은 언제나 푸르고 날씨는 항상 우리나라 초가을 날씨같이 시원하며 난로도 없고 선풍기도 없이 살 수 있는 쾌적한 도시입니다. 그동안 전도해서 같이 손을 잡고 기도하며 한 가족 같이 정을 나누고 지내온 성도들과 헤어져 떠나는 것이 너무 마음 아팠습니다. 사람은 만나면 언젠가 꼭 헤어질 때가 오는 것은 인지상정인가 봅니다. 목회와 선교하는 동안 수없이 만남과 헤어짐이 교차하는데, 특별히 헤어질 때는 이별의 아픔이 언제나 애절합니다. 성도들이 손을 잡고 전송하면서 눈물을 흘리며 손을 놓질 않았습니다. 너무너무 가슴이 미어졌습니다.

이별의 아쉬움을 뒤로하고 나는 차를 몰고 시내 게어리 중심도로를 통과해서 20km 넘는 베이브리지를 건너 대륙횡단의 85번 뉴욕행 고속도로를 향해 달렸습니다. 미국의 고속도로는 참 잘되어 있습니다. 도로 표시판이 정확하게 표시되어 있으므로 도로 표지판만 보고 계속 달렸습니다. 미국 대륙을 횡단한다는 것은 미국에 오래 살아온 사람도 거의 꿈도 꾸지 못할 정도로 큰 계획과 결단과 용기가 필요합니다.

목화밭이 끝없이 펼쳐있고 흰 목화송이를 쌓아놓은 집채만 한 무더기가 수백 군데 널려있는 캘리포니아를 통과해서 네바다주의 그 넓은 광야 같은 사막길을 온종일 달려야 했습니다. 몇 시간을 가도 집 한 채 보이지 않고, 앙상한 작은 나무 잎사귀와 거친 풀들만 광야를 뒤덮고 있었습니다. 그러나 그 광야에 수백 개의 석유 펌프가 쉴 새 없이 돌아가고 있었습니다.

다음 유타주로 들어가기 전에 날이 어두워서 모텔을 찾았는데, 고속도로변에 있는 아담한 모텔로 들어갔습니다. 모텔이 너무나 깨끗하고 아름답게 정돈되어 있어서 하룻밤만 자는 것이 너무나 아까울 정도였습니다. 이름은 apple 모텔. 지금까지도 그렇게 아담하고 평안한 모텔을 본 적이 없습니다. 꼭 한번 다시 가보고 싶은 기억에 남는 모텔입니다. 그곳에서 편히 잠을 자고 준비해온 반찬과 쌀로 밥을 지어서 온 가족이 둘러앉아 아침 식사를 하고 또 출발했습니다. 꿈을 안고 세계의 지붕 뉴욕을 바라보며 계속 고속도로를 달렸습니다. 유타주를 통과하는 도롯가에는 소금밭이 끝없이 펼쳐져 있고, 소금 무더기가 군데군데

미 대륙 횡단 중 로키산맥을 지난 후 가족사진

3년후 캐나다 로키산맥에서

성령의 권능 ● 성령의 바람을 타고: 오대양 육대주와 아마존 밀림까지 무수히 쌓여있었습니다. 대륙 한복판에 어디서 소금이 나오는지 참 신기했습니다.

와이오밍주에 도착하자 곧이어 로키산맥을 넘어야 했습니다. 이제 11월 중순인데도 몹시 추운 겨울 날씨 같은 느낌이 들었습니다. 와이오밍주의 자그마한 도시에 도착하여 모텔을 찾아서 잠을 자려고 들어갔습니다. 전기밥솥에 밥을 해서 저녁을 먹고 자녀들과 저녁 예배를 드리고 잠을 자려니까 몹시 추워서 영하의 온도가 된 것 같았습니다. 우리 차는 캘리포니아 따뜻한 지방에서만 쓰던 차라서 영하의 겨울에는 엔진이 얼면 안 되므로 담요를 한 장 가지고 나가서 자동차 엔진을 푹 덮어 놓았습니다. 로키산맥은 한겨울같이 눈이 덮인다는 얘기를 들었으므로 아침 일찍 식사를 하고 자동차 엔진을 걸어보았더니 아무 이상이 없었습니다. 다시 출발해서 콜로라도주를 통과했습니다.

오전에 여러 시간 달리니까 로키산맥이 나타났습니다. 미대륙 북쪽에서 남쪽으로 가로질러 수천 km 뻗은 그 거대한 산맥을 넘어야 합니다. 벌써 흰 눈이 4~5cm 정도 쌓여서 온 산을 덮고 있었습니다. 눈길이지만 큰 트럭이 워낙 많이 다녀서 길은 열려 있었습니다. 그래도 속도를 줄이고 눈 속을 약 500km 정도 달렸습니다. 로키산맥 중간중간에는 휴게소가 있었습니다. 미대륙의 휴게소는 따뜻하고 깨끗해서 추우면 샤워도 하고 휴게소 안에서 쉬어갈 수 있게 되어있습니다. 그 높은 산맥을 통과하니까 비로소 마을들이 보였습니다. 맥도날드 햄버거 집이 보여서 잠시 주차하고 일가족이 점심을 먹었습니다.

이어서 캔자스주를 향해 달렸습니다. 차 안에서는 찬송도 부르고 우리 아이들은 신기한 풍경에 심취한 듯 창밖을 계속 보고 있었습니다. 끝없이 펼쳐진 밭과 평야, 띄엄띄엄 있는 농가의 큰 저택들, 겨울이 다가오니까 나뭇잎은 다 떨어지고 푸른 풀들은 말라보였습니다. 도로를 계속 달리다가 조금 피곤해서 아내에게 운전대를 맡겼습니다. 아내는 샌프란시스코에서 운전면허를 취득해서 운전경력이 2년 정도밖에 되지 않았습니다. 눈을 감고 조금 쉬다가 눈을 떠보니 약간 낮은 산등성이를 통과하는데 85마일(130km) 이상 내리달리고 있었습니다. 나는 깜짝 놀라서 조금 가다가 차를 세우고 다시 운전대를 잡고 계속 혼자 운전을 했습니다.

캔자스주에 진입하자 곧 어둠이 다가와 위험하므로 가능하면 야간운전을 하지 않기로 했습니다. 캔자스주의 자그마한 도시에 있는 모텔을 찾아 들어가서 저녁밥을 지어 밥상도 없이 먹는데 계속 소풍 가서 밥을 먹는 기분이었습니다. 예배를 드리고 가족 모두 피곤한 몸을 침대에 뉘었습니다.

이튿날도 일찍 일어나 아침을 간단히 먹고 또 출발했습니다. 왜냐하면 토요일까지 뉴욕에 도착해야 바로 주일 예배를 인도할 수 있었기 때문입니다. 나는 15년 동안 교회에서 주일 예배를 빠트린 적이 없었습니다. 강단에서 꼭 예배 설교를 해왔습니다. 다시 여장을 갖추어서 그 유명한 미국의 동맥과 같은 3,800km나 되는 기나긴 미시시피강을 통과해야 하는 미주리주를 향했습니다. 말로만 들었던 미시시피강을 우리 가족이 건넌다는 사실에 흥분되기도 하고 설레기도 했습니다. 끝없이 펼쳐져 있는 평야, 띄엄띄엄 크고 작은 도시들이 대륙의 중심축을 잡고 있는 미국이 정말 거대한 나라라는 것은 대륙을 횡단해봐야 실감할 수 있습니다. 큰 강물이 대륙을 가르면서 흐르고 있는 미시시피강 철교를 건너면서 이 거대한 강 철교를 건너는 감회는 너무나 벅차서 지금도 그 감회에 자부심이 생깁니다.

이제 인디애나주에 도달하니 벌써 어두워지므로 모텔로 들어가 역시 저녁밥을 지어먹고 잠시 예배를 드리고 모두 곤히 잠을 잤습니다. 서부에서 동부로 가까이 오니 도시나 농장 저택이나 농촌 평야가 색다른 것 같았습니다. 군데군데 큰 호수들이 있고 옹기종기 짜임새 있는 농가들과 중간중간 형성된 도시들을 가로지르며 표시판과 지도만 봐가면서 계속 85번 도로를 오는 데도 한 번도 길을 잃지 않았습니다. 도시를 통과할 때는 표시판을 잘 봐야지 자칫하면 길을 잃을 수도 있습니다. 시간이 넉넉하면 대륙 중간마다 유명한 명소들이 있어서 천천히 구경도 하면서 갔으면 하는 바람도 있었는데, 주일에 꼭 맞춰 가야 되니까 그렇게 즐길만한 여유가 없었습니다.

다시 아침에 일어나서 식사하고 뉴욕을 향했습니다. 즐거운 여행이고 특히 꿈을 안고 뉴욕을 향하니까 생기가 돋아나는 듯 조금도 피곤함이 없었습니다. 온종일 달려 오하이오주에 도착하여 맥도날드 햄버거집에서 온 가족이 햄버거를 먹는 맛은 정말 즐거웠고 아이들도 먼 여행이지만 신기하니까 피곤한 기색이 전혀 없었습니다. 저녁식사를 하고 기도를 드리고 잠을 자고, 또 아침 일찍이 항상 기도를 드리고 출발하여 일리노이주로 향했습니다.

일리노이주에는 시카고라는 큰 도시가 있는데, 저녁쯤 도착한 시카고는 원래 추운 도시라서 도로에 눈이 덮이고 무척 추웠습니다. 밤에 모텔에 들어갔는데, 요금을 주고 방에 들어가 보니 흑인들의 전용모텔 같았습니다. 너무나 더럽고 누추해서 바닥도 이불도 덮을 수 없었습니다. 밤에 다시 나올 수도 없는 형편이라 참고 묵었지만 아이들과 깊은 잠을 잘 수 없었습니다. 평생 이런 더러운 모텔은 처음이고 마지막일 것 같았습니다.

그나마 감사한 것은 이렇게 먼 길을 달려오는데 자동차가 아무 이상이 없었다는 것입니다. 빨리 떠나고 싶은 모텔에 묵었던 이 날은 토요일 아침이어서 아침 식사를 하고 간단히 기도를 마친 후 뉴욕을 향해 가는데 대략 몇 km 남았는지 알 수가 없었습니다. 아마 15시간 이상 운전을 한 듯합니다.

뉴욕이 가까워지니 도로 위에서 달리는 자동차의 속도가 서부보다 빠르다는 것을 느끼며 정신을 바짝 차려서 주변 차들과 속도를 맞추어 달렸습니다. 펜실베이니아주의 긴 고속도로를 거쳐서 드디어 뉴욕 대도시에 진입하게 되었습니다. 마음속으로 "주님, 이 밤길 복잡한 대도시를 안내판만 보고 가는데 무사히 길을 잘 찾게 해 주시옵소서." 기도하면서 정신을 바짝 차리고 운전을 했습니다. 만약 길을 잘못 들면 밤새도록 뉴욕 시내를 헤매게 될 것이므로 긴장이 되었지만, 하나님의 도우심으로 길을 잃지 않고 뉴욕 시내 한가운데로 들어가 교회에서 준비한 사택에 무사히 도착했습니다. 시간은 밤 12시가 넘어 뉴욕 브루클린에 도착했습니다. 지금 생각하면 이 큰 도시에 주소만 가지고 어떻게 그 집을 찾아갔는지 이해할 수 없습니다.

사택에 도착하니 뉴욕에는 온통 눈이 덮혀 있었고 어머님과 큰딸이 먼저 와서 그 집을 지키고 있었습니다. 드디어 대륙의 거대한 횡단을 마치고 뉴욕에서 목회를 다시 시작하게 되었습니다. 이 거대한 여행을 무사히 마친 것을 하나님께 감사드리며, 이 대륙횡단 여행은 내 생애 처음이자 마지막이었습니다. 우리 아이들도 영원히 간직하는 아름다운 여행이라고 지금도 말하고 있습니다. 모든 은혜를 주신 하나님께 영광을 돌립니다. 할렐루야!

1. 주일학교 학생의 난치병 치료

부임하고 얼마 후 30대 후반의 자매가 초등학교 5학년쯤 되는 딸을 데리고 교회에 와서 내게 상담을 요청했습니다. 예전에 교회 출석은 조금 했으나 지금은 나가지 않는다는 것입니다. 어린 딸이 희귀한 병에 시달리는데, 몸은 자라나 피부가 자라지 않고 그대로 있어 몸이 성장함에 따라 피부가 터지고 갈라져서 온몸이 피투성이가 되는 질병이라고 합니다. 병원마다 찾아다니며 좋다는 약은 다 발라보고 주사를 맞아도 여전히 병은 더 악화만 되어가고 있다는 것입니다.

그 어린 딸아이를 보니까 너무나 불쌍하고 안타까웠습니다. 정확한 병명도 없이 그냥 피부병이라는 것입니다. 우리 뉴욕 순복음연합교회에는 병든 자들이 많이 고침을 받는다는 소문을 듣고 찾아왔다는 것입니다. 나도 처음 보는 병입니다. 우리 하나님은 치료의 하나님이시고 믿고 기도하면 하나님이 치료해 주신다고 말씀을 전했습니다.

"먼저 하나님 앞에 나와서 그동안의 불신앙을 회개하고 예수님을 확실히 구세주로 영접하고 모든 죄를 회개하고 용서를 받아야 합니다. 독생자 예수님이 우리의 죄를 담당하시고 십자가에 매달려서 온몸을 찢으시고 피를 다 쏟으시고 죽으셨습니다. 그리고 사망 권세를 이기시고 사흘 만에 부활하셨습니다. 이 예수님을 믿지 않는 죄가 가장 큰 죄입니다. 누구든지 이 부활하신 예수님을 내 마음에 모셔드리고 예수님을 믿고 열심히 신앙생활을 하셔야 합니다. 그리고 온 가족이 교회에 나오셔야 합니다."

이 자매는 딸의 치료가 다급하니까 온 가족 모두 주일마다 출석했습니다. 그리고 어린 딸과 엄마는 금요철야예배도 참석하게 되었습니다. 그리고 한 달, 두 달이 지나면서 나는 수시로 안수기도를 하면서 간절히 간구했습니다. 3개월이 채 안 되어서 살이 터져서 피가 나오던 부위가 점점 굳어지고 터지던 피부가 살을 감싸는 것이 보였습니다. 그동안 온몸 전체의 피부가 터지고 살이 튀어나와서 피가 온몸을 적시고 너무 고통스러워 잠을 제대로 못 자고 고생했는데, 점차 고통도 사라지고 피부가 살을 감싸게 되고 아픔도 점점 사라지다가 3개월도 못 되어서 완전히 치료되었습니다. 그 후 엄마, 아빠 가족 모두가 열심히 신앙생활을 하게 되었습니다. 할렐루야!

"내 이름을 경외하는 너희에게는 공의로운 해가 떠올라서 치료하는 광선을 비추리니 너희가 나가서 외양간에서 나온 송아지 같이 뛰리라"(말 4:2).

2.
신 집사의 뇌출혈 치료

우리 둘째 딸이 다니는 고등학교에, 브라질에 있을 때 우리 교회(상파울루 순복음교회)에 다녔던 집사님의 딸이 같은 반에 있다는 것입니다. 이 집사님의 가정도 브라질에서 미국으로 이민 와서 우리보다 먼저 뉴욕에 와서 살게 되었는데, 다른 교회에 출석하고 있다고 합니다. 그런데 그 어머니가 갑자기 뇌출혈로 쓰러져 병원에서 수술받은 지 한 달

정도 지났는데, 아직도 의식이 없이 눈을 감고 숨만 쉬고 중환자실에 누워있다는 것입니다. 이분은 내가 잘 아는 신 집사님으로 그의 남편은 오 집사님이신데, 브라질 상파울루 우리 교회에서 전도도 많이 하고 열심 있는 집사님이셨습니다.

이 소식을 듣고 사모와 둘이서 입원해 있는 병원을 찾아가서 중환자실에 누워있는 신 집사님을 보았습니다. 비록 병원에 누워있지만 몇 년 만에 보아도 그 얼굴은 금방 알 수 있었습니다. 침상에 조용히 눈을 감고 누워있었습니다. 손을 만지니 따뜻한데 몸은 아무 반응이 없었습니다. 그러나 귀에 대고 말했습니다. "제가 상파울루 순복음교회 이호선 목사입니다. 신 집사님! 하나님께 간절히 기도하겠습니다. 우리 하나님은 전능하신 분인 것 아시지요? 신 집사님은 아직 젊습니다."

그 당시 신 집사 나이는 마흔이 갓 넘었습니다. 아이들도 셋이나 있었습니다. "신 집사님, 꼭 일어나야 합니다. 마음으로 기도드리세요. 하나님 꼭 치료해 주세요. 저는 아직 할 일이 많이 있습니다. 예수님 채찍에 맞음으로 나는 꼭 낫게 됩니다. 예수님 이름으로 일어납니다." 이렇게 계속 귀에 대고 간절히 일러주었습니다.

그리고 사모와 둘이서 이마에 손을 얹고 "예수님 이름으로 명하노니 이 뇌출혈병은 나을지어다. 악한 질병을 주는 마귀는 떠나가라. 이 딸은 하나님의 귀한 자녀이다. 예수님, 이 집사를 꼭 일으켜 주시옵소서." 방언으로 간절히 기도했습니다. 중환자실이니까 큰소리는 못 내고 그저 뜨거운 가슴으로 간절히 기도드렸습니다. 그다음 주 다시 가서 또 같은 기도를 드렸습니다. 그리고 두 주가 지난 후 병원 심방을 갔더니 깨끗이 나아서 퇴원했다는 것입니다. 나중에 알고 보니 의식이 깨어난 후 촬영을 하니까 재수술도 할 수 없는 상태였는데, 혈관이 새롭게 연결되고 정상이 되어서 퇴원시켰다는 것입니다. 나는 오랜 기간이 걸릴

뉴욕순복음교회, 뇌출혈 치료받은 신집사(오른쪽)

줄 알았습니다. 그 이후 신 집사님 집에 가서 기도도 드리고 기념사진
도 찍었습니다.

 "무엇이든지 기도하고 구하는 것은 받은 줄로 믿으라 그리하면
너희에게 그대로 되리라"(막 11:24).

3.
후지산 주지승의 회심

　뉴욕 순복음연합교회는 주일에도 오전 1부 9시, 2부 11시, 예배 후
식사와 친교시간이 끝나면 모두 집에 갔다가, 저녁 7시에 모여 저녁예
배를 꼭 드렸습니다. 나는 많은 성도에게서 오후 예배는 점심식사 후

오후 2시쯤 바로 저녁 예배를 드렸으면 좋겠다는 권유를 받았으나 원래 저녁 제사는 구약에서부터 아침 소제와 저녁 소제를 따로 드렸으므로 이것이 성경적이라 생각해서 다시 저녁에 교회에 모여서 예배를 드렸습니다. 저녁 예배는 100여 명이 나와서 예배를 드리고 뜨겁게 성령충만 기도회를 가졌습니다.

주일 오후에는 집에 돌아와서 바로 저녁 예배 설교를 준비해야 되므로 서재에서 말씀을 준비하는 중이었습니다. 그런데 꼭 받아야 할 전화라고 하며 사모가 서재에 와서 받으라고 권유했습니다. 1988년 당시에는 요즘처럼 스마트폰이 없었습니다. 우리 교회 고 집사님의 전화였습니다. "목사님, 제가 예배 후 전철을 타고 맨하탄으로 가는데 큰 스님이 두 분 앉아 있었습니다. 전철 안에서도 승복을 입고 모자는 큰 삿갓처럼 생긴 벙거지를 두 분이 똑같이 쓰고 앉아 있었습니다. 생긴 모습이 꼭 한국 스님 같았습니다." 그러면서 사연을 얘기합니다.

그 당시는 뉴욕에 절이 없었으므로 스님도 없었습니다. 고 집사님은 신앙심은 별로 깊지 않지만 두루 다니면서 전도는 잘했습니다. 그래서 그들 옆에 다가가서 "한국에서 오셨습니까?" 하고 인사하니까, 한국말로 자신은 일본 후지산 기슭에 있는 큰 절의 주지승이고, 옆에는 대처승 부인이라고 하면서 뉴욕에 새 절을 세우려고 포교하러 왔다는 것입니다. 그리고 지금은 뉴욕 맨하탄 구경 겸 외출을 하는 중이라고 했습니다. 그래서 "스님! 맨하탄 지리도 잘 모르시니까 제가 안내해 드리지요." 했더니 매우 반가워했습니다. 전철에서 내린 후 시내를 안내하면서 관광을 마치고 좀 이른 시간이지만 저녁식사를 하자고 하니까 쾌히 승낙해서 큰 한국식당에 안내해서 저녁식사를 대접했다고 합니다.

이 스님이 기분이 매우 좋아져서 자신의 이야기를 많이 하더랍니다.

후지산 밑에 자기가 주지승으로 있는 절에는 20여 명의 제자 승려들이 있고, 자기는 한국 사람이라고 합니다. 한국에서는 백두산 정기를 받았고, 젊어서는 이북에 살았지만 6.25 전쟁 때 남한에 내려와서 승려생활을 하다가 다시 일본 후지산의 정기를 받아 대승려가 되기 위해서 20여 년 전에 일본에 와서 절을 세워서 수도하는 중이라는 것입니다.

그래서 고 집사님이 "후지산에서 도를 닦으시고 하늘의 큰 정기를 받으려고 수도를 하셨으면, 제가 다니는 우리 교회 목사님이 큰 도를 닦으시고 하늘의 정기(성령님)가 대단하시니까 오늘 저녁에 우리 교회 한 번 출석해 보시면 어떠세요? 후지산 불보다 더 큰불이 있습니다." 하며 교회 올 것을 제안하니까 이 스님이 귀가 솔깃해서 큰불이 있으면 구경도 하고 참관도 하겠다는 것입니다. "그러니까 목사님, 오늘 밤 예배는 단단히 준비하셔야 됩니다." 하고 전화를 끊었습니다.

이 전화를 받고 나니 마음에 큰 부담감이 생겼습니다. 어떤 설교말씀을 준비할까 망설이다가 하나님께 기도했습니다. "하나님, 큰 스님이 온다는데 어떻게 해야 그 큰 스님을 굴복시킬 수 있습니까? 성령님 가르쳐 주시옵소서." 한참 기도를 드리니까 성령님이 바로 '성령의 불, 성령의 권능'에 관해서 담대하게 증거하라고 했습니다.

예배 전에 강대상에서 기도하고 있는데 마침 고 집사님이 큰 스님 두 분을 데리고 교회 안으로 들어왔습니다. 교회 안에서는 삿갓 같은 벙거지를 벗으니까 머리가 번쩍번쩍 빛났습니다. 몸도 건장하고 체격이 장대하게 보였습니다. 옆에 대처승은 여승이라서 그런지 삭발은 하지 않고 나란히 뒷좌석에 앉아 강대상을 주시하고 있었습니다. 예배가 시작되어서 찬송을 부르고 말씀을 증거했습니다.

설교 원고도 없이 성경에 나타난 성령의 역사에 대해 증거했습니다. 성령의 놀라운 권능과 은사와 성령의 역사하심과 엘리야의 성령불(갈

뉴욕순복음교회에서 일본 후지산 주지스님의 회개 장면

멜산), 모세가 호렙산에서 가시덤불에 붙었던 성령의 불을 받아서 300
만 명의 이스라엘 백성을 광야에서 이끌어간 역사, 예수님이 이 땅에
오셔서 구원의 사역과 성령의 불을 받으시고 수많은 이적과 가는 곳마
다 악한 귀신 사탄을 쫓아내신 사건, 베드로의 사역 등 지금도 성령의
권능의 불이 이곳에서도 역사하심을 증언했습니다. 사람들이 성령의
불을 받으면 뜨거워서 데굴데굴 구르기도 하고, 펄쩍 뛰기도 하고, 귀
신이 고함치며 떠나가고, 악한 사람이 변화를 받아 선하게 되며, 더러
운 사람이 정결하게 되며, 약한 사람이 강하게 되고, 병든 사람이 치료
받게 되는 이런 큰 권능이 임하게 된다고 말씀을 선포했습니다.

  30분 정도 성령에 관해서 뜨겁게 말씀을 증거하고 통성기도가 끝난
후 예배를 마칠 때까지 두 승려는 꼼짝도 하지 않고 강대상을 주시하면
서 앉아 있었습니다. 헌금을 드리고 축도를 마치기 전에 광고하려는데,
그 스님이 손을 번쩍 들고 "선생님(목사인 줄 모르고), 제가 한 말씀 해
도 됩니까?"라고 요청했습니다. 새삼 이 스님이 무슨 말을 할지 궁금도

하고 또한 부담스럽기도 했습니다. 강대상 앞에 나와서 말씀을 하시라고 마이크를 건넸습니다.

이 스님이 나오더니 자기 간증을 하기 시작했습니다.

"나는 일본 후지산 밑에 있는 큰 절의 주지승입니다. 이곳 뉴욕에 절을 세우러 왔다가 이 교회 사람을 만나서 너무나도 친절하게 안내를 하고 또 저녁 식사까지 잘 대접받았는데, 저녁에 이 교회 꼭 한번 가자고 권유해서 또 큰불이 있다고 해서 오늘 밤 예배에 참석했습니다. 교회는 생전 처음입니다. 그러나 선생님이 한참 말씀을 하시는데 입에서 불이 되어 나오더니 내 가슴에 계속 파고 들어서 가슴이 뜨거워지고 몸에 진동이 왔습니다. 제가 후지산 깊은 골짜기에서 밤이나 새벽이나 이 하늘의 불을 받으려고 20년 넘게 도를 닦았으나 아무런 반응이 없었는데, 오늘 밤에 제가 소원했던 불이 내 가슴에 뜨겁게 와서 박혔습니다. 정말 하늘의 불입니다. 내 눈에도 보였습니다. 이젠 불을 받았으니 바로 절을 그만두고 교회에 나오겠습니다."

그날 밤 성령의 권능의 불이 그 스님을 항복시켰던 것입니다. 스님이 머무는 아파트 주소를 적어놓고 헤어지면서 내일 꼭 방문한다고 약속하고 교회 차로 모셔드렸습니다. 이튿날 바로 사모와 전도사와 같이 심방을 갔습니다. 집에는 불교 서적과 절에서 쓰는 도구들이 진열되어 있었습니다. 이제 정식으로 예배를 드리며 찬송도 가르치고 성경은 하나님의 말씀이고 예수님은 어떤 분이심을 전했습니다. 우리의 모든 죄는 피가 있어야 속죄하는데 예수님이 십자가에서 고난받으시고 온몸의 피를 다 쏟으셔서 우리 인류의 모든 죄를 다 속량하였으니, 예수님을 나의 구세주로 영접하면 죄사함 받고 하나님의 자녀가 된다는 간단한 복음의 기초를 설명했습니다.

그리고 내 설교 테이프와 조용기 목사님의 설교 테이프와 설교집을 전도용으로 드리고, 예수님을 구세주로 영접하도록 확실하게 영접기도를 드렸습니다. 성경과 찬송가 책을 드리면서 주기도문만 계속 읽고 사도신경도 고백하면서 그리고 계속 반복하면 신앙의 기본기도는 된다고 설명했습니다.

그 후 몇 주간 우리 교회에 출석하셨는데, 내가 서울 선교대회에 몇 주간 갔다 오니까 장로교 목사님들이 이 사실을 알고 뉴욕에 있는 장로교 신학대학에 입학시켰습니다. 그리고 생활비나 체류비자도 장로교 노회에서 부담한다고 했습니다. 몇 년 동안 신학교를 마치고 전도사 임명을 받고 일본으로 건너갔다고 합니다.

주지 스님이 불교계를 떠나서 교회를 다니고 또 신학을 공부해서 전도사가 되어서 절에 가니까 절에 있던 제자 승려들이 난리가 났다는 것입니다. 그래서 승려직을 사임하고 절은 후배 승려에게 물려주고, 시내에 나와서 자그마한 교회를 세우고 전도 선교를 하기 시작했다는 것입니다. 절에서 수도하는 대부분 스님을 다 알기 때문에 절에 전도할 때는 한문으로 '聖靈充滿'(성령충만)을 수없이 써서 스님들에게 나눠주면서 전도를 했답니다.

몇 년 후 목사안수를 받았습니다. 1년에 한 번씩 꼭 뉴욕에 와서 우리 교회에서 기거하고 또한 예배 때마다 두 분이 강대상에서 기도를 받고 방언기도를 하면서 성령으로 충만했습니다. 목사님 성함은 '이철 목사'입니다. 일본에는 우상을 많이 섬기므로 정신적으로 불안과 우울증, 정신분열증이 많으니까 이런 사람들에게서 악령을 쫓아내야 된다고 하면서 성령의 권능을 많이 받아야 된다고 주장했습니다.

그 후로 간혹 뉴욕에 오시면 사역보고도 하면서 나와는 계속 유대를 가졌습니다. 그리고 선교지원도 했습니다. 내가 2000년 6월에 서울로 돌아가서 '여의도 직할성전' 담임이었을 때도 그 교회에서 간증도 했습니다. 그 당시 이철 목사님은 80세 후반쯤 되셔서 아마 일본에서 돌아가신 듯 합니다(아무 소식이 없었으므로).

주지 스님이 변하여 성령세례를 받고 방언기도를 하면서 절마다 다니면서 축사(악령을 쫓는 기도)를 하고 마지막 여생을 복음을 전하다가 하나님의 부르심을 받고 소천하셨습니다. 모든 것이 다 하나님의 계획된 섭리인 줄 알고, 오직 하나님은 능치 못하심이 없는 것을 확신하게 되었습니다.

> ✝ "오직 야훼는 참 하나님이시요 살아 계신 하나님이시요 영원한 왕이시라 그 진노하심에 땅이 진동하며 그 분노하심을 이방이 능히 당하지 못하느니라 너희는 이같이 그들에게 이르기를 천지를 짓지 아니한 신들은 땅 위에서, 이 하늘 아래에서 망하리라 하라"(렘 10:10-11).

> ✝ "사람마다 어리석고 무식하도다 은장이마다 자기의 조각한 신상으로 말미암아 수치를 당하나니 이는 그가 부어 만든 우상은 거짓 것이요 그 속에 생기가 없음이라 그것들은 헛 것이요 망령되이 만든 것인즉 징벌하실 때에 멸망할 것이나"(렘 10:14-15).

4. 성령님의 지시로 찾아온 부부

새벽기도 시간이었습니다. 뉴욕은 바쁘고 힘들게 이민 생활하는 중에도 새벽에 나와서 기도회를 마치고 집에 가서 아침을 먹고 바로 직장이나 가게로 나가는 분들이 많습니다. 나는 선교사로서 이민 목회를 하는 동안 새벽기도회를 혼자서 인도했습니다. 부교역자와 전도사가 있어도 새벽기도회를 맡기지 않고 언제나 내가 인도했습니다.

1996년도 어느 봄날 새벽기도 시간에 누가 교회 예배당 정문도 아닌 옆 비상문을 노크했습니다. 계속 문을 두드리기에 이상해서 문을 열어

뉴욕 맨하탄 쌍둥이 빌딩앞에서 가족들과 함께

보니 젊은 남녀(아마 부부인 듯) 한 쌍이 들어오지도 않고 "이 교회 담임목사님이 이호선 목사님이십니까?" 하고 묻는 것입니다. 그래서 맞다고 대답하니까 깜짝 놀라면서 교회 안으로 들어왔습니다. 이 젊은 부부에게 왜 새벽에 찾아왔느냐고 물어보았습니다. 젊은 청년은 키도 크고 스마트하게 잘생겼습니다. 자기들은 뉴저지에 살고 있다고 했습니다.

뉴저지는 뉴욕에서 워싱턴 브리지를 건너서 위치한 다른 주입니다. 1시간 정도 차를 달려야 이곳 뉴욕 후러싱까지 올 수 있는 거리입니다. 두 사람은 결혼 후에도 아내는 우체국 공무원으로, 자신은 미국회사에

근무하고 있다고 했습니다. 교회는 둘 다 출석을 하지만 주일만 예배를 드리고 그저 열심 없이 습관적으로 다녔다고 합니다. 신앙의 어떤 체험도 없이 그냥 의무적으로 다녔다는 것입니다.

약 1개월 전에 서울에서 이모님이 잠깐 다니러 오셨는데, 당분간 조카인 자기 집에 머물게 되었다는 것입니다. 그 이모님은 서울 여의도 순복음교회 지역장이며, 강북성전에 출석했다고 합니다. 조카들에게 신앙 이야기를 하다가 "너희들 교회 나가면서 성령세례 받았느냐?"고 물어보시기에 우리는 성령세례가 무엇인지도 모른다고 하니까, 예수 믿으면서 성령세례 받아야 신앙심도 뜨거워지고 방언기도도 하고 예배와 찬양이 기쁨이 넘치고 기도도 뜨겁게 하게 되고 성령의 은사도 임하여 방언과 예언, 병고침의 은사, 능력의 은사(귀신도 쫓고), 영분별의 은사도 받고 여러 가지 은사가 임한다고 했습니다. 그리고 마음에 평안과 기쁨이 항상 충만하다고 하면서 성령세례를 꼭 받아야 된다고 강조했다는 것입니다.

어느 날 저녁, 이들 부부와 이모님이 거실에서 찬송을 부르고 성령세례 받기를 위해서 이모님이 뜨겁게 기도를 했습니다. 이 부부는 조금 기도하니까 별로 기도할 게 없고 그저 이모님과 같이 앉아서 중언부언 기도를 하다가 "하나님, 우리도 성령세례 받게 해주세요. 저희들은 성령세례 받기를 소원합니다." 하고 기도하기 시작했다는 것입니다. 한참 기도하던 중 이모님이 손을 가슴에 얹고 방언기도를 하시는데, 이 청년도 갑자기 가슴이 뜨거워지면서 눈물이 나며 큰소리로 기도하게 되니까 점점 기도가 강해지고 눈물, 콧물이 터지면서 통곡하며 바닥을 치고 회개를 하게 되었다는 것입니다. 옆에 있던 아내도 똑같이 눈물로 통곡하며 회개기도를 했다는 것입니다. 바로 그때 입에서 방언이 튀어나오면서 마음이 생수를 마신 듯 시원해졌습니다. 얼마나 울고 회개기도를

뉴욕교회 가족들과 함께

했는지 몇 시간이 지나간 듯했습니다. 며칠이 지난 후 이모님은 한국으로 돌아가시고, 이 부부는 밤마다 손을 잡고 방언기도를 하면서 성령충만 했습니다.

그런데 오늘 새벽에 둘이서 거실에 앉아 기도하면서 방언기도를 하는데, 성령님이 "이호선 목사, 이호선 목사" 하고 이름을 부르게 했다는 것입니다. '이호선 목사'는 처음 듣는 이름인데, 이상해서 아마 뉴욕 후러싱에는 한인교회가 많이 있으니까 우리가 찾아가 보자 하고 집을 나섰다고 합니다. 둘이서 차를 몰고 뉴저지에서 뉴욕 후러싱까지 와서 마침 서울의 종로길 같은 노든 블바드(Nothern Blvad) 도로 한 중심에 위치한 우리 교회를 찾아와 무조건 문을 두드렸다는 것입니다. 이렇게 성령님이 이 젊은 부부를 우리 교회에 인도해 주셨습니다. 그 당시 성령운동을 하는 교회는 순복음교회 외에는 별로 없었습니다.

그 이후 이 부부는 우리 교회 예배 때마다 열심히 출석해서 청년회에서 활동하며 봉사했습니다. 그러다가 1년쯤 지나서 본인이 소원이 생긴다면서 상담한 후 신학교에 입학하여 공부하고 졸업한 후 다른 주로 가서 교회를 세웠다는 소식을 들었습니다. 오직 성령충만으로 성령님에게 이끌리어 교회를 찾아오고, 성령님께 이끌려 좋은 직장도 그만두고 주의 종으로 부름을 받아 귀한 사역을 하게 되었습니다. 지금은 20년이 훨씬 지났으니 성령 충만하고 능력 있는 중년 목회자가 되어있으리라 믿습니다.

 "오직 성령이 너희에게 임하시면 너희가 권능을 받고 예루살렘과 온 유대와 사마리아와 땅끝까지 이르러 내 증인이 되리라 하시니라"(행 1:8).

5.

뉴욕 결혼예식장 구입 새성전 입당

설교말씀을 전할 때도 매우 뜨겁게 증거하니까 성도들이 은혜를 받게 되고 교회가 소문이 나기 시작하니까 옮긴 지 1년 만에 100여 명이 출석하며 계속 부흥하기 시작했습니다. 또한 신유의 역사가 강하게 일어나 많은 환자가 와서 치유받게 되니 이 또한 소문이 나서 교회가 날로 부흥되어 매주 새가족이 등록을 했습니다. 이로 인해 성도 수가 증가되니까 공간이 좁아져 다시 교회당을 옮기게 되었습니다. 우여곡절 끝에 이전에 이탈리아 사람들의 결혼예식장으로 사용하던 건물을 구입하게 되었는데 너무나 아름다운 건물이었습니다. 그러나 교회 건물을 구입하는 과정은 정말 고생이 많았습니다.

뉴욕 순복음연합교회 건물

기도도 많이 하고 전 성도들이 정성을 다해 헌금을 드려서 1990년도에 약 200만 불, 그 당시 개인주택 15채 값을 지불하고 이 건물을 구입하게 되었습니다. 장소는 노든 블바드(Northern Blvad)에 위치한 교통이 제일 좋은 장소인 데다 교회 건물은 청기와집이고, 교회 울타리는 나무로 둘러싸여 있고 그 주위에는 큰 소나무들이 수십 그루 심겨져 있었습니다.

교회 건물 내부는 본당이 약 700석이 되고, 아래층은 200여 명이 식사할 수 있는 친교실과 교회학교 중고등부 예배실을 비롯해서 여러 개의 사무실과 널따란 주방도 마련되어 있는 너무나 아름답고 좋은 건물이었습니다. 마당에는 녹색 잔디밭의 큰 정원이 있어서 친교시간에는 이 넓은 정원에서 바비큐도 구우며 수백 명이 모여 친교할 수 있는 공간이 되었습니다.

뉴욕순복음교회 예배 장면

　이젠 뉴욕에서도 제일 좋은 장소에 제일 아름다운 건물 앞에 '뉴욕
순복음연합교회'라는 형광등을 넣은 큰 간판을 정문 위에 걸어놓았고
또 붉은 불이 들어오는 큰 십자가 탑을 교회 지붕에 세웠습니다. 뉴욕
에 사는 사람은 누구든지 이 십자가와 교회 건물 간판을 보고 지나가도
록 했습니다. 교회 내 본 예배당 외에 교회학교 교실과 식당 그리고 사
무실 등이 있어서 자유롭게 예배와 친교활동을 할 수 있으니까 전도도
쉽게 되어서 1995년도에는 재적 800여 명에 출석성도만 500여 명이 넘
었습니다. 뉴욕에서의 500명은 한국에서는 10배가 되는 5,000명 정도
의 숫자라고 생각하면 됩니다.

　교회가 부흥되고 교회 공간이 넓고 아름다워서 뉴욕에서 초교파적으
로 모이는 세미나와 교회 연합기도회나 부흥성회가 있을 때마다 자주
우리 교회에서 행사를 가지곤 했습니다. 예배당도 커지게 되고 교회도
점점 알려지게 되니까 자연히 담임목사인 나도 교회 밖의 여러 행사에
많이 관여하고 참석하게 되었습니다.

뉴욕 할렐루야 연합성회는 뉴욕의 500여 교회가 연합해서 1년에 한 번씩 부흥성회를 개최했습니다. 장소는 대부분 퀸스 칼리지대학 강당 (약3,000명 수용)에서 3일간 부흥성회를 엽니다. 강사는 주로 서울에 있는 유명한 큰 교회 담임목사님들을 초빙하는데, 이 성회 기간엔 대부분 우리 교회 집사님들과 청년부가 안내 및 헌금봉사를 맡아서 하고, 나는 예배 통성기도를 인도하며, 예배 전 찬양준비는 우리 교회 찬양팀 10여 명이 나가서 인도하게 됩니다. 이러므로 '뉴욕 순복음연합교회' 는 우리 교민들에게 널리 알려지게 되었고, 교민사회에서 영적 영향력을 많이 끼치게 되었습니다.

6.

순복음, 장로교 합동측
부흥사회 자매 결성

나는 뉴욕에 있으면서도 미국이나 캐나다, 북미, 남미, 서울, 아프리카, 스페인 어느 곳이든지 가는 곳곳마다 부흥성회를 많이 인도했습니다. 미국에서는 1990년부터 한국에 있는 장로교(합동측) 부흥강사단과 미국에 있는 순복음교회 부흥강사단이 서로 부흥성회를 교환하도록 협약을 맺었습니다. 장로교에서는 성령운동으로 우리 순복음교단 목사들이 불을 붙이고, 장로교 부흥목사들은 순복음교회에 와서 말씀으로 신앙을 견고하게 다듬어 가도록 양측 교단이 서로 장점을 살려서 성령운동을 하기로 한 것입니다.

미국 순복음교회 부흥목사들은 출석성도 100명 이상 되는 교회 목사

장로교(합동 측) 순복음 측과 함께 부흥사회협의회 발족

님들을 부흥사로 추대하고, 장로교 합동측에서는 수많은 부흥강사 중 30명만 선출해서 1년에 두 차례 교환하면서 부흥성회를 인도하게 되었습니다. 그 당시에 장로교 큰 교단에서는 순복음교회를 정통 보수교단으로 인정하지 않을 때였습니다. 그러나 미국에 있는 순복음교단 목사들은 인정을 하고 교환해서 뜨겁게 부흥성회를 인도하여 모든 교회들이 부흥성회를 통해서 영적으로 불이 붙고 신앙이 성숙하게 되었습니다. 부흥성회 동안 많은 기적과 치료가 임하기도 했습니다.

나는 서울 장로교 교회 중 수많은 이름있는 교회에서 부흥성회를 인도했습니다. 그리고 미국에서도 크고 작은 도시 시카고, 달라스, 휴스턴, 엘파소, 애틀랜타, 샌프란시스코, 시애틀, 타코마, 로스엔젤레스, 하와이, 보스톤, 뉴폰뉴스, 워싱턴, 필라델피아, 콜로라도 스프링스, 컬린, 콜로라도 덴버, 리노(개척교회), 캐나다의 토론토, 벤쿠버, 캘거리, 애리조나, 피닉스, 몬트리올, 사리나스, 오클라호마, 오그스터, 산호세, 호프웰, 인디애나폴리스, 마이아미, 펜사콜라, 프리머스 등, 미국과 캐나다의 도시교회마다 부흥성회를 인도하면서 성령운동을 일으켰습니다.

그리고 한국 장로교회는 피○○ 목사님, 이○○ 목사님 외에 수많은 장로교 부흥사들의 교회에서 부흥성회를 인도했으며, 우리 순복음교회에서도 각 도시교회 서울, 대구, 부산, 울산, 포항, 대전, 광주, 인천, 창원, 의정부, 문막지역의 교회에서도 부흥성회를 인도했습니다.

그리고 세계 각국 교회에서도 성회를 인도했습니다. 미국 36개 도시교회, 캐나다 벤쿠버 등 3개 도시, 케냐 나이로비교회, 하와이 마우이교회, 알젠티나 부에노스교회, 파라과이 아순시온교회, 볼리비아 산타크루즈교회, 도미니카교회, 칠레 산티아고교회, 멕시코 칸쿤교회, 영국 런던교회, 프랑스 파리교회, 독일 프랑크푸르트교회(베를린), 스페인 마드리드교회, 네델란드 암스텔담교회, 중국 북경교회(청도, 단동), 몽골 울란바토르교회, 게르천막교회, 러시아 하바롭스크교회, 사할린교회, 일본 도쿄교회, 홍콩 마카오교회, 싱가폴교회, 호주 브리즈번교회(시드니교회), 뉴질랜드 크라이스트처치교회, 사이판교회, 스위스, 이

스라엘(선상교회), 라스팔마스교회 등 32개국 각 도시마다 성령운동과 부흥성회를 인도했습니다.

내가 고아원 전도사 시절, 안양 관악산 꼭대기 엘리야 바위(내가 지은 이름)에서 1년 내내 기도할 때마다 오대양 육대주에 다니며 복음을 전할 수 있게 하나님께 소원을 담아 기도드렸는데, 하나님께서 이 기도를 응답해 주신 것입니다. 이 모든 은혜는 성령의 권능으로 임하신 하나님께 영광을 돌립니다.

7.

전신마비 불치 환자 치유

중부 세인트루이스 도시에 있는 표 목사님이 시무하시는 순복음교회에 초청되어 부흥성회 강사로 간 적이 있습니다. 이 교회는 미국인 교회를 빌려서 예배드렸는데, 본 성전에서는 못 드리고 본당 옆에 있는 작은 건물의 부속성전에서 예배를 드렸습니다. 예배실에는 반지하실이 있고 위에는 교육관이 있었습니다. 100여 명이 앉을 수 있는 규모인데도 앞자리에는 의자도 없이 넓게 비어있고 뒷자리에만 의자를 배치해 놓았습니다. 부흥성회 강사로 가게 되면 나는 본교회에서 기도를 많이 준비하고 또한 성도들에게도 성회 기간 성령의 역사와 은혜가 임하도록 기도를 많이 부탁하고 출발합니다.

첫날 저녁 성회는 작은 교회니까 약 50여 명이 참석했습니다. 예배 시작 전 찬양을 준비 중, 강단에서 보니까 출입문이 작은 문이라 반지하로 내려와야 하는데, 어떤 젊은 남자가 여자 한 분을 등에 업고 예배당 안으로 내려오는 모습을 보았습니다. 내가 보기에 그 여인은 아마 몸이 아픈 환자임을 직감했습니다. 교회당에 업고 들어오는 예는 극히 드문 일입니다.

마음속으로 간절히 기도했습니다. "하나님, 예수님, 말씀 증거하실 때 중풍으로 사지를 쓰지 못하는 환자를 네 사람이 들것에 메고 와서 예수님 계신 집 지붕을 뚫고 방 한가운데 내려놓았습니다. 그런데 참석한 많은 사람이 먼지가 나고 지붕을 뜯어내니까 혼란스러웠지만, 친구를 메고 와서 지붕을 뚫고 환자를 들것에 내리는 그들의 믿음을 보시고 예수님께서는 네 자리를 들고 일어설지어다 명령하시니 즉시 누워있던 환자가 일어났습니다. 오늘 이 성회에 이런 역사가 일어나야 합니다."

예배를 드리는 동안 이 여인은 그냥 누워있었습니다. 설교를 마친 후 기도시간에 내가 그 여인에게 안수하려고 하니까 온몸이 마비된 전신 관절이라서 일어나지도 못하고 앉아 있지도 못한다는 것입니다. 업고 온 사람은 환자의 오빠인데, 이 여동생이 시집 간 지 3년쯤 되었을 때 이런 몹쓸 병이 들어서 큰 병원마다 다 다녀봤으나 온몸이 마비 상태라 고칠 수 없는 불치의 병이라 판정했다는 것입니다. 시댁에서는 환자를 감당하지 못하니까 친정집에 데려다 놓고 갔다는 것입니다. 친정에서도 병원에 데려갔지만 낫지도 않아 어떻게 할 수도 없고 그냥 몇 년 동안 집에 누워있었다는 것입니다.

한국인 식당에서 이 교회에서 부흥성회를 하는데, 특히 병으로 고생하는 환자들은 기도하면 지금도 예수님 이름으로 치료를 받을 수 있다는 광고를 보고 자기 여동생을 업고 찾아왔다는 것입니다. 그 말을 듣고 그 여인을 자세히 보니 흐트러진 머리에 얼굴엔 생기라고는 하나도 보이지 않았습니다. 꼼짝하지도 못한 지가 수년이 지나서 이젠 절망에 빠져있었습니다.

너무 불쌍하게 보여 "하나님, 어찌합니까? 이 여인을 불쌍히 보시고 예수님의 피 묻은 손으로 일으켜 주시옵소서. 믿는 자가 병든 자에게 손을 얹은즉 나으리라." 이렇게 간절히 기도하고 방언으로 병마를 쫓는 축사기도를 했습니다. 담임목사님도 같이 기도하고 그 교회 사모님도 옆에 앉아서 합심해서 한참 동안 기도했습니다. 3일간 열리는 부흥성회니까 내일도 꼭 모시고 오라고 부탁하고, 그 환자 오빠가 다시 업고 집에 돌아갔습니다.

그 이튿날 저녁 부흥성회 시간이 되었는데, 내가 강단에 올라가기 전에 어떤 젊은 여인이 옷을 단정하게 입고 와서 내게 인사를 하는 것이었습니다. 누구냐고 물었더니 "목사님, 어제 저녁 성회 때 저를 위해 기도해 주셨잖아요. 몇 년 동안 누워있던 제가 어제 기도를 받고 집에 돌아갔더니 몸에서 생기가 돌더니 일어나고 싶은 생각이 나서 몸을 일으키니까 팔다리에 힘이 생기고, 일어나서 앉으니까 앉게 되고, 또 일어서니까 마디마디 힘이 생겨서 걷게 되고, 이젠 바로 나아서 목욕도 하고 수년 만에 화장도 하고 하나님께 너무너무 기쁘고 감사해서 오늘 예배에는 저 스스로 걸어서 교회에 왔습니다." 하며 기뻐 어쩔 줄 몰라 하는 것이었습니다.

그 얼굴을 보니 어제저녁 환자의 얼굴은 통통 부어 있었고 병색으로 생기가 하나도 없었는데, 지금은 아주 예쁜 젊은 여인의 모습으로 생기가 넘쳐보였습니다. 하나님은 전능하신 하나님이십니다. 그 가정은 예전에 교회를 조금 다녔지만 이민 와서는 전혀 나가질 않았는데, 이제 그 가정이 모두 다시 교회 나와 예배를 드린다는 것입니다. 성경말씀에도 예수님이 병든 자를 고치시니까 그 가정의 모든 가족이 예수를 믿었다는 기록이 있습니다. 이 가정에 어둠의 권세가 물러가고 예수님의 생명의 빛이 임했습니다. 할렐루야!

성령의 권능◉성령의 바람을 타고: 오대양 육대주와 아마존 밀림까지

8.

간암환자 치료

어느 주일 예배를 마치고 난 후 잭슨타운에 사는 오향숙 구역장이 나에게 특별심방을 요청했습니다. 엘모스트 시립병원에 한국 사람이 간암에 걸려서 병상에 누워있다는 것입니다. 그런데 이 사람은 불법체류자가 되어서 가족은 한국에 있고 미국에는 아는 친척도 없이 홀로 병원에서 투병하고 있었습니다. 뉴욕에 있는 한국일보 지사에서 기사로 써서 알게 되었다고 합니다. 뉴욕 교포사회에서는 이 환자의 아픈 사정을 알고 우리 민족 우리나라 사람이 이런 고통을 겪고 있으므로 많은 사람이 병원비를 지원해주고 또 한국에 있는 가족과 부인을 초청해서 자기 남편의 병간호를 맡기려고 노력하고 있었습니다.

"목사님, 이분의 불쌍한 사정을 알고 많은 교민이 후원금을 모금하고 있습니다. 그러나 우리 교회는 신유의 기적이 많이 일어나므로 예수님 이름으로 이 환자를 위해서 병이 치유되도록 기도해주시면 감사하겠습니다." 이 권유를 듣고 월요일 아침에 그 병원으로 심방을 가서 병 치유 기도를 해주기로 약속했습니다.

오향숙 구역장은 이화여대 간호학과를 졸업하고 간호사로 근무하다가 결혼한 후 미국에 이민 와서 간호사는 그만두고 남편과 같이 치과 dental clinic을 운영하고 있었습니다. 약속한 대로 월요일에 오 구역장과 같이 병원으로 심방을 갔습니다. 이 병원은 뉴욕에서 매우 큰 시립병원입니다. 그 환자가 입원 중인 병실은 침상이 네 개 있는 다인실이었습니다. 병실에는 한국 사람은 이 환자뿐이고, 다른 사람들은 미국인, 스페인 사람이었습니다. 이 환자는 얼굴이 백지장처럼 하얗고 정신은 말짱하지만 몸은 쇠약해져서 뼈만 앙상하게 남아 있었습니다.

내가 순복음교회 목사임을 소개한 후 예수님의 사역에 대해서 간단하게 설명을 해주었습니다. 병원이라서 큰소리를 낼 수 없으므로 나지막하게 보혈의 찬송을 드리고 사모와 구역장과 같이 낮은 음성으로 합심기도를 했습니다. 나는 환자의 머리에 손을 얹고 예수님 영접기도를 드리고 또한 간이 있는 부위에 손을 얹고 간절히 통성기도와 방언기도를 했습니다.

"이 더럽고 악한 병마야 떠나가라."고 하며 먼저 암병을 주어서 고통을 주는 악마 병마를 예수님의 이름으로 묶어 내었습니다. "간암은 치료받을지어다. 간암은 치료받을지어다. 간암은 치료받을지어다."

"내가 너희에게 뱀과 전갈을 밟으며 원수의 모든 능력을 제어할 권세를 주었으니 너희를 해할 자가 결단코 없으리라"(눅 10:18-19).

"너희는 뱀과 전갈을 밟으며 원수의 모든 능력을 제거할 권세를 주셨으니 이 병마야 묶음을 놓고 나가라." 이렇게 기도와 방언으로 간절히 기도했습니다.

이 환자는 교회에 한 번도 가본 적이 없으나 예수님과 교회 얘기는 많이 들었다고 했습니다. 조국을 떠나서 미국에 돈을 벌려고 왔으나 영주권도 없이 계속 체류하게 되니까 불법체류자가 되어서 가족을 초청할 수도 없는 데다 병까지 들어서 한국에 돌아갈 수도 없으므로 너무 외롭게 고통 가운데 시달리고 있었습니다. 정말 불쌍하게 보였습니다.

처음 심방기도를 마치고 1주에 한두 번 병원 심방을 작정하고 돌아왔습니다. 몇 주간을 계속해서 예배드리며, 예수님의 은혜에 대해서 계속 말씀을 증거했습니다. "병이 나으려면 본인의 믿음이 생겨야 합니다. 예수님은 이 땅에 병든 자를 찾아오시고 죄인들을 찾아오며 병도 다 고쳐주셨습니다. 어떤 죄든지 예수님께 고백하고 죄를 뉘우치고 회개하면 어떤 죄든지 용서해주십니다. 우리는 믿음으로 병 고침을 받고 죄 용서함도 받습니다."라고 권면했습니다.

그리고 난 후 한 달쯤 지나서 병원에 심방을 가니 그 환자의 얼굴에 생기가 돌고 혈색이 좋아졌습니다. 환자가 얘기하길 며칠 전에 잠을 자다가 꿈에 예수님을 만났다고 합니다. 예수님이 반가이 맞아주면서 "이젠 너의 병은 고침받았다." 하시더니 가슴을 만지시고 "믿음으로 살아라." 하시고 홀연히 떠나가셨다는 것입니다.

그런데 잠을 깨니까 배가 너무 아파서 화장실에 가서 변을 보는데 배에서 시커먼 핏덩어리가 펑펑 쏟아져 나왔다고 합니다. 두 번이나 검은 핏덩어리가 쏟아지고 나니 배도 시원하고 가슴도 시원하고 기분에 병이 나았다는 생각이 들었다고 합니다. 그런 이후에는 생기가 돌아나고 밥맛도 생기고 살아날 것 같았다는 것입니다. 담당 주치의 선생님께 진찰을 받으니 간암 말기인데, 암 덩어리가 흔적도 없어졌다는 진단을 받았다는 것입니다.

이 환자 이름이 이기승 씨입니다. 나이는 마흔 중반쯤 되고 얼마 지나지 않아 깨끗이 나아서 우리 교회에 출석해서 신앙생활을 꾸준히 잘했습니다. 한국 교포신문에도 이 사실이 기사로 나갔습니다. 몇 개월 후에 우리 교회에서 야외예배를 갔는데 뜀박질을 얼마나 잘 하는지 완전히 건강한 몸이 되었습니다. 이젠 건강이 완전히 회복되어서 직장에 나가 열심히 일하고 믿음생활도 성실하게 잘하고 있습니다.

 "대저 주를 멀리하는 자는 망하리니 음녀같이 주를 떠난 자를 주께서 다 멸하셨나이다"(시 73:27).

"하나님을 가까이 함이 내게 복이라 내가 주 여호와를 나의 피난처로 삼아 주의 모든 행사를 전파하리이다"(시 73:28).

9.

나이아가라 소풍

　예수님의 전도와 복음 사역에는 수많은 사람의 고통을 없애주고 각종 병으로 고통받는 사람들을 치료해 주셔서 많은 사람이 예수님의 소문을 듣고 찾아와서 말씀도 듣고 병 고침도 받았습니다. 제자들은 예수님의 뒤를 따라다니면서 예수님이 수많은 이적과 기사를 행하시는 실상을 수없이 목도했습니다. 예수님은 천국 복음과 전도를 위해서 갈릴리 호숫가의 작고 큰 마을을 찾아다니면서 복음을 전파하시며 병든 자를 다 고쳐 주셨습니다. 갈릴리 호숫가의 작은 도시 중 가버나움 벳새다에 가보면 앞에는 창일한 갈릴리 호수 물결이 출렁이고, 뒤편에는 낮은 산봉우리들이 병풍처럼 둘러싸고 있습니다.

　이러므로 예수님을 찾아온 많은 사람은 자연의 아름다운 경관을 어디서나 볼 수 있었습니다. 그들은 호숫가의 작고 큰 산등성이, 푸른 잔디, 곳곳마다 어우러져 있는 나무숲, 푸른 하늘을 날아다니는 형형색색의 수많은 종류의 새들이 지저귀는 소리, 산등성 앞에 푸르고 맑은 물이 끝없이 펼쳐져 있는 이런 자연의 아름다운 광경을 만끽했을 것입니다. 예수님을 찾아오는 수많은 사람 앞에서 주님은 천국 복음을 전파하시고 또 병든 자를 고쳐 주시고 배고플 때는 마른 떡 다섯 개와 생선 두 마리를 가지시고 하늘을 향하여 축사하사 수많은 사람을 배불리 먹이시고도 떡 바구니가 남도록 하셨습니다.

　나사렛에서 갈릴리, 갈릴리에서 여리고성, 여리고성에서 예루살렘 베다니, 수가성 낯선 마을 곳곳마다 우리 주님이 다니시던 길은 자연이 어우러져서 매일 소풍 가는 즐거움이 있었을 것입니다. 그 당시는 자연

그대로 보존되어 있어서 길을 가는 중에는 풀냄새도 맡고 각종 나무의 향기도 맡아서 참 즐거운 사역이 되었을 것입니다.

목양의 초창기에는 목회철학과 지침이 확실하지 않고 성도들의 깊은 내면을 알지 못했기에 성도들과의 교감이 부족해서 실수할 때가 많았습니다. 뉴욕 순복음연합교회 성도들의 사사로운 갈등과 아픔을 알지 못해서 성도들에게 깊은 위로와 격려를 해주지 못했습니다.

이런 미숙한 과정 중의 어느 날, 뉴욕에서 내과병원을 운영하던 내과의사이신 장로님이 나에게 상담하고자 하시기에 시간을 내서 병원을 방문하게 되었습니다. 말씀을 나누던 중에 병원원장 장로님의 말씀이 교회가 화목하고 평안하려면 기도를 많이 하고 성령운동으로 성도들이 성령의 사람이 되어야 마땅하지만, 사람은 영성도 있지만 육체를 입고 있으므로 특히 여성은 나이가 50쯤 되면 갱년기가 오게 되는데 이때 정신적, 육체적으로 불편한 부분을 치유해야 한다는 것입니다. 그러기 위해서는 일 년에 두 번 정도 봄, 가을로 특히 50대 전후 교회 제직들과 함께 미국의 유명한 명소를 찾아다니면서 단체 여행을 많이 하라고 조언해 주셨습니다.

여성들은 50대가 되면 호르몬 변화와 갱년기로 인해 우울증 등 신경적인 변화가 일어나서 비정상적인 마음이 촉발하게 된다고 합니다. 그러므로 꼭 일년에 한두 번 야외 소풍여행을 1박 2일 정도 하면서 자연 속에서 마음껏 뛰놀고 자유롭게 친교하고 여러 사람과 많은 소통을 하면 내면에 쌓여있던 침울함과 답답함과 스트레스의 쓴 물을 다 쏟아내게 된다는 것입니다. 그렇게 여행하면서 찬송도 많이 부르고 아침, 저녁 기도시간에 합심해서 기도하면서 정신적, 육체적인 스트레스를 풀어주어야 한다는 것입니다. 여행을 갔다 오면 육체적 고통과 정신적인 갈등도 해소되고 마음에 즐거움이 넘친다는 것입니다.

그래서 우리 교회에서는 봄, 가을엔 꼭 워싱턴 벚꽃, 뉴욕 근처 명소들, 캐나다와 미국 국경지대에 있는 나이아가라 폭포 등으로 여행을 떠났습니다. 특히 나이아가라 폭포는 뉴욕에서 고속도로로 8시간 정도 걸리니까 버팔로시 호텔에서 하룻밤을 묵고 이튿날 폭포 주위로 관광을 하고 돌아옵니다. 교회 벤(봉고차 14인승) 두 대와 담임목사 차량을 동원해서 30명 남짓하게 그룹이 되어서 출발합니다. 뉴욕에서 나이아가라로 가는 길은 미국에서 캐나다로 가는 87번 고속도로입니다. 가는 길은 계속 산등성이로 산밑 계곡은 정말 산수가 아름답습니다. 탁 트인 고속도로 양옆에 크고 작은 수많은 산봉우리 숲을 가로질러 달리면 답답한 속이 확트이고 시원해집니다. 큰 도시 빌딩 숲에서만 뱅뱅 돌아가면서 살던 답답한 마음이 시원하게 확 뚫립니다.

가는 도중 고속도로를 약간 빠져나가서 주변 경관이 좋은 곳을 택하여 새파랗고 넓은 잔디밭에 각자 준비해온 음식들을 펴놓고 맑은 하늘과 푸른 나무숲을 벗삼아 먹는 점심 식사는 그야말로 꿀맛입니다. 이렇게 일상생활에 속박되었다가 며칠간 해방되어 자연에서 뛰놀게 되면 그야말로 모든 스트레스가 확 해소됩니다. 평소 한 교회 안에서 친밀하게 지내면서 신앙생활을 해오던 교우들이라 부자연스럽지도 않고 서로 부담도 없습니다. 그저 깔깔 웃어대면서 새장에서 풀려난 새들같이 지저귀듯 시끄럽게 떠들며 마냥 즐거워합니다. 사람을 깊이 알려면 여행을 같이 다녀보면 그 깊이를 알 수 있다고 합니다.

　나이아가라 폭포는 세계 3대 폭포 중 하나입니다. 폭포에 도착하여 엄청난 폭포수가 그 넓은 강물 줄기를 타고 벼락치듯이 떨어지는 광경을 보면 그야말로 장관입니다. 그 소리는 천지를 진동하는 소리 같고 물안개가 구름같이 솟아오르는 그 광경은 정말 장엄합니다. 그 큰 미국의 5대 호수에서 내려오는 강물 줄기가 이곳 나이아가라 언덕에서 거대한 폭포가 되어서 천둥소리를 내며 떨어지는 그 모습은, 아! 정말 하나님의 크고 위대하심에 찬양을 돌리게 되고 또 놀라워 감탄을 금치 못합니다.

　호텔을 정해놓고 기도회를 마치고 저녁 식사를 한 후 야경을 보려고 나오면, 여러 가지 색으로 비추는 전깃불의 색깔과 쏟아지는 물줄기는 정말 오색찬란하여 너무나도 아름답게 보입니다. 폭포 주변의 벤치에서 밤늦게까지 삼삼오오 모여서 이야기도 나누고 밤이 깊은 줄 모르고 자연속에서 시간을 보내게 됩니다. 여행은 역시 여러 사람이, 특히 잘 알고 있는 친구나 지인들이 모여서 같이 여행하면 즐거움이 더합니다.

　밤을 보내고 아침기도회 시간이 되면 뜨겁게 찬송을 부르며 감사의 기도를 합니다. 하룻밤을 쉬고 뉴욕으로 돌아올 때도 갈 때와 같이 집에서 준비해 간 반찬과 전기밥솥에다 지은 밥을 싸서 오는 중간쯤에서 함께 둘러앉아 맛있게 먹고, 보온병에 담아온 커피도 들판에서 나누어 마시며 잠시 쉬는 즐거움도 너무나 행복한 추억으로 남아있게 됩니다.

10. 예루살렘 성지순례

예루살렘은 성경에 나오는 지명이며(유대땅), 예수님이 선교 사역하신 중심 도시입니다. 이스라엘은 아브라함, 이삭, 야곱 등 우리 믿음의 조상들이 살면서 하나님을 만나고 하나님과 동행하며 살았던 곳입니다. 수많은 선지자가 하나님의 사역자와 선지자로서 활동하면서 살았던 곳이며, 특히 우리 구세주 예수님이 태어나시고 또 살아가면서 복음을 전하시고 수많은 기적으로 병든 자를 고치시며 친히 걸어 다니며 사역하시던 곳입니다. 베드로와 제자들이 예수님을 따라 다니면서 제자 훈련을 받은 후, 생명을 걸고 복음을 전하던 유대 땅, 마지막으로 예수님이 십자가에서 죽으시고 다시 부활하셔서 수백 명이 보는 중에 승천하신 땅, 유대땅, 이스라엘, 예루살렘…… 너무나 많이 듣고 살아서 꼭 우리의 고향땅 같이 친숙한 곳입니다. 이 땅을 내 발로 답사한다는 것은 꿈만 같고 마음을 설레게 했습니다.

나는 예루살렘을 두 차례 성지순례 했습니다. 처음은 1982년 봄이었고, 두 번째는 1996년였습니다. 처음 순례 이후 14년 만에 사모와 같이 뉴욕에서 예루살렘으로 성지순례를 떠났습니다. 처음 순례는 베를린에서 선교사 대회를 마치고 예루살렘으로 갔습니다. 텔아비브 공항에 도착해서 버스로 예루살렘을 향해 가는 길은 계속 오르막길이었는데, 아브라함이 이삭을 데리고 모리아산을 향해 삼일 길을 갔던 그 길입니다.

버스로 한 시간쯤 걸려서 예루살렘에 도착했습니다. "예루살렘, 예루살렘" 하루에도 몇 번씩 부르던 이름이며 너무나 친숙한 이름입니다. '평화의 도시' 예

예루살렘 성지순례

루살렘. 그러나 막상 도착해보니 성경에서 불렀던 예루살렘, 신성하고 거룩하고 신비스럽던 모습은 간 곳이 없고, 지금 예루살렘 성안에는 대부분 아랍사람이 장사하는 상점이 가득 차 있었습니다. 예루살렘 성전은 아랍인들이 그들의 신 이슬람 신전을 차려놓고 하루에도 몇 번씩 알라신을 섬기는 곳이 되었습니다.

신약성경 계시록에는 이 성전이 다시 하나님의 전으로 복귀되어서 재건되면 예수님이 다시 재림하신다는 약속이 있습니다. 많은 사람이 예루살렘과 이스라엘을 순례했으므로 대략 내가 순례했던 곳과 그때의 견문만을 소개하려고 합니다.

갈릴리 바다는 맑고 맑은 큰 호수로 정말 바다처럼 보였습니다. 예수

예루살렘 근교 당나귀 타고가는 청년

님이 이 갈릴리 바다를 수없이 배를 타고 다니셨고, 풍랑으로 배가 파선되기 직전 예수님이 말씀으로 풍랑을 잠잠케 하셔서 무사히 건너다녔던 바다, 우리도 그 당시의 배를 그대로 재현해서 만든 배를 타고 선상 예배를 드렸습니다.

예수님이 말씀을 가르치시고 오병이어의 기적으로 배고픈 사람들 2만 명을 먹이신 벳새다 광야, 산상보훈을 가르치셨던 곳, 예수님이 자주 들리셨던 가버나움, 예수님이 귀신을 쫓으시고 귀신이 돼지 떼에 들어가서 몰사한 거라사인 지방 등 여러 곳을 답사하면서 새삼 성경에 기록된 말씀을 실감했습니다.

그리고 예수님이 태어나셔서 자라신 곳, 성모 마리아가 천사의 방문을 받아서 "하나님의 은혜를 입은 자여"라고 인사를 받은 곳, 마리아의 뱃속에서 구세주가 잉태된 곳, 그 집을 방문하고, 예수님이 물로 포도주를 만들어 처음 기적을 행하신 가나를 탐사했습니다. 그리고 헬몬산

기슭에서 큰 물샘이 폭포수같이 쏟아져 갈릴리 호수로 흘러 들어가는 요단강의 근원이 되는 곳을 보고, 또 예수님이 침례요한에게 침례를 받으신 요단강을 방문했으며, 갈릴리 호수에서 흘러내려 간 사해에 갔습니다. 그 사해는 염분이 많아 소금 바다라고 불리는데, 그곳에 들어가면 수영을 하지 못해도 몸이 둥둥 뜨게 됩니다. 특히 갈릴리 호숫가에서는 베드로가 매일 잡았다던 베드로의 고기라고 불리는 손바닥만 한 고기를 밥과 함께 먹으니 그 고기 맛이 일품이었습니다.

그리고 엘리야가 바알 선지자들과 누가 참 하나님이고 누가 참 신인지 경쟁할 때 하늘에서 불이 내려와서 제단과 흙, 돌까지 다 태워버린 갈멜산, 이 산에는 지금도 그때 타버린 돌들이 있었습니다. 엘리사가 갈멜산에 기거하면서 자주 들러서 숙식하며 아기 잉태를 축복해주었던 수넴 여인의 집을 방문했습니다. 이 갈멜산은 시내 중심에서 시원하게 보이고, 사면이 탁 트인 평야로 지금은 유대인들의 산속 휴양 겸 유원지로 많은 사람이 휴식처로 애용하고 있었습니다.

예수님이 세 제자를 데리고 기도하시던 중 갑자기 변화되신 변화산, 예수님이 40일 금식하시던 광야 언덕의 작은 산, 하나님의 아들이시고 하늘과 땅의 모든 권세를 가지신 예수님이 왜 그렇게 힘들고 고통스러운 금식기도를 40일이나 하셔야 했을까 지금도 의문입니다. 우리 주의 종들은 단 며칠도 금식기도 하기 힘들다고 못하는데….

여리고성이 있던 여리고, 그 성터가 무너지고 그리고 여리고에서 쓴 물이 내려온 곳에 엘리사가 소금을 뿌리니까 쓴 물의 성분이 없어지고 맑고 좋은 물이 여리고 중심에 흐르니, 여리고 일대 모든 곡식과 과일을 풍성하게 생산할 수 있는 생수가 되었다고 합니다.

예수님이 수가성 여인을 만나서 전도하시며 물 좀 달라 하신 사마리아 야곱의 우물물을 마셔봤습니다. 4천 년이 지난 지금도 맑은 물이 솟아나서 그 물을 마시며 살고 있었습니다. 예수님이 태어나신 마구간이 있던 베들레헴, 예수님이 자주 방문하신 베다니 나사로의 집, 아브라함의 자손이 살던 브엘세바, 다윗이 사울 왕을 피해서 숨어 살던 동굴, 사해사본이 발견된 쿰란 동굴, 유대 광야, 헤브론 아브라함의 무덤, 헤롯왕이 만든 여러 곳의 왕궁들, 예수님 태어나신 베들레헴의 마구간은 지금은 성지로 단장해 놓았습니다.

예수님이 로마병정들에게 채찍을 맞으시고 고문당하신 곳, 예수님이 승천하신 기념교회, 예수님의 십자가가 있던 곳 등 수없이 많은 곳을 탐사했습니다. 가는 곳마다 성경에서 매일 부르고 읽었던 곳이라 하나도 낯설지 않았습니다. 두 번이나 눈으로 보고 답사를 해서 성지순례 이후 설교할 때는 실제와 환경 그리고 활동하신 장소를 알고 있으므로 실감 있게 말씀을 증거할 수 있었습니다.

11. 로마 탐방

예루살렘 순례를 마치고 로마로 향했습니다. 바울이 복음을 증거하다가 순교한 곳, 베드로의 성당이 지어진 곳입니다. 베드로 대성당은 그 웅장함과 어마어마한 규모에 놀라지 않을 수 없었습니다. 3, 4만 명이 들어갈 수 있는 대성당과 성당 천정에 그려놓은 예수님 생애 일대기의 그림을 보는 순간 입을 다물 수 없었습니다. 그곳에서는 모두 엄숙하게 관람해야 합니다. 미켈란젤로가 4년간 그렸다는 그 엄청난 그림에 모두 다 넋을 잃고 감탄했습니다.

로마 베드로성당 앞

성당 안에 베드로의 자그마한 동상을 구리로 만들어서 벽에 붙여놓았는데, 관광객들이 구리로 만든 발가락을 너무 만져서 발가락이 달아서 송곳같이 뾰족하게 되어있었습니다. 고기나 잡고 술이나 먹고 어부로서 평범하게 살아갈 사람이 예수님의 부르심을 받고 마가의 다락방에서 성령의 불 세례를 받은 후 생명을 걸고 복음을 선포하니까 하루에 수천 명이 회개하게 되고 구원을 받게 되며 나중에는 십자가에 거꾸로 매달려서 순교한 베드로, 이 베드로를 기념하기 위해서 세운 성당이 너무나 웅장하고 거대하여 오백년을 지나도 수많은 사람이 순방하며 변함없이 사랑을 받는 모습을 보고 하나님의 권능은 영원하신 것을 느꼈습니다. 물론 교황제도가 성경과 거리가 먼 것은 안타까운 마음입니다.

로마에는 유적이 많습니다. 콜로세움은 로마의 상징인 거대한 건축물로 전쟁 포로인 검투사와 맹수와의 싸움이 벌어진 원형경기장입니다. 이 어마어마한 건물 안에서 많은 검투사들이 사나운 맹수와 칼싸움하며 피를 보며 싸우는 것에 로마인들이 환호하던 곳이며, 또 그리스도인들을 체포해서 이 경기장 안에 사자 떼들을 몰아넣어 처참하게 물어뜯어 죽는 모습을 보고 환호하며 열광하는 곳이기도 했습니다. 지금도 이천 년 전의 건물이 반은 그대로 보존되어 있습니다. 그때 왕들과 백성들은 다 역사에서 사라졌지만, 피를 흘리면서 신앙을 지킨 신앙의 선조들의 피는 지금도 살아서 지구상의 20억이 넘는 인구가 예수님을 믿고 있습니다. 풀은 마르고 꽃은 떨어지나 하나님의 말씀은 영원하다는 약속이 있습니다.

로마인들의 목욕탕, 이천년 전 그 시대 사람들이 누린 목욕탕은 참으로 거대했습니다. 지금도 이런 목욕탕은 없습니다. '모든 길은 로마로 통한다' 는 말은 로마가 전 세계의 중심인 것을 상징하는 뜻으로, 로마가 유럽을 다 지배했습니다. 로마황제의 기독교 박해가 너무나 잔인해서 기독교인들이 땅 밑에 굴을 파서 '카타콤' 을 형성하여 피난처로 삼았습니다. 그 길이가 서울에서 부산 가는 길이라고 합니다.

안내인을 따라서 안으로 들어갔는데 굴 안에는 수십 개의 갈림길이 있어서 안내인의 안내가 없으면 들어가서 밖으로 나올 수도 없습니다. 이천년 전에는 성도들이 이 굴에서 태어나서 이 굴 안에서 죽었습니다. 벽에는 곳곳마다 예수님의 부활 승천 모습, 재림 때의 모습의 그림을 벽에다 막대기로 파서 새겨놓았습니다. 이 굴 안에는 흙이 특별하므로 어떤 냄새도 다 흡수해 버린다고 합니다. 또 사람이 죽으면 굴 옆에 파서 안치해 놓는다고 합니다. 이 안에서 물은 어떻게 길어다 먹고 대소변은 어떻게 처리했는지 지금도 궁금합니다.

양식은 굴에다 구멍을 내고 밖으로 나가서 양식을 구해서 공급하면 안에 있는 사람들이 그것으로 연명했다고 합니다. 만약 양식 구하러 밖에 나갔다가 발견되면 사형당한다고 합니다. 이 굴 앞에 수많은 그리스도인이 3백년 동안 어떻게 견디어 왔는지 참으로 생명을 걸고 살아온 억척같은 믿음이었습니다. 이런 신앙의 선배들이 물려준 복음의 열매를 지금 우리가 누리고 있습니다.

12. 하와이 부흥성회

하와이는 세계 모든 사람이 가장 선호하는 휴양지입니다. 하와이로 휴양차 온 관광객들은 누구나 다 현실 생활의 속박에서 벗어나 자유롭게 거닐면서 휴식하며 몸과 마음의 안식을 얻습니다. 저는 세계에서 제일 아름다운 휴양지로는 하와이보다 더 좋은 곳은 없다고 봅니다. 맑디맑은 푸른 바다와 푸른 하늘, 하얀 모래사장, 우뚝 솟은 푸른 산봉우리들은 관광객들을 편안하게 품어줍니다. 저는 하와이 와이키키 해변 해수욕장을 매우 좋아합니다. 해변에는 방파제가 있어서 파도가 일어도 안전하고 깨끗한 모래 위에서 일광욕도 즐기며 특히 조용한 모래사장 위에서 바다를 바라보며 기도하는 시간이 너무 좋았습니다.

하와이에는 우리교포 교회가 수십 군데가 있으며 그중에 우리 순복음교회도 일곱 교회가 세워졌습니다. 우리 교포들은 대부분 장사를 하며 살아가는데 관광객들을 상대로 하와이에서 머무는 동안 필요한 생필품, 옷이나 신발, 액세서리, 관광지의 기념품 등을 노점이나 가게에서 판매합니다. 이곳 하와이는 100여 년 전에 하와이 사탕수수밭에서

하와이에서 이태희 목사님과 함께

농사일을 할 수 있는 농부가 필요해서 우리 한국 청년들을 많이 데리고
와서 일을 시켰습니다. 이제 그 농부들의 자손들이 4, 5대 손으로 내려
오면서 하와이 본토에 뿌리를 내려 이곳 하와이 주지사, 시장 등 고급
관리들도 많이 배출됐으며, 전문직을 가지고 하와이 지도층에 주류를
이루는 사람들도 많이 있다고 합니다. 하와이는 대부분 휴양차 관광객
들이 모여드는 휴양지가 되어서 항상 축제 분위기로 밝고 평화스러운
모습입니다.

　나는 이 하와이에 수차례 방문도 하고 부흥성회도 인도했습니다. 우
리 교민들은 이 휴양지에서 관광객들을 상대하면서 겉보기에는 평화롭
게 살아가는 것 같지만, 사람이 사는 생활은 누구나 다 생활과 인생의
무거운 짐들을 지고 걱정하며 살아가는 것처럼, 그들도 사업이나 생업
의 문제, 자녀의 교육 문제, 개인적인 질병 문제, 신앙적인 영적 문제,

정신적인 문제들을 많이 안고 살아갑니다. 이러므로 교회에 나와서 하나님을 의지하면서 기도하며 믿음으로 살아가는 이들이 많이 있습니다.

내가 서울 여의도 본교회에서 사역할 때 영적으로 친밀하게 지내던 조명숙 권사님이 자신의 두 여동생이 하와이에 살고 있다는 소개를 받아서, 이 두 자매를 만나 친분을 갖고 신앙의 교제를 하면서 지냈습니다. 내가 하와이에 가면 언제나 반갑게 맞이하면서 하와이의 교민 생활의 애환이나 즐거움 등 생활의 많은 이야기를 들려주곤 합니다. 역시 삶이란 그리 녹록지 않은 것 같습니다. 하와이 역시 여러 민족이 함께 살아가면서 사업이나 장사를 하니까 상대적으로 경쟁도 치열해서 매우 힘들게 살아간다는 것입니다. 이러므로 쌓이는 스트레스를 교회에 나와서 하나님께 기도로 매달리며 살아간다고 간증합니다.

나는 하와이 순복음교회에서 두 번이나 부흥성회를 인도했습니다. 역시 우리의 씨름은 영적 전쟁입니다. 혈과 육을 상대하는 것이 아니요 통치자들과 권세들과 이 어둠의 세상 주관자들과 하늘에 있는 악한 영들과 상대하는 싸움입니다(엡 6:12). 우리의 힘이 되고 위로가 되고 용기가 되고 생명이 되는 것은 하나님의 살아있는 말씀입니다.

내가 선포하는 말씀의 초점은 언제나 삼중 축복의 하나님의 말씀입니다. 영적인 축복이 있어야 영혼의 기쁨이 충만하고, 다음은 역시 육신의 문제로 경제적인 축복의 생활이 평탄해야 됩니다. 하나님은 의식주 문제를 걱정하지 말라고 말씀하셨습니다. 경제적인 문제가 해결되고 범사가 잘되어야 합니다. 다음은 육신이 건강해야 합니다. 누구나 다 한두 가지 질병으로 고생하면서 살아가지만, 우리 하나님은 출애굽기 23장 25절에서 하나님 말씀에 순종하고 살면 병을 제하신다고 약속하셨습니다. 예수님이 채찍에 맞음으로 우리는 병에서 나음을 받았습니다.

부흥성회 중에는 뜨겁게 기도를 많이 하면서 모든 성도에게 안수기도를 해줍니다. 간절히 사모하는 성도들은 성령세례를 받아서 진동이 오고 눈물로 회개하면서 방언이 쏟아집니다. 가장 큰 은혜와 축복은 성령세례를 받는 것입니다. 성령세례를 받으면 병도 떠나가고 악령도 떠나가고 근심 걱정도 사라집니다. 부흥회를 마치고 나면 모든 성도가 영혼의 기쁨과 마음에 평안이 임하면서 얼굴이 환하게 빛이 납니다. 비록 하와이가 평화스럽고 지상낙원 같은 곳이지만 하나님의 은혜를 입지 못하고 살아가면 생지옥 같은 삶을 살게 됩니다. 2003년도 "조용기 목사님 초청 하와이 부흥성회"는 원주민들과 교민을 연합한 부흥성회였습니다. 하와이 전체가 영적인 큰 축제가 일어난 듯 수천 명이 모여서 '대부흥성회'를 열었습니다.

그 당시 나는 선교국장으로서 '북미총회 선교대회'를 하와이에서 개최했는데, 하와이섬 전체에 큰 축복이 임했습니다. 역시 우리 한국민들은 세계 어느 곳을 가든지 교민들이 자리를 잡고 안정적으로 살아가고 있습니다. 특이한 것은 어디를 가도 꼭 교회를 세우고 하나님을 섬기면서 믿음으로 살아간다는 점입니다.

하와이는 어느 때 가더라도 삶에 지친 영혼을 위로해주고 마음에 평안을 주는 정말 멋진 휴식처입니다. 아름다운 해변과 푸른 바다, 태평양의 따뜻한 날씨, 평화스러운 전원주택들, 해변에 둘러싸여 있는 고층빌딩과 근사한 호텔들이 볼거리를 제공해주므로 모든 관광객에게 기쁨을 주는 지구상에서 가장 아름다운 휴양지라고 할 수 있습니다.

13. 🌏

뉴욕, 아프리카 케냐 선교를 떠나다

우리 뉴욕 순복음교회에서는 해외 선교지에도 계속해서 선교활동을 많이 했습니다.

남미 각 나라 선교사들에게 매월 선교비를 보내줬습니다. 그리고 브라질 인디안 원주민 촌에 교회당을 지어서 헌당해주었습니다. 방글라데시에는 방글라데시 사람인 삼손이라는 원주민 선교사에게 선교비를 보내주었고, 그곳에도 교회당을 지어서 헌당했습니다.

아프리카 케냐에서 수고하시는 임연신 여선교사를 선교대회에서 알게 되었는데, 우리 교회에서는 케냐에 선교를 하기로 결정했습니다. 임연신 선교사는 나이로비에서 차로 10시간 정도 떨어진 곳에서 선교활동을 하고 있었습니다. 그곳의 투르카나족 중에서 고아들을 모아서 고아원을 설립했습니다. 이들을 위해서 창고 같은 큰 건물을 짓고 남녀 아이들을 구분해서 칸을 만들어서 방을 만들어 기숙하게 했습니다.

그런데 그동안 고아들을 먹이고 입히고 생활하는데 필요한 경비는 월드비전 자선단체에서 매달 꼬박꼬박 지원받아 운영해 왔는데, 수년 전부터 이 후원비가 중단되어서 80여 명의 고아들이 굶게 될 위기에 처했다고 하며 뉴욕 우리교회에 후원을 부탁해 왔습니다. 이 임연신 선교사는 우리 여의도 선교국 후원으로 아프리카 선교에 가장 먼저 선교활동을 해 온 선교사입니다.

이 간절한 요청을 받고 매월 2천불씩 선교비를 지원하기로 결정하고 그때부터 매달 후원을 했습니다. 마침 1993년에 서울 성령본부에서 아

프리카 케냐에서 성령 대부흥성회를 개최하기 위해서 준비를 하고 있었
는데, 주강사는 아프리카에는 처음 가시는 조용기 목사님에게 승낙을
받았다고 하며, 대회준비장인 안준배 목사님이 내게 연락을 했습니다.
그러면서 그 당시에 내가 성령본부 미주 회장직에 있었으므로, 케냐에
서 큰 부흥성회를 준비하는 데 여러 가지 재정적으로 지원이 필요하므로
나에게 아프리카 대부흥성회 미주 준비위원장이 되었으면 좋겠다는 요
청이 왔습니다. 그렇게 해서 내가 준비위원장이 되어서 아프리카 현지
정은교 선교사와 재정을 비롯한 여러 면에 협력하면서 준비를 했습니다.

　부흥성회 일자가 다가옴에 따라 나는 뉴욕에서 말라리아 예방주사를
맞고, 우리 교회 장로님 한 분을 대동하여 케냐로 날아갔습니다. 부흥
성회 이틀 전에 서울 성령본부에서도 속속 목사님들이 도착했습니다.
이튿날에는 조용기 목사님이 도착했습니다. 나 역시 아프리카는 처음
이었습니다. 나이로비는 케냐 수도이니 현대식 건물도 많고 규모가 제

법 큰 도시였습니다.

부흥성회는 삼일이었습니다. 2일은 예비성회로 모이는데도 큰 공원에 30만 명 정도 모였습니다. 첫째 날은 이영훈 목사님, 둘째 날은 뉴욕의 한진관 목사님이 강사로 수고하셨습니다. 나는 첫날 영어로 인사 말씀을 전했습니다.

마지막 큰 성회날은 약 50만 명 정도 운집했습니다. 조용기 목사님이 큰 공원 성회 장소에 들어가는데, 앞뒤에는 케냐 경찰차가 경호하고 나는 조 목사님이 타신 차 앞자리에 앉아서 들어갔습니다. 무려 50만 명이 소리 지르며 휘파람을 불고 다 기립해서 환호하니 그 기분은 말로 표현하기 힘들 정도였습니다. 그렇게 공원 전체가 환호성으로 가득 찼습니다.

부흥성회 시작 전에 케냐 대통령이 경호원의 호위를 받으며 성회 장소에 도착했습니다. 조용기 목사님이 대통령을 강대상에 올라오시도록 권유해도 한사코 사양했습니다. 참 겸손하고 순박했습니다. 수개월 동안 TV로 라디오로 기타 여러 방법으로 부흥성회를 홍보해왔던 결과 케냐 전국에서 엄청난 인파가 몰려들었습니다.

조용기 목사님은 영어 설교로 불을 토하며 말씀을 선포했습니다. 케냐는 대부분 영어로 소통하므로 설교에 대한 반응이 대단했습니다. 많은 사람이 성령의 역사하심으로 치유시간 기도에 병 고침을 받고 간증을 했습니다. 이 성회가 아프리카 대륙 모든 국가에 소문이 나자 아프리카 여러 나라에서 대통령이 직접 조용기 목사님을 초청했습니다. 그 후 조용기 목사님은 5~6회나 아프리카에 가서 성회를 인도하게 되었습니다.

나는 그곳에서 임 선교사가 개척한 교회에 예배를 인도하러 갔습니다. 그곳은 케냐에서 매우 가난한 사람들이 모여 사는 쪽방집 동네였습니다. 나이로비에서 자동차로 30여분 타고 갔는데, 차에서 내려서는 차로 갈 수 없는 골목길을 10여 분이나 더 걸어서 가야만 그 교회당에 도착할 수 있었습니다. 동네를 가로질러 가는데 집들이 쪽방같이 옹기종기 모여 있어서 우리나라 닭장보다 초라해 보였습니다.

가난에 굶주려 먹지 못해 얼굴이 뼈만 앙상한데 세상에 이렇게 비천하고 가난에 쪼들려 살 수 있나 싶을 정도로 비참해 보였습니다. 그곳은 전부 쓰레기 처리장이어서 쓰레기가 뒹굴고 있었습니다. 동네 사이로 작은 냇가가 있는데 쓰레기가 덮여서 썩는 냄새가 나고 그 위에 계속 쓰레기를 버려서 그 쓰레기 더미 위에 개들이 먹을 것을 파헤치고 있었습니다.

교회당은 약 70여평 규모로 양철지붕에 블럭으로 담을 쌓았습니다. 시에서 공회당을 지어서 동민에게 준 곳으로 이곳을 빌려서 예배를 드리고 있었습니다. 예배시간이 되자 교인들이 약 50여 명이 모여왔습니다. 이분들이 얼마나 뜨겁게 기도를 하는지 모두 서서 벽을 붙들고 큰 소리로 기도를 계속했습니다. 방언기도 하는 성도도 많았습니다. 우리 여의도 교회가 1960~70년대 서대문교회에서 기도하는 모습과 같았습니다. 의자를 흔들고 몸부림치며 기도하는 모습이었습니다. 그 기도의 열정이 느껴졌습니다. 뜨겁게 메시지를 전할 수 있었습니다.

그다음 날 우리들은 임연신 선교사가 선교하는 투르카나족 선교지로 갔습니다. 자동차로는 10시간 정도 걸리는데 가는 도중 수많은 도적들이 습격할 때가 많기 때문에 위험하므로 꼭 경비행기를 타고 가야 한다고 했습니다. 경비행기를 대절해서 5명이 타고 2시간 정도 날아갔습니다. 비행기에서 내려다보니 나무도 풀도 거의 보이질 않는 끝없는 광야의 모래밭이었습니다. 현지에 도착하니 얼마나 더운지 온몸에 땀이 흘러내리는데, 아마 45도쯤 된다고 합니다.

투르카나에 도착하여 비행기에서 내려서 마당으로 나가니까 흑인 성도 서너 명이 마중을 나왔습니다. 차를 타고 약 30분 정도 가니 원주민 교회가 있고 운영하는 고아원이 있었는데, 아이들 80여 명이 모여 있었습니다.

간단히 인사를 하고 우리 장로님이 준비해 간 과자와 초콜렛을 아이들에게 나눠줬습니다. 고아원은 건물이라고 할 수도 없는 초라한 모습이었습니다. 블럭으로 벽을 만들고 지붕은 슬라브이고 벽은 벽지도 없이 창고같은 곳에서 거처하고 있었습니다. 그곳에 7살쯤 되는 한 아이가 말라리아에 걸려 누워서 끙끙 앓고 있었는데, 온몸에 열이 불덩이 같고 눈물이 고여있고 눈도 충혈되어 있었습니다.

말라리아에 걸려도 아무런 치료도 못 받고 약도 없이 그냥 며칠간 앓다가 일어난다는 것입니다. 너무나 불쌍한 모습이었습니다. 그래도 아프리카 사람들은 면역력이 아주 강하다고 합니다. 우리 같은 외부인들은 약을 안 쓰면 죽는다고 합니다. 내가 불덩이 같은 아이를 안고서 머리에 손을 얹고 간절히 기도해주었습니다.

임연신 선교사는 80여 명 아이의 어머니가 되어 헌신적으로 양육하고 있었습니다. 어머니같이 아이들을 돌보고 또 학교에 보내어 교육도 시키고 있었습니다. 식사는 아침 저녁 두 끼만 먹는데, 우리 교회에서 보내는 생활비로 콩을 사서 그 콩을 삶아 한 공기씩 아침 저녁 먹이고 있었습니다. 반찬도 없고 오직 콩죽 한 공기, 그래도 굶지를 않으니까 바짝 마른 아이들은 없었습니다. 그 근처 동네에서는 이 고아원의 아이들이 굶지를 않으니까 제일 부러워한다고 했습니다. 선교사님이 아이들에게 미국에서 오신 선교사님이라고 소개하면서 여러분이 매일 먹는 식사는 이 선교사님 교회에서 보내온 것이라고 알려줬습니다. 아이들이 감사의 손뼉을 쳤습니다.

그로부터 15년 후 내가 서울에 와서 부목사로 시무할 때인데, 그 고아원에서 자라서 선생님이 되고 또는 공무원이 된 아이들 7~8명을 인솔하여 서울 선교대회에 와서 조용기 목사님께 인사를 드리고는, 내게도 찾아와서 너희들이 어릴 때 뉴욕에서 지원한 목사님이라고 하니까 모두 너무너무 고마워하며 감사하다고 반가워하며 인사를 했습니다. 나는 목회 초기에 서울과 안양에서 보육고아원 목회를 했으므로 고아들에게는 불쌍하게 여기는 각별한 애정이 있습니다.

투르카나 고아원 주위에 있는 집들은 거의 다 모랫바닥 위에 건초를 엮어서 만든 자그마한 움막집이었습니다. 집안에서는 그냥 맨바닥에 잠을 자고 가구도 없습니다. 대부분 사람은 세계 각국 구호단체에서 보내는 구제비로 생활하고 있었습니다. 이런 열악한 생활에도 교회에 나와서 찬송을 부르고 기도를 하고 하나님을 찬양하고 있었습니다. 온갖 문화적 혜택을 누리고 사는 우리나라는 너무나 큰 축복을 받고 살고 있다는 것에 다시 한번 하나님께 감사드렸습니다.

오후에는 경비행기를 타고 다시 나이로비로 돌아왔습니다. 비행기가 낮게 떠서 가는데 바람이 부니까 비행기가 마구 흔들려 오르락내리락하는데 곧 떨어질 것 같아 정신이 하나도 없었습니다. 비행기가 무사하도록 하나님께 얼마나 기도로 간구했는지 모릅니다. 비행기에서 내리니까 머리가 어지럽게 빙빙 돌았습니다. 낯선 경험이었습니다.

이튿날 사파리 공원을 답사하기로 결정하고 비포장 도로를 6시간 걸려서 도착하니 끝도 없이 넓은 초원이 있고 바로 뒤에는 세계에서 유명한 킬리만자로 산위에 그 더운 여름인데도 정상 꼭대기에는 하얀 눈이 덮혀 있었습니다. 만년설입니다. 넓은 초원에는 수많은 동물들이 초원에서 자고 풀을 뜯어먹고 자유롭게 살지만 사자 떼들이 식사 때가 되면 천적이 되어서 공격하니까 항상 긴장을 하며 살아가고 있었습니다. 우리가 쉬는 호텔은 사파리 공원안에 위치해 있었는데 집 주위에는 뺑둘러가며 철조망이 쳐있고 집은 초가집같이 지어서 방에서 유리창 문으로 밖을 내다보면 방주위까지 짐승 떼들이 왔다갔다 했습니다. 하늘과, 땅, 초원, 동물만 사는 곳에서 하루 밤을 자면서 하나님께 감사기도를 드리고 이튿날 나이로비로 돌아왔습니다. 아프리카도 우리국민같이 부지런하고 지혜를 가지고 잘 살려고 노력하면 발전할 수 있다고 생각이 들었습니다.

14.

조용기 목사님
매디슨 스퀘어 가든 부흥성회

'매디슨 스퀘어 가든'은 미국뿐 아니라 전 세계의 많은 사람이 이 건물의 웅장함과 고상함을 잘 알고 있습니다. 이 건물은 맨하탄 34번가에 있습니다. 높이는 그리 높지 않지만 그 넓이는 어마어마합니다. 건물 안 수용시설인 메인 홀은 3만 5천 명을 수용할 수 있고 작은 홀은 7천 명 정도 들어갈 수 있습니다. 이 매디슨 스퀘어 가든은 아무에게나 건물 사용을 허락하지 않습니다. 미국에서나 뉴욕에서 큰 대회 중, 명성이 있는 대회라야 승인을 받고 사용할 수 있습니다. 미국의 정당대회나 큰 대학 졸업식이나 미국에서 큰 연합단체의 연합대회, 예를 들면 '의사협회 수만 명 모임' '약사협회 수만 명 모임'이나 종교단체, 특히 기독교 단체의 대규모 모임 등의 경우에만 사용을 허락합니다.

그러므로 이 건물을 빌리려면 그만한 규모의 명분이 있어야 합니다. 건물 본부 측에서도 조용기 목사님의 명성을 알고 있으므로 성회를 할 수 있도록 승인을 했습니다. 내가 준비위원장이 되어서 세 번이나 성회를 개최했습니다. 3, 4년 만에 한 번씩 열리는 이 성회는 우리 교민교회만 참석하는 것이 아니라 미국 사람들도 연합해서 성회를 준비합니다.

먼저 조용기 목사님께 부흥성회 날자를 받아서 본 건물 관리본부와 협약을 합니다. 최소한 1년 전에 예약해야 하는데, 이유는 계속 건물사용 계약이 매진되기 때문입니다. 부흥성회 일정과 건물 계약이 성립되면 바로 부흥성회 준비에 착수합니다. 성회 기간은 보통 2~3일 동안 계속되는데, 먼저 해야 할 일은 성회를 위한 준비 기도를 시간을 정해놓고 집중적으로 하는 것입니다. 우리 교회 성도들은 물론이고 뉴욕에 있는 순복음교회와 타 교단 목사님들도 성회 준비위원으로 동참해서 같이 기도로 준비합니다. 조용기 목사님이 뉴욕 맨하탄에서 부흥성회를 한다는 것은 미국 심장부에서 성회를 인도하고 성령의 큰 운동을 하게 되는 것입니다.

나는 준비위원장으로서 성회가 끝날 때까지는 어깨에 매우 무거운 짐을 지고 기도와 조직을 진행해 나갑니다. 성도들 또한 많은 인원이 모이기 위해서 홍보도 잘해야 하고 다른 교회와 미국교회 목사님들한테도 협력을 얻어야 합니다. 부흥성회 행사 조직이나 외국 교회의 동원 협조는 영어를 잘하고 사교에 능숙한 목사를 임명해서 추진하게 하고, 포스터와 전단지, 그리고 현수막을 제작해서 부흥성회 한 달 전부터 맨하탄과 뉴욕 전역의 벽에다 부착합니다. 행사 준비 인원이 부족해서 우리 집 자녀와 사모까지 동원해서 맨하탄 전역을 누비면서 포스터를 붙이고 전단지를 돌리곤 했습니다.

7, 8천 명을 수용하는 이 큰 매디슨 스퀘어 가든을 채우는 것이 나의 책임입니다. 만약 큰 성회를 개최하고 조용기 목사님이 강단에 서셨는데 앞 좌석에 빈자리가 많고 곳곳에 비어있으면 나는 얼굴을 들 수 없습니다. 정말 너무 어렵고 힘이 듭니다. 서울에서는 동원할 수 있는 기본

뉴욕 맨하탄 메디슨스퀘어가든에서 조용기 목사 부흥성회 장면

성도들이 교회에 있으므로 동원은 그리 어려운 편이 아닙니다. 맨하탄 매디슨 스퀘어는 타국 땅에서 타국민과 교민들이 연합을 잘해야 좌석을 가득 채울 수 있습니다.

조용기 목사님의 명성은 미국에서 신앙생활을 잘하는 미국인 성도들은 거의 다 알고 있습니다. 우리 교포들이야 너무나 잘 알고 있지만 그래도 조 목사님 성회 광고와 홍보를 잘해야 효과가 나는 것입니다. 성회 날짜가 한 달쯤 앞으로 다가오면 우리 교회는 총 비상이 됩니다. 청년들은 어깨에 노란띠를 두르고 맨하탄 일대를 휘젓고 다니면서 전단지를 돌립니다. 부흥성회 날은 대부분 자동차로 운전해서 참석하기 때문에 주차장 안에는 성회장소 안내 인원 4, 50명이 34번가와 일대 거리에 쫙 배치되어 있습니다. 그리고 홀 안에서도 안내와 성회질서를 위해서 수십 명이 봉사합니다.

조용기 목사님은 워낙 유명한 목사님이시지만 목사님을 해하려는 테러도 간간이 일어나므로(특히 북한 테러분자들) 목사님 신변을 철저히 보호해 드려야 합니다. 호텔에서 차로 모셔서 성회 장소 도착과 메인 홀 강대상까지는 언제나 여러 명의 목사님이 경호하게 됩니다. 말씀을 선포하시는 동안에도 주의를 게을리하면 안 됩니다. 조용기 목사님은 항상 성회 시간 1시간 30분 전에 먼저 도착하셔서 대기실에서 강대상에 올라가실 때까지 집중 방언기도를 하십니다. 옆에는 꼭 내가 모시고 같이 계속 방언기도로 준비합니다.

미국인들을 위해서는 필히 통역을 세우는데 대부분 산호세에 계시는 김 장로님이 통역하십니다. 목사님이 강대상에 서시면 말씀의 검, 성령의 검으로 복음증거에 불을 토합니다. 병자들을 위한 기도를 하실 때는 많은 환자가 치료를 받습니다. 성회를 통해서 모두 큰 은혜를 받고 돌아갑니다.

헌금시간에 '뉴욕곰탕' 사장인 장로님이 조용기 목사님 부흥성회에 2만 불을 헌금했습니다. 본인이 뉴욕에 이민 와서 처음 이민 생활을 하면서 너무나 괴롭고 힘이 들어 지칠 때면 언제나 조용기 목사님 설교 테이프를 통해 은혜 받아서 지금은 뉴욕 맨하탄에서 가장 성공한 식당을 운영하고 있다고 간증했습니다. 부인 권사님도 따로 수천 불을 헌금했습니다. 그 외에도 평소 조 목사님 말씀에 은혜받은 이들이 특별히 드리는 감사헌금이 많았습니다. 매디슨 스퀘어 가든 임대료는 하루 저녁에 십만 불(1억원) 정도의 경비가 들어갑니다. 이렇게 많은 경비가 들어가도 성회를 마치면 그 경비가 다 충당됩니다.

부흥성회가 끝나면 조 목사님은 하루 정도 뉴욕에서 쉬시고 다른 주의 성회 장소로 가십니다. 조용기 목사님은 외국에 나오시면 하루도 쉬는 날이 없이 일정이 빽빽합니다. 모든 일정을 마치시면 바로 서울 본교회 강단에 서셔야 하므로 한눈팔 겨를 없이 출국하십니다. 성회가 끝나고 나면 나는 정말 몸과 마음이 큰 쇳덩어리 무거운 짐을 내려놓은 듯 그제야 평안해집니다. 힘든 성회준비였지만 조용기 목사님을 통해서 많은 분이 말씀에 뜨거워지고 많은 불치의 병이 치유받은 것을 보면 너무나 보람이 있습니다. 이 모든 것이 하나님의 은총이요 은혜입니다.

15.

북한 목사 5명
뉴욕 순복음교회 초청 방문

아마 1997년도쯤인 것 같습니다. 뉴욕 한국일보 지사 일간신문에 보도가 나왔는데 좀 눈길을 끈 기사였습니다. 미국 애틀랜타시에서 세계 기독교 대표 초청 연합행사가 있었다고 합니다. 그중에 북한 기독교 단체 대표를 초빙해서 북한에서도 5명의 기독교 대표가 그 대회에 참석했다고 합니다. 이 대회에 북한 대표로 강영선 위원장이 4명의 위원을 인솔해서 참석했다고 합니다. 강영선 위원장은 김일성 주석의 외삼촌인 강양욱 목사의 아들(자칭 목사)이며, 이분이 북한 기독교 단체의 대표라고 했습니다. 이 강영선 대표가 애틀랜타에서 회의를 마치고 나서 미국에 거주하는 우리 한국인 교회에서 인사도 하고 상호 환담을 하고자 워싱턴 기독교연합회에 요청했으나 거절당하고, 다시 뉴욕에 있는 교회 연합회에다 요청했으나 교회연합회 위원회에서 북한 대표들과는 면담할 수 없다고 거절당했다는 신문기사를 봤습니다.

이런 기사를 보고 난 후 뉴욕 교회연합회 간사에게 전화를 걸어서 확인해보니 거절한 것이 사실이었습니다. 이 사실을 확인한 후 내가 신문사에 연락해서 교회연합회에서 인사와 면담을 거부하면 우리 교회에서 단독으로 북한 대표들을 맞이해서 같이 예배도 드리고 또한 우리 한국 교회의 실상을 보여줘야겠다는 소신을 알리고 날자를 정해서 신문에 광고해 달라고 부탁했습니다.

내 생각에는 강영선(자칭 목사)과 그 일행들에게 진짜 교회의 참 모습을 보여주고, 또 미국에 와서 사는 우리 한국 교포들의 생활 수준도 보여주고 싶었습니다. 외부와 차단된 북한에서의 종교 실상은 교회를 박해하고 예수 믿는 성도들을 억압하고 또는 체포해서 강제수용소에 가두어 놓고 온갖 고문을 하며 마지막 죽을 때까지 잔인하게 박해하고 있는 실정이었습니다. 지금 미국에 와서 우리 교포들이 교회를 세우고 예수 믿는 사람들이 얼마나 자유롭고 평화롭고 유복하게 사는지 그 모습을 보여줘야겠다는 결심이었습니다. 이번 기회에 북한의 기독교 총 대표들에게 하나님과 예수님의 본체를 보여줄 수 있는 너무나 좋은 기회라고 생각되었습니다.

그렇게 해서 우리 교회에서는 북한 대표들을 맞이할 준비를 했습니다. 성가대와 찬양팀을 준비하고 이날은 제직 여자 집사 전부가 한복을 아름답게 차려입고 성도들은 대부분 정장이나 의복을 깔끔하게 차려입으라고 부탁했습니다. 또한 예배가 끝난 다음 환영 식사는 맛있고 품위 있는 음식을 많이 장만하여 정말 미국에서 부요하게 잘사는 모습을 보여줄 생각이었습니다. 북한 대표들에게 하나님의 축복을 받고 사는 성도들의 모습을 보여주는 좋은 기회입니다. 이것이 바로 하나님의 복음입니다. 그리고 다섯 분에게 일제 세이코 시계를 선물로 준비했습니다.

예배는 간단하게 찬양 중심으로 그리고 기도는 통성기도로, 설교말씀은 20분 정도 내가 하고, 북한 강영선 대표의 인사말은 10분 정도로 하되 정치적인 발언은 절대 하지 않기로 했습니다. 저녁 7시에 예배 시작인데 신문광고를 보고 교회 500석 의자가 모자랄 정도로 많이 참석했습니다. 북한 실향민들과 우리 대사관 직원 정보원들, 기자들이 참석했습니다. 강대상에는 담임목사인 나와 북한 대표 강영선 목사, 기도 순서 장로 세 분만 앉아서 예배를 진행했습니다.

예배가 참 화려했습니다. 성가대원과 교회 안내원이 모두 한복으로 아름답게 차려입었습니다. 찬양은 뜨겁고 아름답게 했습니다. 강영선 대표는 인사말에 정치적 발언은 전혀 하지 않고 덕담으로 잘 마무리했습니다. 나는 행여나 강대상에서 북한 선전을 하지 않을까 걱정도 되었습니다.

예배 시간은 50여 분 정도에 마치고 아래층 식당으로 내려갔습니다. 차려놓은 엄청난 음식을 보고 놀라는 표정이었습니다. 사진 촬영도 하고 식사를 하면서 여러 가지 얘기를 나누었습니다. 행사를 마치고 난 후 북한대사관에 그 대표들을 태워다 드려야 했습니다. 맨하탄 유엔본부 근처에 유엔주재 북한대사관이 있었습니다.

내가 직접 다섯 분을 내 승용차에 태우고 혼자 운전을 하고 40여 분 걸려 그곳에 갔습니다. 옆에 네 사람은 신앙이 전혀 없고 북한 공작원 대표들이었는데, 눈빛이 상당히 날카로웠습니다. 가는 도중 "이 차는 목사님 차입니까?(그때 차는 링컨 큰 차였습니다), 그리고 교회당이 목사님 교회당이 맞습니까? 그리고 교포들이 그렇게 잘 먹고 잘 삽니까?" 등의 질문을 계속했습니다. 교회랑 건물이 너무 아름답고 크기 때문에 놀라고 교포들의 생활상을 보고는 정말 놀랄 정도가 아니라 충격을 받은 것 같았습니다.

"그러나 미국이 이렇게 거대해도 우리의 큰 거 한방이면 일 없습니다."라고 하면서 끝까지 북한의 허구성을 감추지 않은 그들을 웃는 얼굴로 대하며 북한대사관에 편안히 태워 줬습니다. 지금 생각하니까 내가 간이 크구나, 북한 최고 공작원들을 나 혼자 태워서 다녔다니까요. 지금 생각해도 그 대표들에게 대접하고 교회의 참모습과 살아있는 신앙을 보여준 것은 정말 하나님의 섭리요 하나님께 영광돌리는 일이었습니다. 할렐루야!

16.

스페인과 라스팔마스 교회 부흥성회, 파리, 베를린, 스위스 탐방

뉴욕교회에 시무할 때, 스페인 카나리아섬 라스팔마스 순복음교회 이정봉 목사님이 부흥성회 강사로 나를 초청했습니다. 이정봉 목사님은 여의도 순복음교회에서 같은 해에 함께 목사안수를 받고 대교구장 임직도 같은 시기에 받아서 여의도에서 시무하다가, 1979년에 나는 남미 브라질 상파울루에 선교사로 파송되고, 그 이듬해 이정봉 목사님은 스페인령인 라스팔마스섬에 선교사로 임명을 받고 그곳에 파송되었습니다.

라스팔마스는 아프리카 근처 섬으로서 대서양에서 원양어업을 하는 대형 배들이 이곳을 정착지로 삼고, 선주들은 이 섬에서 어선을 관리하고 지원하며, 원양어선에서 고기를 잡으면 바로 유럽으로 공급하는 원양어선의 본부와 같은 섬입니다. 이러므로 한국에서는 대부분 어업에 종사하는 선주들이 이 섬에 이주해서 살고 있습니다.

이곳에 이정봉 목사님이 선교사로 가서서 열심히 전도하여 교회를 세워서 이 섬의 한인교회로서 중심이 되었습니다. 그 당시 교회 출석 성도는 300여 명이 됩니다. 원양어선에서 수고하는 어부 중 교회에 등

록한 성도가 많아서 섬에 정착해 있는 동안에는 교회에 나와서 예배를 드리지만, 수천 km 먼바다에 나가서 조업하는 중에라도 주일이면 본 교회에서 드리는 예배를 특수무전을 통하여 같은 시간에 배안에서 예배를 드린다고 합니다. 이렇게 여러 배 안에서 예배 드리며 신앙생활 하는 성도는 수천 명이

프랑스 파리에펠탑 앞

된다고 합니다. 이 목사님이 한 사람 한 사람 관계를 맺으면서 전도해서 교회가 이렇게 부흥되었다고 합니다.

특이한 점은 라스팔마스섬 중심에 서울의 남산 같은 산이 있는데, 정상에 올라가면 섬 전체 사방이 다 내려다보이는 그 중앙 정상에 이 교회가 세워져 있다는 것입니다. 산의 높이는 남산의 반 정도이지만 이 교회당 건물은 너무나 아름다웠습니다. 원래 이 건물은 이 섬 주민들이 매우 귀하게 여기는 사교장이며 고급 레스토랑이었다고 합니다. 사방으로는 대형유리로 건물을 감싸고 있으며, 원형극장식으로 약 700여 명이 동시에 앉을 수 있는 정말 아름다운 건물을 매입해서 예배당으로 리모델링하여 예배를 드리고 있었습니다.

나는 이 예배당 건물을 보고 하나님께 기도했습니다. "하나님, 저에게도 이런 아름다운 건물을 주셔서 예배 드릴 수 있게 해 주옵소서." 이 건물 기둥에 손을 얹고 간절히 기도드렸습니다. 그런데 정말 하나님이 이 기도를 들어주셔서 그 이듬해 뉴욕에서 제일 아름다운 이탈리아인의 결혼예식장을 연결해 주심으로 그 건물을 구입하게 되었습니다. 몇 년 후 이정봉 목사님을 뉴욕 우리 교회에 부흥강사로 초청해서 이 건물에서 예배를 인도하게 되었습니다.

라스팔마스교회 부흥성회는 새벽, 낮, 저녁, 하루에 세 번 인도했습니다. 하루에 세 번 예배를 드리면 성도들이나 강사는 조금도 쉴 틈이 없습니다. 이곳에 있는 성도들 대부분은 원양어선 선주이고 가족들입니다. 그리고 어업에 종사하는 분들의 가족이라서 예배 시간마다 거의 100% 예배에 참석했습니다. 이 부흥성회에 오기 전에 사모와 같이 이틀 동안 금식기도로 준비했습니다. 낯선 교회 강단에 설 때는 기도로 강하게 무장해야 성령의 능력으로 영적인 싸움에서 사탄의 영을 제압하고, 능력있게 말씀을 증거하며, 성도들을 묶고 있는 악령의 결박을 풀어줄 수 있습니다. 부흥성회를 통해서 전 성도들이 성령 충만해서 신앙이 더 뜨거워졌습니다. 여러 가지 질병으로 고생한 분들이 거의 치료를 받았습니다. 성회를 무사히 마치고 성도들의 뜨거운 전송을 받으며 스페인 마드리드로 떠났습니다.

마드리드에는 박 선교사(후배)가 교회를 세우고 선교를 하고 있었습니다. 이 교회에 2일 동안 부흥성회 강사로 일정을 잡아서 마드리드 공항에 도착했습니다. 공항에는 담임 선교사와 성도 두 분이 마중을 나와서 같이 차를 타고 교회로 갔습니다. 차를 타고 가는 도중에 남자 집사님이 "목사님, 저희 집사람이 몇 주 전부터 배가 아파서 잠도 못 자고 고통 중에 있습니다."라고 하며, 담임 선교사도 알고 기도하는 중이라

라스팔마스 부흥회집회 시 안수하는 장면

며 병원에도 여러 번 가봤지만, 차도가 없다며 기도를 요청했습니다. 목사님은 큰 목사님이시니까 교회 가는 도중에 먼저 이 집사님 집에 가서 배가 아파서 고통받는 여집사님을 위해서 치유기도를 해주시면 좋겠다고 박 목사님이 요청했습니다. 40여 분 걸려서 그 집에 들어가니 환자가 침대에 누워서 끙끙 앓고 있었습니다. 병원에서도 뚜렷한 병명을 알 수 없다고 하며 몹시 괴로워했습니다.

담임 선교사님과 남편 집사님 그리고 우리 사모와 같이 예배를 드리기 시작했습니다. 보혈의 찬송을 뜨겁게 부르고, 간단히 예수님의 치료에 관해서 설명하고 야고보서 5장 14-15절 말씀으로(병든 자가 있으면 교회의 목사님을 초청하여 기름을 바르고 기도할지니 … 믿음의 기도는 병을 고친다는 약속의 말씀을 믿으라) 권하고, 옆에서는 합심기도를 하고, 나는 방언기도로 간절하게 신유기도를 하며 "병을 주고 고통을 주는 악한 마귀는 떠나가라." 꾸짖으며 안수기도를 했습니다. 환자 집 사님도 본인이 너무 아프니까 간절히 매어 달렸습니다. 환자의 입에서 방언기도가 쏟아져 나오고 눈물을 흘리며 애절하게 기도를 받았습니다. 기도할 때 안수를 하면 안수받는 분의 믿음의 간절함과 영적인 상태를 느끼게 됩니다. 예수님도 혈루증 여인을 보고 내게서 능력이 나갔다고 말씀하셨습니다. 기도를 마치고 '할렐루야~할렐루야~' 조용히 찬양한 후 주기도문으로 예배를 마쳤습니다.

우리 주의 종들이 성령의 운행하심을 은혜롭게 마치려면 통성기도 끝에 조용한 찬송으로 마음과 영을 성령님께서 부드럽게 만지시도록 해야합니다. 대부분 통성기도가 끝나면 그냥 뚝 그치게 되는데 그러면 예배의 흐름이 딱딱해지고 성령님의 힐링을 느낄 수 없습니다. 예배를 마친 후 이 여집사님의 얼굴이 환해지며, 몇 주간 그렇게 복통으로 고생했는데 즉시 나았다고 말합니다. 고통이 사라지니까 하나님께 감사하고 기뻐하며 바로 부엌에 가서 있는 음식을 바로 차려서 내왔습니다. 대접받을 생각도 안 했는데 집사님이 너무 감사해서 대접하는 것이므로 식사를 했습니다.

호텔에 여장을 풀고 그날 저녁부터 부흥성회를 시작했습니다. 아직은 개척교회라 약 3, 40명의 성도들이 참석했습니다. 물론 광고를 해서 다른 교회 성도들도 몇 가정이 참석했다고 합니다. 스페인에는 우리 교민이 많지 않고 교포 수천 명 정도가 거주하고 있다고 합니다. 어느 나라 어딜 가도 우리 한국 사람은, 특히 순복음교회 성도들은 뜨겁게 통성기도 하며 성령세례 받은 분은 방언기도를 하고 성령세례를 받아서 기뻐하는 분이 있습니다. 이틀간 식사와 접대는 두 가정이 맡아서 하는데 첫날 치료받은 가정에서 얼마나 정성을 다하는지, 마드리드에 제일 유명한 식당을 찾아가서 대접을 했습니다. 덕분에 부흥성회를 은혜롭게

성령의 권능●성령의 바람을 타고: 오대양 육대주와 아마존 밀림까지

잘 마쳤습니다.

성회를 마친 후 교회서 준비한 유로패스 침대칸 기차를 타고 프랑스로 향했습니다. 기차가 침대칸이라 편안히 자고 나니 아침이 되어 파리에 도착했습니다. 이곳에 유학 온 여의도 순복음교회 청년부 출신 자매가 미리 알고 기차 정류장으로 마중 나왔습니다. 우리를 영접한 후 온종일 파리 시내 곳곳을 관광차 안내해 주었습니다. 루브르 박물관, 에펠탑, 개선문 등 관광을 마치고 호텔에서 하루 쉰 뒤 이튿날 베를린으로 기차를 타고 갔습니다.

6시간 정도 걸려서 베를린에 도착하니 그곳에 유학 중인 이정봉 목사님의 자녀들이 연락을 받고 마중 나왔습니다. 베를린 라인강 변의 커피숍에서 음료수를 마시며 강을 내려다보았습니다. 독일의 기적 라인강, 그러나 한강보다는 초라해 보였습니다. 그리고 마틴 루터 기념교회를 탐방하고 기차를 타고 동독으로 향했습니다. 동독은 그 당시 1990년도여서 그런지 도시 전체가 도로나 집이나 건물들이 허름하게 보였습니다.

이정봉 목사님의 자녀들과 같이 식사도 하고 사진 촬영도 하고 베를린 대학교도 방문한 후 자녀들이 공부하는 집에서 같이 자고 다음 날 스위스로 향했습니다. 베를린에서 기차를 타고 낮에 떠났는데 10시간 정도 걸렸습니다. 여행은 여럿이 다녀야 지루하지 않는 것 같습니다. 사모와 둘이 잠을 자고 같이 10시간이나 기차 안에 있으니까 할 이야기도 별로 없고 그냥 얼굴만 서로 쳐다보고 기차 창문 밖으로 유럽의 풍경만 구경했습니다. 스위스가 가까워지니 산들이 푸르러 아름다운 나무숲같이 보였습니다.

스위스 취리히에 도착해서 하루를 호텔에서 쉬며 보냈습니다. 이튿날 여행사를 통해서 스위스 알프스 몽블랑 산정에 올랐습니다. 산으로

오르는 케이블카를 여러 번 갈아타며 그 산 정상에 오르니 세계 각국에서 온 수백 명의 관광객이 그 눈부신 절경을 감상하고 있었습니다. 산정상에서 내려다보니 수백 개의 산봉우리가 눈으로 하얗게 덮여 있었습니다. 알프스 산을 보려고 먼 나라에서 다들 모여옵니다.

점심시간이 되어서 식당에 가보니 자리가 꽉 차서 겨우 한자리를 잡고 메뉴판을 보니 아주 간단한 메뉴가 50~70불이었습니다. 물론 산 아래보다 비쌀 테지만 사모는 너무 비싸다고 안 먹겠다고 합니다. 이 알프스 산꼭대기에 당연히 모든 것이 비쌀 터인즉 강제로 볶음밥 2인분을 주문해서 먹어보니 비싼 데다 양도 적었지만 맛은 있었습니다. 맑고 맑은 시냇물과 강물 그리고 큰 호수, 산밑의 옹기종기 모여있는 아름다운 마을들, 수려한 산수, 역시 세계에서 제일 아름다운 스위스인 것이 분명했습니다.

"참 아름다워라 주님의 세계는~~~" 찬송이 절로 나왔습니다. 스위

스는 자연이 너무 아름답게 보존되어 있었습니다. 시내 집집마다 발코
니에 꽃 화분으로 장식해 놓았습니다. 스위스는 다시 한번 더 가고 싶
었는데, 그 후로 지금까지 가질 못했습니다. 오랜 기간의 여행을 무사
히 마치고 스위스에서 비행기를 타고 뉴욕으로 돌아왔습니다.

　내가 아내와 교제하던 시절에 약속한 것이 있습니다. 35세가 되면 자
가용을 타게 해 주고, 사모님이라는 존대를 받게 해주고, 세계 일주를
하게 해준다는 약속이었습니다. 그런 약속할 당시 나는 성균관대학 법
대 3학년생이었습니다. 그 당시 내가 목사, 선교사가 된다는 것은 꿈에
도 생각하지 못했습니다. 신앙이 나일론 신자였으니까요. 나는 항상 꿈
과 비전을 갖고 살았습니다.

　만 26세 때 서대문교회에서 최자실, 조용기 목사님의 안수기도로 성
령세례를 받고 나니까 나에게 사도행전 2장 16절에 나오는 "성령을 받

으면 자녀들은 예언을 하고 젊은이들은 환상을 보고 늙은이들은 꿈을 꾸리라"는 약속을 주셨습니다. 사모와 같이 선교하면서 고생도 많이 했지만 전 세계 남미, 아마존 밀림, 북미, 유럽, 아시아, 호주, 뉴질랜드 등을 일주하면서 그 약속을 지키게 해주었습니다. 하나님의 은혜로 성령님의 날개를 타고 전 세계를 다 탐방했습니다. 할렐루야!

22년간의 선교사역을 마치고
여의도 순복음교회로

제10장

22년간의 선교사역을 마치고
여의도 순복음교회로

    1979년 12월 선교사로 브라질 '상파울루 순복음교회'를 5년간 담임하면서, 본교회와 알젠티나, 파라과이, 칠레, 볼리비아, 에콰도르, 아마존 인디언 부족 등의 교회를 세우고 남미선교를 마무리했습니다.

    그 후에 조용기 목사님의 선교명령을 따라 1984년도에 미국 샌프란시스코에 가서 2년간 사역하다가 후임 목사에게 인계하고, 뉴욕으로 가서 교회를 세우고 선교하라는 조용기 목사님의 명을 받고, 1986년 샌프란시스코를 떠나서 그해 11월에 뉴욕에 도착하여, 15년 동안 뉴욕에서 교회를 개척하여 사역하면서 북미총회(미국과 캐나다)를 재건해서 북미총회 교회 수가 400여 교회가 되고, 북미총회 서부 지방회장을 거쳐 부총회장을 7년 시무하고, 1995년도에 북미총회장을 취임해서 2년간 시무하며 북미총회를 튼튼하고 견고하게 재건했습니다.

    또한 북미총회 각 교회에 성령운동을 강력하게 전개하며 선교사들의 영적인 사역발전을 위해서 1990년도에 북미총회 순복음부흥사회를 조직했습니다. 부흥사들의 기본자격은 현재 시무하는 교회에 출석 성도가 100명 이상 되고 부흥사의 자질을 갖춘 성령충만한 목사님들을 선발했습니다. 30명을 선발해서 내가 부흥사회장직을 맡고 윤종남 목사님(현 부산 금정순복음교회 담임)을 총무로 위임하여 부흥사회를 운영, 미국 내 각 교회(순복음교회)를 순회하면서 부흥회를 인도하며 성령운동을 전개했습니다.

북미총회 각 교회마다 뜨거운 성령운동으로 총회 산하 각 교회가 계속 부흥하게 되었습니다. 그 후에 한국에 있는 합동측 장로교단의 부흥사 연합회회장 이능규 목사와 30여 명의 부흥사와 자매결연을 맺어서, 우리 순복음 부흥사들은 한국장로교 교회에서 성령은사운동을 하고, 장로교 부흥사들은 미국에 와서 순복음교회에 말씀 운동을 전개하면서, 매년 1회씩 말씀운동과 성령은사운동을 서로 교환해가며 사역하게 되었습니다. 내가 미국에서 시무하는 동안 10년간 매우 밀접하게 양측이 교류 하며 부흥운동을 전개해왔습니다. 모든 교단과 교리의 벽이 제거되고 정통교회로 교류가 이루어졌습니다.

이 부흥사 연합 부흥회를 인도하면서 장로교와 순복음교회는 매우 밀접한 관계로 상호 영적인 교류가 있었습니다. 양측 부흥사들의 영적인 교류를 통하여 부흥사의 영성과 자질이 많이 발전했으며, 부흥사들 각자가 한국과 미국 각 지역에서 많은 부흥회를 인도하게 되었습니다. 개인적으로도 한국 합동측 장로교단의 수많은 교회에서 부흥회를 인도했습니다. 서울의 피종진 목사님 교회, 이태희 목사님 교회, 이능규 목사님의 교회 등 많은 장로교회에서 부흥회를 인도하면서 순복음의 뜨거운 기도운동과 성령의 은사운동을 강력하게 전달했습니다. 그리고 미국 각 도시에 있는 순복음교회에서도 부흥성회를 많이 인도했습니다. 부흥성회를 인도하는 동안 하나님의 은혜로 많은 성도가 성령세례를 받고 방언기도가 쏟아지고 성령님의 치유의 역사로 병 고침을 받아 영육간에 새생명을 얻는 역사가 많이 일어났습니다.

여의도 직할성전, 조용기 목사님을 모시고 장로님들과 함께

2000년 6월에 조용기 목사님의 지시에 따라 서울 여의도 순복음교회에 시무하기 위해 만 22년간의 남미, 북미 선교사역을 마치고 귀국하게 되었습니다. 내가 시무하던 뉴욕 순복음 연합교회, 눈물과 땀과 기도로 건축한 교회를 사임하고, 서울에서 온 후임 양 목사님에게 인계했습니다. 그리고 미국 뉴욕에서 15년간 목회와 선교사역을 하는 동안 깊은 정이 들었던 성도들과 이별하고, 미국의 지붕이며 세계 최대의 도시인 정든 뉴욕을 떠난다고 하니 마음이 애절하고 안타까웠습니다.

22년 전 서울에서 남미 상파울루 선교사로 떠날 때 어린 자녀들 특히 막내는 6개월밖에 되지 않았는데, 이젠 다섯 자녀가 다 장성하여 결혼하여 가정을 이룬 세 자녀와 아직 대학에 재학 중인 두 자녀를 그곳에 남겨두고, 어머니와 사모와 함께 세 사람만 떠나오게 되니 착잡한 마음 금할 길 없었습니다. 마지막 뉴욕을 떠나는 날, 케네디 공항에서 성도들과 손을 놓고 작별인사할 때는 눈물이 핑 돌았습니다. 그리고 그 모든 것을 뒤로하고 서울로 향하는 대한항공 비행기에 올랐습니다.

1. 귀신들린 정신이상 청년 치료

어느 날, 나이 많은 여집사님이 담임목사인 나에게 찾아와서 하소연합니다.

"목사님, 저는 6.25 전쟁으로 부모를 잃고 여자 혼자의 몸으로 고아처럼 어렵게 살아왔습니다. 외롭고 힘든 일을 맡아서 가정부도 하고 농사일도 해보고 하는 중, 나이가 들어 때마침 결혼할 남자가 나타나 결혼을 했습니다. 결혼한 후 얼마 되지 않아 아들을 낳았는데, 몇 년이 지난 후 남편이 저와 아이를 놔두고 집을 나가버렸습니다. 그 후로 아비 없는 어린 자식을 데리고 이를 악물고 장사하며 살아왔습니다. 수년 전에는 한강 변에서 장사하는 이들에게 시에서 자그마한 가게를 만들어서 분양했는데, 그때 저도 가게를 분양받았습니다. 가게 장소는 여의도 교회 옆 모래사장 옆이었습니다. 봄, 여름, 가을에는 한강변에 소풍객들이 많이 나오므로 장사가 잘되어서 손이 모자라 점원 한 사람을 두고 장사해서 수년간 많이 벌었습니다. 물론 예배는 여의도 직할성전에서 계속 드렸습니다.

그런데 외동아들이 저와 같이 장사를 잘해왔는데 이 아들이 1년 전부터 정신이상이 생겼습니다. 원인을 알고 보니 그동안 어떤 아가씨와 교제해왔는데 그 아가씨가 일방적으로 이별을 통보해서 그만 마음에 상처를 받아 혼자 괴로워하다가 정신이상이 되었다고 합니다. 청량리 정신병원에 입원했다가 지금은 오산리 기도원에 가 있습니다. 멍하니 앉아 있다가도 발작하게 되면 고함치고 엄마인 내가 옆에서 붙들어도 번쩍 들어 집어던져서 겁이 나서 옆에 있지도 못합니다. 세수도 안 하고 옷도 갈아입지 않아서 냄새가 나서 옆에 있을 수도 없습니다. 목사님, 외동아들 하나가 이 모양이 되니 어찌할 바를 모르겠습니다. 기도원 경비원들에게 임시로 맡기지만 장시간은 불가하고 제가 항상 주위에서 보살피고 있는 형편입니다."

이런 사정 얘기를 듣고 마음으로 기도했습니다. 마침 며칠 후에 교구 기도원 기도회 가는 날이라 오산리 기도원에 가게 되었습니다. 기도회를 마치고 이 청년이 쭈그리고 앉아 있는 성전구석에 찾아갔습니다. 키도 크고 기골이 장대한 청년인데, 내가 옆에 가니까 눈에 독기가 서리고 반항할 자세였습니다. 나는 귀신 축사에 경험이 많으니까 바로 방언기도하며 큰소리로 꾸짖었습니다. 귀신들은 방언기도를 크게 하면 꼼짝하지 못합니다. 그리고 옆에 가서 그 청년의 머리에 손을 얹고 귀신축사기도를 크게 했습니다.

"악한 귀신아, 이 청년에게서 나오라."

교구 전도사 몇 명도 같이 옆에서 합심기도 했습니다. 기도 중에 제일 힘이 들고 지치는 기도는 귀신을 쫓아내는 기도입니다. 오래 자리 잡은 귀신은 오랫동안 애를 먹이지만, 오래 자리 잡지 않은 귀신은 바로 항복하고 떠나갑니다. 한참 기도하고 나니 조금 수그러져 기가 죽어서 눈치를 슬슬 봅니다. 나는 성령대망회를 마치고 여의도로 가야 하므로 그 어머니 집사님에게 귀신이 한풀 꺾여서 조금 순종할 테니까 옆에 있어도 괜찮을 거라고 안심시키고 그를 맡겼습니다.

그 후로 일주일에 한 번 정도 기도원에 올라가서 축사기도를 했습니다. 두 번 정도 기도를 하고 난 후에는 세수도 하고 옷도 갈아입고 예배 때는 교회당에 앉아서 같이 예배도 드릴 정도로 많이 달라졌습니다. 내가 가면 고개를 숙이고 겁을 먹곤 합니다. 4, 5회 올라가서 강력하게 기도를 하니까 귀신이 완전히 떠나갔습니다.

이 어머니 집사님이 너무 하나님께 감사해서 수천만 원을 헌금하겠다고 스스로 약속했습니다. 한 달쯤 지나서 이 청년이 완전히 나아서 기도원에서 내려온 다음, 어머니 집사님이 너무 감격해서 여의도 직할성전에 약속한 대로 감사헌금을 하셨다고 합니다. 그리고 내 사무실에 찾아와서 고맙다고 인사도 했습니다. 아들은 아주 건장하고 깔끔한 청년이 되었습니다.

그리고 국민일보에 찾아가서 특별후원금을 내고 자기가 겪은 아들 치료의 간증을 신문에 게재하기도 했습니다. 성경말씀에 거라사인 땅에서 귀신이 들려 집을 떠나 무덤 사이에 살면서 쇠사슬을 끊고 밤낮으로 고함을 치고 다니던 귀신 잡힌 자가 예수님께서 "이 귀신아 나오라" 명령하시니까 그에게서 나와 돼지떼에 들어가니 이천 마리나 되는 돼지가 바다로 내리달려 다 빠져 죽고 그 귀신들린 사람은 나아서 예수님 무릎 앞에 꿇어 엎드렸다는 기록이 있습니다(막 5:1-20).

이 귀신은 이천년 전이나 지금이나 똑같이 사람 속에 들어가서 미치게 하고 고통을 주고 결국 지옥으로 끌고 갑니다. 교회는 주의 종들이 성령의 권능을 받아서 귀신을 쫓아내고 예수님의 분부하신 명령을 꼭 실행해야 됩니다. 할렐루야!

2.

임종 직전 간암 치료받은 명장(名匠)

서울에 귀국해서는 직할성전 담임목사가 되어서 4명의 교구장, 전도사들과 교회학교 교육전도사 3명, 도합 7명의 주의 종들과 같이 목회사역을 하게 되었습니다. 예전과 다르게 성도님들 가정 심방은 그렇게 많지 않았습니다. 성도님들의 생활과 직장 등에서 바쁜 일들이 많으므로 가정 심방이 그리 쉽지 않은 듯했습니다. 그러나 틈틈이 심방을 다니면서 예배를 드리고 하나님 말씀으로 위로와 권면, 축복기도를 많이 해주었습니다.

그러던 중 교구 전도사님이 특별 심방 요청을 했습니다. 교구 지구장이신 김영식 장로님, 그리고 김문호 안수집사님과 담당교구장 배ㅇㅇ 전도사와 같이 일산으로 심방을 가게 되었습니다. 일산으로 이사를 가도 여의도 직할성전에 다니는 성도가 많이 있었습니다.

이 집사님의 남편이 간암으로 병원에 입원해서 오랫동안 치료를 받았으나 치료가 되지 않고 말기 암이 되어서 병원에서는 더 이상 치료될 가망이 없고 이젠 임종이 가까워지게 되자 집에서 요양하다가 소천하는 수밖에 없다고 결정하여 퇴원을 시켰다고 합니다. 이분은 원래 유명한 양복의 명장이라고 합니다. 명동에서 서울의 내로라 하는 유명인사들의 옷을 이분이 다 만들었다고 합니다. 우리나라 양복 기술자 중에서는 최고이므로 그 세계에서는 이분을 모르는 분이 없을 정도라고 합니다. 이렇게 뛰어난 기술로 인하여 우리나라 고위층이나 갑부나 유명연예인들은 이분이 만든 양복을 입으면 그 양복이 그 사람에게 살아있는 느낌을 준다고 합니다.

그런 분이 간암에 걸려서 투병하다가 이제 임종이 며칠 남지 않았으므로 부인이 교회 집사니까, 임종 전에 예수 믿지 않던 남편을 다시 결신시켜 세례를 받고 천국 갈 수 있기를 바라며 심방을 요청했던 것입니다. 그곳에 가니 아주 작은 아파트 좁은 거실 1인용 침대 위에 환자가 누워있었습니다. 환자의 얼굴은 살이 다 빠져 뼈만 앙상하고 기운도 다 빠져서 기력은 완전히 소진된 상태였지만 눈은 아직 생기가 있었습니다. 심방을 간 우리 모두 한마음이 되어서 찬송을 몇 곡 간절히 부르고 사도신경을 외우고 내가 말씀을 조용조용히 귀에 들리게 증거했습니다.

"사람들은 모두 죄를 지은 죄인이고 이 죄의 길은 사망이며 꺼지지 않는 지옥불에 빠져서 영원히 고통을 당하게 됩니다. 그러나 우리 예수님이 이 세상에 오셔서 우리의 모든 죄를 대신하여 십자가에 매어 달려서 피를 쏟으시고 죽으심으로 우리 죄를 대속해주었습니다. 그리고 부활하셔서 지금 천국에 계십니다. 지금 이 예수님을 나의 구세주로 마음에 영접하면 바로 죄를 용서해주시고 하나님의 자녀가 되어서 지옥에 가질 않고 천국에 가도록 인도해주실 것입니다."

이렇게 간단히 교리를 잘 알아듣게 설명한 후, 결신기도를 시키고 다섯 사람이 합심해서 간절히 기도했습니다. 담임목사인 내가 환자의 머리에 손을 얹고 오른손으로 환자의 한 손을 꼭 잡고 간절히 기도했습니다. 기도를 한참 하니까 환자가 자기 두 손을 모아서 내 오른손을 꼭 붙잡고 매달립니다. 살겠다는 의지가 보였고, 그 잡은 손에 힘이 있었습니다. 계속 기도하니까 이 환자의 이마로 기도가 빨려 들어가는 느낌이 들었습니다.

혈루증 여인이 예수님 옷자락을 만지니까 예수님의 능력이 나갔다고 했습니다(마 9:20-22). 나도 그런 느낌이 들었고 나의 능력과 기도가 이마를 통해 그의 가슴으로 빨려 들어가는 듯했습니다. 한참 기도를 드리고 '할렐루야~' 찬양을 했습니다. 그리고 나의 입에서는 "이 환자는 임종하지 않고 살아납니다. 치료가 임했습니다." 전도사님, 장로님, 안수집사님 그리고 그의 부인과 본인 앞에서 이렇게 계속 선포했습니다. "살아나서 건강하게 됩니다." 그리고 간단히 그릇에 물을 담아 와서 '성부, 성자, 성령의 이름으로' 약식 세례를 베풀었습니다. 이 환자의 얼굴에도 화색이 돌아온 듯 생기가 돌았습니다.

그런데 수일이 지난 후에 그 환자가 점점 기력이 생기고 이젠 밥도 먹고 침대에서 혼자 일어나기도 하는 등 많이 달라지고 있다는 소식이 들려왔습니다. 며칠이면 임종한다는 분이 수일이 지나도 그 호흡이 끊어지지 않고 점점 회복되어 갔습니다. 암 덩어리가 점점 녹아내린 것입니다. 몇 주간 지나지 않아 일어나서 집안에 돌아다니고 한 달쯤 지나서는 바깥에도 걸어 다니고, 병원에 가서 진찰을 받으니까 간암이 없어지고 간이 깨끗해졌다는 진단을 받았다고 합니다.

하나님께서 그 아내의 기도와 우리의 간절한 기도를 들으시고 이분을 일으켜 주신 것입니다. 의사 선생님도 이 기적을 믿고 놀랐다고 합니다. 치료가 된 후 계속 교회에 성실하게 출석하여 열심히 신앙생활을 하고 있고, 직장 일도 전과 같이 잘하면서 주위 사람들에게 하나님의 치료하심을 널리 증거하며 살아갔습니다. 우리 하나님과 예수님은 죽은 나인성 과부의 아들을 살리신 것 같이 지금도 이런 치유의 역사가 계속되고 있습니다. 예수 그리스도는 어제나 오늘이나 영원토록 동일하십니다.

3.

셋째딸 은실의 불임증 치료

우리 셋째딸은 브라질 상파울루에서 초등학교를 다니다가 미국선교지로 옮겨와서 미국에서 공부를 계속했습니다. 셋째딸 은실이는 미국에서도 제일 명문 약대인 세인트존 약학대학(St. John's University

College of Pharmacy)을 졸업하고, 뉴욕에서 약사시험에 응시해서 약사면허증을 취득했습니다. 미국에서는 약사면허증이 주마다 다릅니다. 다른 주에서 받은 약사면허증이 있어도 뉴욕에서는 약사로 근무할 수 없습니다. 모든 약사들은 뉴욕을 제일 선호합니다.

우리 딸들은 어릴 때부터 신앙 안에서 자라서 대학을 다니면서도 주일학교 교사를 했으며, 지금도 봉사하고 있습니다. 이 셋째 딸이 약대를 졸업하고 교포들과 중국인들이 많이 거주하는 뉴욕 후러싱에서 약국을 경영하고 있습니다. 약국이 매우 큰 편이라 여러 명의 약사와 직원들이 근무하고 있습니다.

내가 서울 여의도 순복음교회 강북성전 담임목사로 시무할 때, 이 셋째딸이 엄마에게 엉엉 울면서 전화를 했습니다. 태아를 잉태하게 되면 한 달여 만에 자연유산이 된다고 합니다. 두 번째 태아도 유산이 되어 큰 병원에 가서 진단받은 결과, 태아가 잉태는 되지만 엄마 뱃속에서 한 달 이상 살 수 없는 환경이라고 합니다. 이러므로 잉태가 된다고 하더라도 계속 유산이 되므로 아기를 낳을 수가 없다는 것입니다. 의학적으로는 평생 아기를 낳을 수 없다는 진단이었기에 이 딸은 너무나 충격을 받아서 낙심하고 슬픔에 잠겨 있었습니다. 특히 우리 사위는 외동아들이라 시부모님과 남편이 더 충격이라는 것입니다.

이 전화를 받고 사모도 심히 걱정하고 낙심해 있었습니다. 내가 목회하는 동안 여러 성도가 불임이거나 또한 계속 낙태만 되는 이들을 위해서 기도할 때마다 하나님이 치유해 주셔서 거의 모두 아기를 낳아서 잘 키우고 있습니다. 그래서 나는 딸에게 엄마 아빠가 여름휴가 때 미국에 들어가서 손잡고 같이 기도하면 우리 하나님이 꼭 치료해 주실 거니까 걱정하거나 낙심하지 말라고 위로해 주었습니다.

그 후 2003년 여름휴가 때 뉴욕에 건너가 셋째딸 집에 가서 이 딸을 침대에 눕혀놓고 사모와 합심해서 우리 딸 복부 위에 손을 얹고 간절하게 예수님의 이름으로 치료해 주시길 간구했습니다. "이 뱃속에서 태아가 건강히 자라게 될지어다. 하나님은 능치 못함이 없습니다. 은실 집사 뱃속에 태아가 자라갈 수 있도록 축복을 내려주옵소서. 자식은 하나님이 주신 기업입니다. 태아의 생명을 위협하는 악한 마귀는 떠나갈지어다." 이렇게 정말 간절히 기도드렸습니다. 체류 기간이 지나고 사모와 나는 서울로 돌아왔습니다.

그리고 몇 달 지난 후 딸에게서 전화가 왔습니다. 태아가 잉태된 지 두 달이 지났는데도 아기가 건강하게 배 속에서 자라고 있으며, 의사선생님도 아무 이상이 없다는 것입니다. 하나님이 불임의 병을 치료해 주셔서 그 후 10개월 뒤 예쁜 아기를 출산했습니다. 그 후에 계속 잉태하고 낳아서 둘째 딸과 막내아들을 갖게 되었습니다. 세 자녀가 다 잘 자라고 있으며 큰딸은 벌써 고등학교 2학년이 되었습니다. 삼 남매가 건강하고 예쁘게 잘 자라며 외할아버지, 외할머니도 매우 사랑하고 잘 따르며 예배도 잘 드리고 믿음으로 잘 성장하고 있습니다. 한나의 기도를 들으시고 사무엘과 많은 자녀를 주신 것 같이 지금도 우리 하나님은 우리의 간절한 기도에 꼭 응답해 주십니다. 모든 영광을 하나님께 돌립니다. 할렐루야!

 "보라 자식들은 여호와의 기업이요 태의 열매는 그의 상급이로다" (시 127:3).

4. 대머리에 새카맣게 머리카락이 나다

여의도 직할성전에는 식당을 경영하는 분이 여러 명이 있었습니다. 그중에 '새호 칼국수'라는 식당이 있는데, 식당의 규모가 제법 크고 음식의 맛이 있고 또 음식 재료도 특별히 좋은 재료를 쓰기 때문에 단골손님들이 많이 온다고 합니다. 우리 교회에서도 교구별로나 구역별 모임이 있으면 이 식당에서 회식을 자주 했습니다. 식당 주인의 남편은 안수집사님이고 부인은 권사님이시며 십일조를 꼭 드리고, 선교회 회장도 하면서 교회 봉사에 헌신을 많이 했습니다.

그런데 이 가정의 신앙의 특징은 바쁘게 식당일을 하면서도 매달 한 번은 꼭 담임목사인 나와 담당교구장 전도사를 초청해서 오후 3시에 식당 안에서 주인 부부와 함께 감사 예배를 드린다는 것입니다. 간혹 회사나 기업을 하는 분이나 큰 상점이나 생산공장에서 틈틈이 축복예배를 드리지만 이 '새호 칼국수' 집같이 매달 한 번씩 수십 년을 한결같이 예배를 드리는 식당은 본 적이 없습니다. 정말 정성 들여 노력하고 성실해야만 할 수 있는 일입니다.

이 식당은 여의도에서 꽤 소문난 식당입니다. 나는 축복기도를 해드리면서 매년 아파트 한 채씩 살 수 있게 사업의 번영을 위해 축복해주었습니다. 그런데 사업이 잘되어서 기도드린 대로 성업이 되어 응답이 이루어진다는 얘기를 들었습니다.

이 식당에는 서빙하는 직원이 몇 명 있는데 그중에는 중국 연변에서 와서 일하는 또순이라는 젊은 자매가 있었습니다. 또순이는 일도 열심히 잘하고 또 또순이처럼 똑똑하고 충성스럽고 성실하다고 합니다. 이러므로 식당 사장님이 무척 아끼고 오랜 기간 이 식당에서 일을 하게 했습니다. 이 또순이는 연변에서 서울 오기 전부터 교회에 다니면서 열심히 신앙생활을 하는 신앙이 좋은 자매였습니다. 우리들이 주인과 방안에서 예배를 드리면 꼭 옆에 와서 같이 예배를 드렸습니다. 주인이 예배를 드리는데 같이 참석해서 예배를 드리는 직원들은 별로 없습니다.

예배를 마치고 나면 또순이 자매는 내 앞에 머리를 내밀면서 안수기도를 해달라고 요청합니다. 이유가 있습니다. 이 젊은 자매의 고민은 머리카락이 다 빠지고 머리가 민둥산처럼 대머리가 되어가고 있었기 때문입니다. 그래서 항상 머리에 모자를 쓰고 일을 해서 왜 모자를 쓰고 일을 하느냐고 물어보는 손님도 있다고 합니다. 너무 고민이 되어서 약도 구해서 먹고 병원에 가서 머리카락이 나올 수 있도록 치료도 받았으나 아무 소용이 없었다고 합니다. 젊은 여인이 머리카락이 없으니까 보통 고민이 아닐 것입니다.

나에게 머리를 내밀며 기도해달라는 목적은 머리카락이 솟아나도록 치유해달라는 것입니다. '어떻게 반들반들한 머리에 머리카락이 나올 수 있겠나?' 목사인 나 역시 믿음이 생기질 않는데 식당 주인 권사님도 어이없어 웃습니다. 나 역시 오랫동안 목회했으나 대머리에 머리카락 나오도록 기도해 본 적이 없었습니다. 그러나 예배 때마다 머리를 내밀고 "목사님, 머리카락 나오게 기도해주세요." 하며 억지를 씁니다. 나도 마지못해 믿음도 없이 "하나님, 이 자매님 두피에 머리카락이 많이 솟아나고 대머리가 되지 않게 해주시옵소서. 머리카락이 나올지어다. 나올지어다." 하고 기도는 해주었지만 마음속으로는 믿음이 가질 않았습니다. 어찌 대머리에 머리카락이 나올까? 그런데도 수개월 동안 그 자매는 낙심치 않고 예배 때마다 머리를 내밉니다.

그런데 5, 6개월이 지난 후에 정말 대머리 이마 위에 머리카락이 새카맣게 올라오는 것입니다. 정말 기적입니다. 목사인 나는 믿음이 서질 않았으나 또순이 자신이 믿음을 가지고 끈질기게 기도하니까 하나님께서 그 기도를 들어 주셨던 것입니다. 그 이후 수개월 동안 머리카락이 새카맣게 자라서 모자를 쓰지 않고 일을 하고 밖으로도 다니게 되었습니다. 정말 하나님이 놀라우신 기적을 베풀어 주신 것을 감사드리고 감탄했습니다. 이 자매는 그 후에 돈을 많이 모아서 부부가 연변에 가서 사업을 하고 부유하게 산다는 얘기를 들었습니다. 이 여인이 예수님을 모시고 사니까 영혼도 복을 받고 범사가 잘되고 강건한 축복을 받았다고 확신합니다.

 "사랑하는 자여 네 영혼이 잘 됨같이 네가 범사에 잘 되고 강건하기를 내가 간구하노라"(요삼 1:2).

5.

몽골에서의 선교

여의도 순복음교회 선교국에서는 매년 5월에 세계 각국에서 선교활동을 하는 선교사들을 여의도 순복음교회로 초청하여 그들의 노고를 위로하고 한편으로는 선교 재훈련을 위해서 세계선교대회를 개최합니다. 세계 각국에서 본교회 선교대회에 참석하는 선교사는 대략 500명 정도 됩니다. 원주민 선교사들은 왕복 항공비와 서울에서 체류하는 동안 선교국과 선교위원회에서 호텔숙식비를 제공합니다.

이 선교대회에 참석하는 선교사들이 체류하는 동안 여의도 순복음교회에 속한 지교회에 예배 강사로 설교와 간증성회를 하게 합니다. 선교대회가 끝나면 며칠간은 오랜만에 고국에 와서 친지들과 가족을 방문한 후 선교지로 돌아가게 됩니다. 나도 선교사로서 21년간 사역했으므로 고국에 21번 정도 선교대회에 참석하여 뜨거운 환영과 대접을 받곤 했습니다. 그런데 선교대회 동안 특별영상을 제작해서 선교대회 예배 중에 선교사들의 선교현장을 촬영해서 전 성도들에게 보여줍니다. 이 선교현장을 촬영하기 위해서는 현지 사역에서 모범이 되고, 고생과 수많은 역경을 극복한 성공적인 선교사들을 선발해서 선교국에서 직접 현지에 가서 실제 선교 상황을 촬영하게 됩니다.

내가 선교국장으로 시무한 2003년에는 선교 현지 촬영 대상국이 몽골이었습니다. 몽골에는 정식 선교사 한 분과 수련선교사 여성 세 분이 울란바토르에서 선교사역을 하고 있었습니다. 몽골 현지 촬영은 매우 추운 겨울을 택했습니다. 몽골의 겨울 기온은 영하 40~50도 정도라고 합니다. 방송 촬영 담당자들은 경험이 많아서 몽골에서는 우리 한국의 겨울점퍼로는 견디지 못하기 때문에 몽골 추위에 견딜 수 있는 특수방한복과 아울러 옷, 점퍼, 속옷, 양말, 특수신발, 장갑, 모자까지 모두 특수주문해서 갖고 출발하게 되었습니다.

몽골은 대략 정보는 들었지만 아주 미개하고 비문화 생활을 하는 줄로 알았습니다. 서울에서 대한항공으로 약 3시간 반 정도 걸려서 몽골의 수도 울란바토르에 도착하여 보니 자그마한 소도시 공항 정도 되는 규모였습니다. 사회주의 국가라 공항에는 정복을 입은 남녀군인들이 출입을 안내했습니다. 공항에서 선교사님이 우리를 영접하고 울란바토르의 한 호텔로 안내했으며, 그곳에서 여장을 풀고 며칠 동안의 일정을 점검했습니다. 한겨울인 12월 말쯤이었으니 얼마나 추운지 밖에 나가면 당장 얼굴과 손발이 얼어붙을 것 같았습니다. 이러므로 특수겨울 방한복을 준비해야 한다는 것입니다.

하룻밤 지나고 이튿날 몽골 선교사가 세운 선교교회를 방문했습니다. 시내에 있는 가정집을 개조해서 교회당을 만들었는데, 약 50여 명이 예배 드릴 수 있는 공간이었고, 화장실은 옛날 우리 재래식 변소 같았습니다. 예배는 주일이 되면 드리도록 하고, 평일이라 선교지에서 떨어져 있는 몽골 전통집 게르를 찾아갔습니다. 눈이 너무 많이 쌓여서 차가 들어갈 수 없으므로 눈 위를 걸어서 교인 집을 찾아갔습니다. 겨울 특수방한복을 입고 손에도 큰 장갑을 끼고 있었으나 얼굴은 가리지 않았으므로 밖에 서니 바로 입이 얼고 말을 하면 너무 추워서 입이 열리질 않았습니다. 끝없는 평원이 온통 눈으로 덮여있고 띄엄띄엄 몽골의 전통가옥 '게르'가 있는데 집 주소나 길도 없고 그냥 눈짐작으로 찾아가는 겁니다.

30여 분을 눈 위를 걸어서 마침내 교인 집을 찾아가니까 교회 나오는 가족이 모두 집안에 있었습니다. 전화도 없으니 무턱대고 심방을 갔습니다. 선교사님이 몽골어로 간단히 찬송을 드리고 말씀을 증거하고 난 후 나는 그 가족들 머리에 손을 얹고 방언기도로 축복기도를 드렸습니다. 다시 차를 타고 울란바토르에서 5시간 정도 걸려서 초원 시골교회를 찾아갔습니다. 선교사님이 몽골교회를 여러 곳에 세워서 순회하면서 복음을 전했습니다. 자그마한 동네에 교회를 세웠는데 예배당은 몽골 사람들의 움막 같은 집이었습니다. 약 30여 명이 모여있었으며 몽골어로 찬송을 부르고 내가 말씀을 전하면 선교사님이 몽골어로 통역을 했습니다. 통역으로 말씀을 듣지만 성도들이 순수하게 말씀을 받아들였습니다.

내가 설교 중에 몇 가지 간증을 하다가 여의도 직할성전에 나오시는 권사님의 식당에서 일하는 한 자매의 경우를 예를 들었습니다. 젊은 여성인데 머리카락이 다 빠져서 대머리같이 되었는데 그 자매가 예배 때마다 머리카락이 자라도록 기도하며 목사인 나에게도 안수기도를 여러 번 받았는데, 하나님께서 그 기도를 들으시고 반질반질한 대머리에 새카맣게 머리카락이 올라와서 기적적으로 치료해 주셨다고 했습니다.

설교를 마치고 여러 명에게 안수기도를 해주는데 어떤 젊은 자매가 자기도 머리카락이 다 빠져서 어떻게 할지 모르고 너무 고민이 되어서 고통스러운데 나에게 머리카락이 나오게 기도해 달라고 통역선교사를 통해 간청했습니다. 혹 머리카락이 나오지 않으면 이 선교사님께 실망을 드릴 것 같아서 정말 간절히 기도해 드렸습니다. 한 달쯤 지나서 이 선교사님이 선교국에 있는 나에게 전화를 했습니다. 그 기도에 응답이 되어서 그 자매의 머리카락이 새카맣게 올라왔다고 전하며 기뻐했습니다.

예배를 마치고 다음 칭기즈칸 본가에 가서 촬영하기 위해서 또 2시간 정도 걸려서 눈 위로 달려야 했습니다. 아침에 일찍 나온 관계로 식사하지 못해서 배가 너무 고팠습니다. 식당도 가게도 없었고 몽골 교인들 집에서는 아예 식사 준비를 하지 않았으므로 우리 선교팀들이 라면을 끓여 먹기로 했습니다.

온천지가 하얀 눈이 10cm 이상 쌓여있는 평지에 차를 세우고 방송 기사 집사님이 라면을 끓였습니다. 가스버너를 준비하고 그릇과 냄비도, 물도 큰 병에 준비해 왔습니다. 몽골의 대평원 영하 40도 그 추운 겨울 눈밭 위에서 펄펄 끓는 라면을 먹는 그 기분은 어떤 말로도 표현할 수 없습니다. 그처럼 맛있는 라면은 평생 처음이었습니다. 다섯 명이 둘러 앉아서 그 뜨거운 라면 국물을 마시니까 온몸이 후끈해져서 추위를 달랬습니다.

그런 후 두 시간 정도 걸려 목적지에 도착하니 어느덧 밤이 되어서 눈밭 평원 위에 예약되어 있던 몽골식 모텔로 들어가니 집은 몽골 움막집(게르)으로 되어 있었지만 내부는 양털로 천막을 쳐서 따뜻했습니다. 가운데 나무 난로에 불을 지피고 빙 둘러서 세 사람씩 잠을 잤습니다. 이런 움막집에서 잠을 자보는 것도 처음입니다.

모텔 직원이 밤에는 늑대가 집 근처까지 왔다 갔다 하니까 밖에 나가는 것이 위험하다고 주의하라고 합니다. 실내에 화장실이 없으니까 밤에 소변을 보려고 게르 밖에 나가니, 그 차가운 밤, 온 세상이 캄캄한 하늘에 별들이 그렇게 크고 밝게 비치는지 나 역시 처음 보는 놀라운 정경이었습니다. 별들이 곧 내 머리 위로 쏟아질 듯 빛났습니다. 높은 고원지대에 공기는 맑고 사방에는 불빛이 전혀 없으니 그렇게 밝게 보였던 것입니다. 소변은 늑대가 올까 봐 집 모퉁이에 등을 대고 사방을 두리번거리며 얼른 보고 안으로 들어갔습니다.

몽골 칭기즈칸 생가 방문

다음 날 칭기즈칸이 살았던 동네 큰 게르를 촬영하고 울란바토르에 갔습니다. 그다음 날은 주일이어서 선교사님이 사역하는 교회에서 선교사님이 통역하고 내가 설교를 했습니다. 주민들의 일상은 꼭 우리나라 70년대의 의식주 생활과 비슷했습니다. 역시 순복음 교인이라 말은 달라도 예배드리는 모습은 똑같았으며, 방언기도하는 성도도 있고 통성으로 다들 소리내어 기도를 했습니다. 선교사님과 나는 일일이 머리에 안수기도를 해주었고, 방송팀은 이러한 우리의 모든 사역을 다 촬영했습니다.

나는 이 거리에서 몽골선교의 면모를 간단히 설명하며 촬영했습니다. 영하 50도의 혹한이라 입이 열리지 않아서 겨우 입술만 움직였습니다. 시내는 모든 사람이 온몸을 양털로 감싸고 눈과 입만 내놓고 다녔습니다. 우리나라는 참 살기 좋은 나라입니다. 기후가 알맞고 산천이 푸르고 물이 많고 지금은 교통, 의료시설, 치안이 안전하고 살기 편한 주택시설, 풍부한 양식 등 정말 하나님의 축복이 넘치는 나라인 것을 감사해야 합니다.

이번 선교 일정은 2004년 8월에 조용기 목사님이 몽골성회의 강사로 오시기 때문에 몽골전도 대성회를 준비하기 위해서 몽골교회 지도자들과 만나 협의하였습니다. 8개월 동안 울란바토르 교계 지도자들과 여의도 순복음교회 선교국과 실업인선교회가 연합하여 부흥회를 준비했습니다.

그해 8월에 몽골 울란바토르의 제일 큰 경기장에서 2만여 명이 운집하여 조용기 목사님을 강사로 대성회를 개최했습니다. 그 성회에는 수많은 병자가 고침받기도 하고 몽골 전체가 큰 축제가 되었습니다. 우리 서울에서도 200여 명의 회원이 조용기 목사님 성회와 전도 후원을 위해서 함께 참여하여 전 시내에 나가서 전도지를 돌렸습니다. 8월 여름 성회에도 내가 참석해서 성회 진행을 도왔습니다. 이 모든 선교사역에 하나님의 크신 축복과 은혜에 감사드립니다. 할렐루야!

6.
유럽 탐방 부흥성회

유럽에서도 영국, 프랑스, 독일, 네델란드 등 여러 나라에서 부흥성회 강사로 요청을 받았습니다. 유럽은 일전에 이스라엘을 다녀오면서 몇 군데 머물며 관광했으며, 스페인 라스팔마스 교회에서 부흥성회를 인도하고, 영국을 둘러서 며칠 머물고 돌아왔습니다. 선교국장으로 유럽 교회들을 순방도 해야 하므로 미리 일정을 잡아서 기도로 준비했습니다. 나는 부흥성회 요청이 있으면 늘 하루 이틀 금식기도를 하면서 준비합니다. 왜냐하면 "하나님이 기뻐하는 금식은 흉악의 결박을 풀어 주며 멍에의 줄을 끌러 주며 압제당하는 자를 자유하게 하면 모든 멍에를 꺾는 것이 아니겠느냐"라고 이사야 58장 6절에서 하나님이 약속하셨기 때문입니다.

어느 교회든지 항상 기도해야 할 문제를 안고 있습니다. 그러므로 부흥성회를 통해서 교회 내의 걱정되고 암초가 되는 문제가 해결되고 교회가 평안해지고 성도 개개인의 가정문제, 자녀의 문제, 사업의 문제 등 여러 가지 갈등들이 성령의 능력으로 해결돼야 합니다. 하나님 성령의 능력으로 살아계신 하나님을 체험해야 합니다.

출발 일정이 잡혀서 선교위원 두 분과 촬영할 방송국 기사 두 분과 같이 유럽을 향해 떠났습니다. 일정이 잡힌 대로 대한항공으로 12시간 걸려 런던에 도착했습니다. 런던 순복음교회 김 선교사와 교회직원들의 공항 영접을 받고, 나지막한 1층 주택같이 편안하고 조용한 호텔로 인도를 받았습니다. 저녁 식사는 교회 어느 권사님 댁에서 성찬을 준비해서 융숭한 대접을 받았습니다. 권사님 댁에는 런던교회를 설립한 창립멤버들인 권사님, 안수집사님들이 오셔서 런던교회의 지나온 사연과 현재 상황을 소상하게 들을 수 있었습니다.

저녁 부흥회 시간이 되어 교회 안에 들어가니 성전 안에는 성도들이 빽빽이 앉아서 은혜를 사모하고 있었는데, 대략 400~500명 정도 되는 것 같았습니다. 이민교회에 이렇게 많은 성도가 출석한다는 것은 대단한 일입니다. 김 선교사가 목양능력이 있고 은혜스럽게 목회를 잘했으므로 교회가 많이 부흥되었습니다. 대부분 런던에 유학 온 학생들과 유학 온 부부들이어서 젊은 성도들이 많았습니다. 먼 외국에 와서도 먼저 하나님 교회에 찾아와서 신앙생활을 하는 분들은 정말 하나님의 은총을 받은 사람들입니다. 시편 128편 1절에 "여호와를 경외하며 그의 길을 걷는 자마다 복이 있도다"라고 했습니다. 하나님을 의지하는 자는 복된 사람입니다.

뜨겁게 말씀을 증거하고 안수받을 이들을 강대상 앞에 초청하니 대부분 다 앞에 나와 앉았습니다. 강력하게 안수기도를 하니까 성령세례를 받고 방언기도를 하며 마가의 다락방 같은 성령의 역사가 일어났습니다. 많은 성도를 안수하려면 담임목사도 같이 기도해야 합니다. 이렇게 저녁성회를 뜨겁고 은혜스럽게 마치고, 다음 날은 주일이라 주일 예배도 내가 말씀을 증거했습니다. 교회는 대부분 유학생들, 젊은 부부들과 우리나라 기업 주재원들의 가족이어서 3년 정도 되면 대부분 한국으로 돌아가고 또 새롭게 런던으로 입국하는 분들을 전도하는, 마치 논산 훈련소 같은 느낌이 들었습니다. 이 런던에서 신앙 생활하는 성도들은 본국에 돌아가서도 신앙생활을 충성스럽게 잘하고 있다는 것입니다.

주일 성회를 마치고 담임선교사의 안내를 받아 영국의 버킹엄궁 경호원들의 교대식과 리빙스턴 선교사 무덤과 영국의 많은 명사의 시신이 안치된 웨스트민스터 사원을 돌아보았습니다. 런던 시내는 너무 오래된 도시라서 길이 매우 협소하고 건물들은 나지막하게 오래된 건물이 많아서 도시가 매우 고전적이라는 인상을 받았습니다. 그래도 이 영국이 한때는 해가 지지 않는 나라였고, 전 세계에 복음을 전한 선교의 나라입니다. 영국 인구는 현재 6,800만 명, 국토는 2,436만 ha나 되며, GDP가 4만 3천불이며 많은 연방국가를 가진 선진국입니다.

성회를 마치고 비행기를 타고 프랑스 파리에 도착했습니다. 파리에서도 '파리 순복음교회' 담임 선교사님과 성도들이 꽃다발을 들고 공항에서 환영해 주었습니다. 예수님의 은혜로 어딜 가나 성도님들이 기뻠으로 환영하므로 나귀가 예수님을 등에 모시고(마 21장) 다니니까 모든 사람이 겉옷을 벗어서 그 나귀 발밑에다가 깔아주며 종려가지를 흔들며 환영을 합니다. 나귀는 예수님을 등에 모시니까 같이 대접을 받습니다. 예수님의 덕분이고 은혜입니다.

파리공항에 내려서 바로 교회로 갔습니다. 교회 건물도 크고 예배당도 아름답게 꾸며져 있었습니다. 잠깐 기도를 드리고 숙소인 호텔로 가서 여장을 풀었습니다. 저녁 식사는 선교사님 댁에서 선교사님이 직접 세느강에서 잡아 온 큰 잉어를 사모님이 손수 요리하신 음식을 맛있게 먹었습니다. 저녁 부흥회를 인도하러 교회에 도착하니 성도들이 모여서 뜨겁게 찬송을 부르고 있었습니다.

나는 남미나 미국이나 한국에서도 부흥성회를 많이 인도하였으므로 성회 설교는 원고를 보고 말씀을 증거하면 은혜롭지 못하고 원고에 매이면 자유롭게, 강력하게 메시지를 전하지도 못합니다. 원고는 머리에 정리하고 마이크를 잡고 성도들의 얼굴을 보고 말씀을 증거해야 서로 교감이 됩니다. 강사인 나도 기도로 많이 준비하고 또 교회도 기도로 많이 준비하면 말씀 증거가 얼음 위에 수박이 굴러가듯 술술 쏟아져 나옵니다. 예수님도 말씀의 검, 성령의 검을 가지라고 하셨습니다. 말씀은 성령에 붙들려서 증거해야 성도들의 가슴을 뚫고 들어갑니다. 말씀을 마치고 전 성도에게 통성기도를 시키고 안수기도를 했습니다. 성령의 뜨거운 은혜로 방언기도가 온 교회당 안에 울렸습니다.

안수할 때 병마가 떠나가고 마음속에 있는 근심, 걱정, 우울증이 다 사라집니다. 어둠의 악령 마귀가 떠나가면 기쁨이 넘칩니다. 사도행전 8장에는 "빌립이 사마리아 성에 내려가 그리스도를 백성에게 전하니 무리가 빌립의 말도 듣고 행하는 표적도 보고 한마음으로 그가 하는 말을 따르더라 많은 사람에게 붙었던 더러운 귀신들이 크게 소리를 지르며 나가고 또 많은 중풍병자와 못 걷는 사람이 나으니 그 성에 큰 기쁨이 있더라"(5-8절)라고 기록되어 있습니다. 성령 충만은 마음에 기쁨과 평안이 충만해야 됩니다. 예배를 드려도 마음이 우울하고 불안하고 근심에 눌려있으면 그 마음이 사탄에게 점령당하고 있는 것입니다.

이러므로 부흥성회는 빌립 집사의 부흥성회 같이 기쁨과 평안이 충만해야 합니다. 나는 예배드린 그 자리에서 즉시 간증을 하지 않습니다. 집에 돌아온 후에 많은 간증이 생깁니다. 파리에서 2일간 성회를 마치고 역시 파리 시내를 관광했습니다. 루브르 박물관을 자세히 보려면 수일간 걸린다고 하는데, 역시 대단합니다. 소장된 그림들은 다윗이 우리아의 아내 밧세바가 목욕하는 것을 보고 있는 장면, 나폴레옹의 대관식, 모나리자 등 수많은 보물급 미술품들, 에펠탑, 개선문 등 한때는 세계적으로 아름다운 파리이지만 이젠 고전 도시가 되어있었습니다.

말로만 듣던 유명한 세느강도 우리나라 한강에 비교하면 너무 왜소해 보였습니다. 물도 흙탕물이 섞여서 맑게 보이지 않았습니다. 세느강에는 세계 각국에서 온 관광객들을 실은 유람선들이 끊임없이 왕래하고 있었습니다. 우리 일행도 배를 타고 하구까지 내려갔다가 올라왔습니다. 세느강변의 건물들은 고색 찬연한 옛 모습을 그대로 간직한 채 깨끗하고 아름답게 연결되어 있었습니다. 신형 대도시들이 형성되기 전에는 유럽의 파리는 정말 아름다운 도시였습니다.

파리에서 일정을 마치고 다음은 비행기를 타고 독일 프랑크푸르트로 향했습니다. 프랑크푸르트는 전에 몇 번 탐방한 도시였습니다. 프랑크푸르트교회 담임선교사님이 역시 성도님들과 공항에 마중 나와서 반갑게 환영을 받고, 호텔에 도착해 여장을 풀었습니다. 식당에서 점심 식사를 하고 저녁 부흥성회 준비차 숙소로 돌아왔습니다. 독일은 유학생

보다는 70년대 독일 광부로 오신 분들과 간호사로 독일에서 근무하던 분들이 주축이 되어서 이민 생활을 하며 그 자녀들 대부분이 청장년이 되어서 교회를 섬기고 있었습니다.

선교사님도 프랑크푸르트에서 교회당 건물을 사서 자체 성전이며, 성도들도 수백 명이 모이는 큰 교회로 부흥되어 있었습니다. 선진국에서 이민생활을 하며 뿌리를 내리고 자리를 잡고 산다는 것은 엄청난 노력과 수고가 있어야 합니다. 타국에서의 이민생활은 오히려 후진국에 가서 생활하고 사업을 하는 것이 생활기반을 잡기가 쉬운 편입니다. 점심 식사를 늦게 했으므로 저녁은 성회를 마치고 간단히 하기로 하고 성회 준비 기도를 많이 하고 교회에 들어갔습니다.

역시 우리 순복음 성도들은 어딜 가나 뜨겁게 찬송을 하고 기도도 뜨겁게 합니다. 우리 선교사들은 여의도 본교회에서 조용기 목사님 밑에서 교육을 받고 잘 훈련되어 나왔으므로, 맥도날드가 어느 나라 어느 곳에 가도 똑같은 맛을 내듯이, 우리 순복음 선교사들은 어느 나라를 가든지 신앙의 영성은 거의 동일합니다.

나는 성회에서 매일 돌아가며 말씀을 증거해도 어제 했던 설교를 반복하지 않습니다. 그리고 원고도 전에 사용하던 설교노트를 쓰지 않습니다. 언제 어디서든지 예배 때마다 본문을 새로 깊이 묵상하고 부흥회 설교는 특히 머리가 아니고 가슴으로 뜨겁게 선포합니다. 말씀증거는 내 말솜씨가 아니라 그때그때 성령님의 기름 부음이 강하게 임해야 합니다. 여의도 순복음교회 대강단에서도 수없이 많은 말씀을 증거했으므로 아무리 큰 강단이라도 마음과 눈의 그릇이 커져 있어서 어느 곳 어떤 강단이든지 담대하게 설교를 할 수 있습니다. 이곳에서도 다른 데와 마찬가지로 말씀을 마치고 전 성도에게 안수기도를 했습니다. 처음 성령세례를 받는 분들은 눈물이 범벅이 되어서 통곡하고 성령의 재충만과 치유의 은혜가 강하게 일어났습니다.

예배를 마치고 숙소로 와서 휴식을 취한 후 이튿날은 뒤셀도르프 순복음교회로 향하여 갔습니다. 고속도로로 두 시간 정도의 거리에 위치한 교회입니다. 독일 고속도로 주행은 모든 승용차가 200km 속도로 달립니다. 모든 차가 이 속도로 달리니까 별로 과속운전을 느끼지 못했습니다. 도로가 일직선으로 곧고, 들판은 깨끗하게 정리가 되어있고, 산들은 이발사가 이발한 듯 깨끗하게 다듬어져 있었습니다. 역시 선진국은 산이나 들이나 집이나 다 다듬어 놓은 듯 단정하게 보였습니다. 미국에서 근 17년 동안이나 살면서 느낀 점은 미국이 나라를 개발하면서 유럽의 좋은 점만 본받아 도시와 시골을 개발했으므로 유럽의 모든 나라가 다 들어있는 유럽의 축소판이라고 생각했습니다.

뒤셀도르프는 자그마한 광산 도시입니다. 교회에 도착하니 아담한 교회로 60~70명이 예배드릴 수 있는 규모였으며 교회 옆에 사택도 연결되어 있었습니다. 이 교회는 40여 년 전에 독일 광부나 간호사로 취업한 젊은이들이 결혼해서 이곳에 정착하여 교회를 세우고, 40여 년이 넘도록 교회를 지키며 신앙생활을 하고 있었습니다. 담임목사님이 공석이 되어서 제직들에게 현 교회의 상황을 보고받고, 서울에 가면 바로 선교사를 파송키로 약속하고 모여서 예배를 드리며 뜨겁게 부흥성회를 했습니다. 고국을 떠나 사는 분들은 언제나 마음속에는 고국의 고향을 그리워하며 살고 있습니다. 사택에는 담임선교사 가족이 살 수 있게 침대, 가구 등 모든 것을 갖추어놓고 기다리고 있었습니다.

성도님들의 따뜻한 배웅을 받고 네델란드 암스테르담으로 향했습니다. 프랑크푸르트에서 고속도로로 세 시간 반 정도 걸립니다. 유럽은 국경 통제 없이 자유롭게 통행합니다. 우리 선교위원, 방송국 촬영팀,

담임선교사 포함해 6명이 승합차로 달렸습니다. 날씨는 초가을이라 화창하고 차창 밖으로는 아름다운 산과 끝없이 펼쳐있는 들판이 펼쳐지고, 네델란드 국경 가까이 가보니 튤립 꽃밭이 그림같이 펼쳐져서 정말 아름다웠습니다. 빨강, 노랑, 보라, 자주색, 흰색, 분홍색 꽃들이 수십만 평 곳곳마다 펼쳐져 있었습니다. 이 나라 튤립은 유럽 전역으로 팔려나간다고 합니다. 점심시간이 되어서 가다가 도로 옆 맥도날드 가게 앞에 주차하고 여섯 명이 햄버거와 콜라를 사서 푸른 가을하늘을 바라보며 튤립꽃이 화려한 잔디밭에서 먹는 맥도날드 햄버거 맛은 꿀맛이었습니다. 유럽 자동차 여행 부흥선교팀은 여의도 본교회에서도 친밀한 관계여서 그런지 너무나 즐겁고 기쁜 여행이었습니다.

암스테르담 근교에 도착하니까 수천 명이 꽃 관광을 할 수 있는 꽃의 정원이 있고 곳곳마다 건물이 지어져서 관광객들이 식사도 하고 커피도 마시고 쇼핑도 할 수 있는 아름다운 건물들이 빽빽이 서 있었습니다. 매일 수천 명씩 유럽 각국에서 몰려오는 관광객들은 사진도 찍고 꽃구경을 합니다. 온종일 구경을 해도 다 못하는 수백 가지 꽃들이 꽃동산을 이루며 관광객들을 즐겁게 했습니다. 암스테르담은 오래전에 조용기 목사님과 미국 빌리 그래함 목사님이 공동 세미나 강사로 가셨던 곳입니다. 이 도시에 도착하니까 역시 유럽의 여느 나라처럼 옛 모습을 간직하면서 아름답게 단장되어있는 조용하고 평안한 도시였습니다. 네델란드는 원래 국토가 적으므로 바다를 메워서 집을 지었기 때문에 땅에서 물이 많이 솟아오르므로 집집마다 큰 풍차가 마당에 자리잡고 있습니다.

이곳에 파송된 선교사님과 여러 가지 선교 상황을 보고받고 암스테르담 모텔에 여장을 푼 뒤 하룻밤을 지냈습니다. 이곳에서도 한국 사람들이 한국식당을 경영하고, 한국 관광객 안내를 맡아서 매일 근무하는 유학생이 있었습니다. 모든 유럽순회 선교 부흥성회를 마치고 마지막 암스테르담에서 기도회를 마치고 이튿날 아침 런던으로 가서 런던에서 KAL기로 서울에 돌아왔습니다.

가는 곳마다 성령의 바람을 타고 말씀을 전하고 병든 자, 눌린 자, 고통받는 자들을 위해서 기도를 해드린 이 모든 사역이 참으로 보람되고 가치 있었다고 자부합니다. 의미 있고 보람되게 선교 성회를 마친 것은 모두 다 하나님의 은혜로 믿고 감사드립니다.

7. 중국 선교 교회 설립

여의도 순복음교회에서는 중국에 많은 선교사를 파송해서 선교활동을 하도록 했습니다. 선교국장으로 취임한 후 통계를 보니 중국에 우리 교민교회는 한 곳도 세우지 않았습니다. 오직 한족 선교만 했습니다. 사도 바울의 선교전략은 1차는 유대인과 본국인, 2차는 외국에 흩어진 유대인들에게 선교하고, 3차는 다른 외국인 원주민 선교를 했습니다. 이런 순서가 성경 사도행전의 선교방법이었습니다.

우리 선교국도 선교전략을 세워서 중국의 큰 도시마다 교민교회를 세우길 건의하여 시행했습니다. 중국당국도 외국인이 중국에 와서 자국민들의 신앙생활을 허락했으므로 우리 자국민 교회를 세우는 것은 자유로웠습니다. 이로 인해 중국의 베이징, 상하이, 하얼빈, 청도, 심양, 단동, 대림 등 곳곳마다 교민교회를 세우고 선교사들을 파송했습니

중국선교(북경순복음교회)

다. 내가 직접 가서 상황을 확인하고 후원하고 지도하기 위해서 여러 도시를 탐방했습니다. 중국은 여전히 공산국가이므로 감시가 철저했습니다.

선교사가 청도에 우리 교민교회를 세운 뒤 내가 현지 교민교회에서 선교 상황을 파악하고 하루 한 번만 부흥성회를 인도했습니다. 대부분 한국에서 신앙생활 하던 분들이며 원래 여의도 순복음교회에서 신앙생활 하던 분들도 많이 있었습니다. 타국에서 사업을 한다는 것은 많은 어려움이 있으므로 간절히 기도하며 일일이 축복기도를 많이 했습니다.

"내가 근심가운데 야훼께 부르짖었더니 그 고통에서 건지시고 하나님이 내 기도를 응답하셨도다"(시 107:6).

"아무것도 염려하지 말고 오직 모든일에 기도와 간구로 너희 구할 것을 감사하므로 하나님께 아뢰라"(빌 4:6).

서울에 돌아와서 조용기 목사님께 중국선교와 특히 청도에 관해서 보고를 드렸습니다. 중국의 청도는 바닷가에 4층 높이의 빌라가 수천 동 아름답게 지어져 있어서 미국의 샌프란시스코 같이 도시가 참 아름다웠습니다. 청도에 있는 영사관의 총영사는 마침 여의도 순복음교회 집사님이었습니다. 이 영사 집사님과 의논해서 청도 시장에게 요청했습니다. 조용기 목사님이 청도에 방문하시도록 승인을 구했는데 중국 정부에서도 조용기 목사님을 잘 알고 있었습니다. 허락받았으나 교회에서나 밖에서나 집회는 절대 금한다는 조건으로 승인을 받았습니다. 조용기 목사님은 세계 각국을 많이 다녔지만 중국은 처음이신지라 관심이 많았습니다.

조용기 목사님의 중국방문 승낙을 받은 후 수행원 20여 명을 대동하여 내가 조 목사님을 모시고 청도로 향했습니다. 공항에는 영사관을 비롯하여 교민대표 그리고 우리 교회 성도 대표들이 많이 나와 영접했습니다. 바닷가 전망 좋은 호텔에 여장을 풀었습니다. 청도시에서는 이미 조 목사님 경호 겸 경비로 사복 경찰관을 호텔 주위 곳곳에 배치해 놓았습니다. 조용기 목사님은 처음 와보는 중국 땅이라 신기해하셨습니다.

호텔에서 식사를 마치고 한국 기업 중 큰 기업 몇 곳을 탐방하셔서 축복기도를 하시고 삼익피아노, 기타 공장도 관람하셨습니다. 공장이 엄청나게 크고 공장 기술자들도 수백 명이 일하고 있었습니다. 삼익은 우리나라 브랜드이지만 수출할 때는 '메이드 인 차이나'로 나갔습니다. 큰 공장과 한국인 학교, 영사관 등 몇 군데를 방문하시며 기도를 했습니다.

호텔에 오셔서 저녁 식사를 큰 룸에서 준비하였는데, 식사 테이블이 얼마나 큰지 원탁에 35명이 마주 보며 식사할 수 있을 정도였습니다. 청도시장 관리들이 대접했습니다. 청도에는 수만 명의 한국인 기업가들이 사업을 하고 있었습니다. 그러나 그때 조용기 목사님의 중국방문은 처음이자 마지막이 되었습니다. 이후 중국 정부에서는 조용기 목사님의 중국집회를 절대 금지했습니다. 그러나 나는 그 후 몇 달 뒤 중국 여러 도시를 방문할 수 있었습니다.

B도시에는 미국에 있다가 중국에 와서 영어학원을 하며 선교하는 선교 후배가 있었습니다. 선교 정책상 영어로 합니다. 이곳에서의 영어강사는 중국에서도 대환영입니다. 영어를 배워야 국제사회에 진출하고 활동하므로, 이 학원에는 중국의 공산당 최고 간부 자녀들, 큰 부자들이 다니는데, 심지어 ○○대사관장 자녀도 여기에서 공부한다고 합니다.

그런데 이 학원에서 생긴 한 사건이 회자되고 있습니다. 이 학원에서 공부하는 ○○대사관 아들이 간질병이 있어서 가끔 발작한다는 것입니다. 이 병으로 아이의 부모가 무척이나 애를 쓰고 병원으로, 한방치료로 심지어 무당굿을 해도 병이 낫지 않으니까 부모가 너무 고통스러워서 하소연한다고 했습니다.

그곳에서 사역하던 조나단 선교사가 이 소식을 듣고 "이 병을 제가 고쳐드리겠습니다. 사실은 제가 하나님 믿는 사람이므로 신앙의 힘으로 고쳐드리겠습니다."라고 말했다고 합니다. 그 부모는 아들의 병을 고친다니까 필사적으로 매달렸다고 합니다. 하루는 학생들을 다 보내고 교실에서 성령의 능력으로 그 아들에게 안수기도하며 귀신을 쫓아내었습니다. 한참 뜨겁게 축사기도를 하니까 거품을 뿜어내고 쓰러지더니 한참 후에 일어나 정신을 차리고는 집으로 돌아갔다고 합니다.

그 후로는 수년간 간질 발작이 사라졌으며, 이로 인해 ○○대사관장이 그 아내와 감탄하고 감사를 했다고 합니다. 하나님의 능력은 정말 대단합니다. 그 이후 자기들도 하나님을 믿겠다고 했지만 ○○대사관이 하나님 믿으면 공산국가에서 어떻게 될지 모르니까 당분간 보류했다고 합니다.

또 다른 간증을 들었습니다. 선교사님 딸이 다섯 살쯤 되어 보였습니다. 이 선교사님 나이가 50이 넘었는데 사모님도 동갑입니다. 이 딸이 얼마나 귀하고 귀여운 딸인지 간증했습니다. 이 선교사를 따르는 중국인 제자가 어느 날 산을 오르다가 용변을 보려고 길에서 조금 떨어진 산기슭에 올라가니까, 그곳에서 아기 우는 소리가 들려 주위를 둘러보니 보자기에 싸인 갓난아기가 그곳에 버려져 있더라는 것입니다. 불쌍해서 아기를 데리고 내려와 선교사에게 전화했더니 그 아기를 데리고 오라고 하여 그때부터 선교사 부부가 키우게 되었는데 얼마나 예쁘고 재롱을 떠는지 너무 귀엽다고 했습니다. 시민권이 있으니까 미국에다가 시민권을 신청해서 미국 시민이 되었다는 것입니다.

이 아기는 선교사 부부가 친부모인 줄 알고 자라는데 제가 보니까 친딸 이상으로 잘 키우고 있었습니다. 이 아기가 선교사 제자에게 발견되지 않았거나 또 선교사를 만나지 않았으면 누구도 키울 수 없었을 것입니다. 중국에는 한 자녀 외에는 주민증이 없어서 사람 구실을 할 수 없다고 합니다. 이 아기는 정말 하나님의 선택된 축복을 받았습니다. 이 선교사는 내가 서울 강북에서 새서울 순복음교회에 시무할 때에 몇 번 우리 교회에 와서 숙식을 하곤 했습니다.

북경(베이징)교회도 하와이에서 시무하던 이 목사가 다시 선교사로 북경에 와서 교회 개척을 했습니다. 내가 여의도 순복음교회 부목사로 시무할 때 초청받아서 북경에 있는 그 교회에 갔습니다. 3년 만에 200여 명의 성도가 모였습니다. 역시 대부분은 한국에서 신앙 생활하던 이들이었지만 중국에 와서 전도 받은 분들도 많았습니다. 이틀 동안 뜨겁게 부흥회를 인도하면서 성령세례를 받도록 안수기도를 하자 거의 모두 방언이 쏟아져 나오고 성령의 불세례를 받았습니다. 성도들의 정성

중국 만리장성 앞에서

어린 대접을 받고 그 유명한 만리장성을 관광하기도 했습니다. 중국에서 선교하는 선교사들이 북경 주위에 다 모여왔습니다.

다음 상하이에도 방문했는데, 그 큰 도시 안에 선교센터를 설립하고 선교관을 통해서 북한 동포를 위해 선교활동을 하고 있었습니다. 물론 그곳 담당 선교사도 상주하면서 지원하고 있었습니다. 중국에 와서 취업하는 북한 동포들과 탈북민들을 위해 우리 한국인 사업체에 고용하여 일하게 도와주고 있었습니다. 이러므로 이 도시에서는 북한 사람과 한국 사람이 섞여 살아갑니다. 그는 선교사 출신이라서 선교에는 각별한 애정과 열정을 가지고 사역을 해왔습니다. 지금도 B도시에서 북한 선교를 계속하고 있습니다.

 "내가 달려갈 길과 주 예수께 받은 사명 곧 하나님 은혜의 복음을 증언하는 일을 마치려 함에는 나의 생명조차 조금도 귀한 것으로 여기지 아니하노라"(행 20:24).

8. 🌏
뉴질랜드, 호주 성회

　뉴욕에서 시무할 때 뉴질랜드 교회에서 부흥성회의 강사로 요청이 왔습니다. 도시 이름은 '크라이스트 처치(Christ Church)'로 '예수님 교회'란 뜻입니다. 뉴질랜드 도시를 설계할 당시 영국의 옥스포드 공과 대학생들이 와서 이 도시를 설계할 때 이 학생들의 신앙이 대단한 크리스천들이라 '예수님의 교회'란 이름으로 이 도시를 설계했다는 것입니다. 역시 여타 영국 식민지처럼 영국인들이 와서 뉴질랜드를 개척했다고 합니다.

　뉴욕에서 호주 시드니로 와서 다시 뉴질랜드행 비행기로 두 시간 정도 걸려서 크라이스트 처치에 도착했습니다. 우리 순복음 선교사가 이곳에 교회를 개척해서 봄, 가을 부흥성회에 나를 초청했던 것입니다. 호주는 몇 번 방문했지만 뉴질랜드는 초행이었습니다. 공항에 내려서 타운으로 들어가는데 도시가 아담하게 보여 미국의 중소도시를 보는 것 같았습니다. 섬이라서 사방이 바다로 둘러싸여 있었습니다.

　교회 담임선교사와 성도들의 영접을 받고 숙소인 호텔로 갔습니다. 거리는 깨끗하고 자동차나 시민들의 왕래가 한산했습니다. 알고 보니 뉴질랜드의 국민 전체 인구가 400만 정도밖에 안 된다고 합니다. 태평양 남쪽 외딴 섬이므로 햇살이 매우 강하고 공기도 너무 맑았습니다.

　식당에서 저녁 식사를 한 후 성회 장소로 갔습니다. 건물을 매입하여 아담하게 개조한 자체 소유의 교회였습니다. 타국에 와서 교회를 세우고 자체 성전을 소유한다는 것은 결코 쉬운 일이 아닙니다. 많은 이들의 엄청난 노력과 헌신이 있어야 합니다. 저녁 성회는 약 50여 명이 참석했습니다. 오랜만에 타국에서 성회 강사를 초빙했으므로 다들 은혜를 받으려는 기대감이 충만했습니다.

열정적인 찬양 인도로 이미 은혜가 넘치고 있었습니다. 알고 보니 찬

호주시드니에서 조용기 목사님과 함께

양인도자는 서울에서 신학을 졸업한 전도사가 이곳 뉴질랜드에 와서 수련전도사로 훈련 중이었습니다. 부흥성회는 삼박자가 맞아야 합니다. 찬양을 뜨겁게 함으로 성도들이 성령의 감동으로 먼저 마음 문이 열려야 합니다. 그리고 무엇보다 중요한 것은 기도입니다. 성회를 준비하면서 성령의 은혜가 충만하도록 기도로 많이 준비해야 합니다.

강대상에 서서 말씀을 증거하면 이 교회의 성도들이 얼마나 많은 기도로 준비했는지 아닌지 곧 알 수 있습니다. 기도가 준비되어 있지 않으면 설교에 기름 부음이 무척 힘이 듭니다. 강사는 당연히 기도준비를 많이 해야 하지만, 그에 못지않게 성도들도 기도로 은혜받을 준비를 해야 합니다. 말씀에 기름 부음이 임하면 설교하는 강사 자신이 은혜가 넘치게 되는 것을 알 수 있습니다. 성도들이 말씀을 많이 사모하므로

아멘 아멘이 가슴에서 울려 나옵니다.

말씀을 마치고 안수기도를 하는데 성령의 은사가 강력하게 임함을 느꼈습니다. 성령세례를 받아서 눈물 흘리며 방언기도를 하고, 성령이 뜨겁게 임하니까 온몸에 진동이 일어나는 등, 기도의 불이 뜨거워졌습니다. 안수기도를 하게 되면 은혜를 사모해서 간절히 소원하는 사람은 마치 스펀지에 물이 스며들 듯이 성령의 은혜가 빨려 들어감을 느낍니다. 바울이 손수건을 얹어도 병마가 떠나가듯이 내 가슴과 손을 통해서 그 느낌을 알 수 있습니다. 예배를 마치고 나니 모든 성도의 얼굴이 평안해 보였습니다. 그리고 모두 성령충만해 보였습니다.

내가 평신도로서 1976년 서대문 순복음교회에 출석할 때는 교회에 들어가는 성도의 얼굴이 어둡고 침침해 보였습니다. 왜냐하면 그 당시는 우리 한국이 너무 가난하고 생활이 어려운 시기였기 때문입니다. 대부분 걱정도 많고 생활고에 시달렸습니다. 그러나 교회에 들어가서 찬송을 부르고 기도로 부르짖고 조용기 목사님의 소망의 메시지를 듣고 은혜를 받으면 성령충만해서 얼굴이 보름달같이 환하고 밝게 변했습니다. 그러므로 어려운 역경 속에서도 희망을 안고 열심히 신앙생활을 하면서 축복을 받으니까 교회가 성장하여 여의도로 이전하고 계속 부흥 발전하였고, 성도들은 영적인 축복과 경제적인 축복을 많이 받았습니다. 신명기 28장 1-14절과 같이 번성하게 되었습니다.

뉴질랜드에서는 이틀 동안 저녁 성회만 했습니다. 그래서 낮에는 숙소에서 쉬면서 기도를 많이 했습니다. 성회가 성령의 뜨거운 은혜로 마치게 되어 나 역시 마음과 영혼에 기쁨이 충만하고 상쾌함을 느꼈습니다.

성회 중 어느 날, 낮에 한 성도님이 강사 목사님 보양해야 한다고 장어를 잡아 장어국을 끓여 대접한다고 했습니다. 뉴질랜드 사람들은 민물고기를 먹지 않는다고 합니다. 그래서 집에서 조금만 밖으로 나가면 개울물이 흐르는데 그곳에 팔뚝만 한 장어가 많이 있다는 것입니다. 정말 팔뚝만 한 장어 두 마리를 금방 잡아 와서 야채를 넣고 국을 끓였는데, 비린내도 없이 그 맛이 정말 개운하고 얼마나 맛있던지 지금도 그맛을 잊을 수 없습니다.

성회를 마치고 뉴질랜드 시내를 벗어나서 양 떼가 있는 목장을 둘러 봤습니다. 끝없이 펼쳐진 초원에 양 떼가 산으로, 들판 초원으로 깔려 있었습니다. 넓고 넓은 초원을 몇 시간을 달려도 끝이 보이지 않는 양떼 천지였습니다. 청정지역에서 키운 양들이라 유럽 각 나라에서 양고기를 많이 수입한다고 합니다. 그리고 사슴도 많이 길러서 사슴 녹용을 엄청나게 생산하고 있다고 합니다. 우리 교민들은 대부분 사슴농장에서 녹용을 다듬는 직장에 다닌다고 합니다.

뉴질랜드는 청정지역이면서 바다와 주위 산들이 너무 아름다웠습니다. 조용하고 아름답고 공기가 정말 맑고 햇볕이 따가울 정도로 강렬하게 비쳤습니다. 시내를 벗어나서 얼마를 가다 보니 큰 냇물이 흘러가는데 맑은 물속에서 손바닥만 한 고기들이 떼를 지어서 다니는 것을 보고 너무 부러운 생각이 들었습니다. 큰 개울에 고기떼들이 몰려 다니는 것을 보니 우리 한국 같으면 다 잡았을 텐데 하는 마음이 들기도 햇습니다.

작은 나라로서 생산공장이 별로 없어서(공기 오염을 막기 위해) 공산품은 대부분 수입하지만 문화생활이나 교육수준은 선진국에 못지않고, 양고기와 양털, 녹용 등을 수출해서 살아간다고 합니다. 뉴질랜드는 섬나라로서 온천이 많은 편이며 물이 참 좋다고 하여 선교사님과 사모님, 그리고 우리 부부도 같이 온천을 갔습니다. 온천장 야외에는 수영장이 있었는데, 온천물이 많아서 실내도 있고 옥외에는 온천수영장을 만들어서 많은 사람이 온천욕을 즐기고 있었습니다. 참 평화스러운 나라, 조용한 나라, 경찰도 군인도 거의 보이지 않았습니다. 주위에 적국이 없으니까 군인이 그렇게 많지 않은 듯했습니다. 섬나라인지라 범죄도 거의 없다고 합니다. 이런 이유로 한국사람들이 많이 이민 가는 것 같았습니다.

하나님의 은혜로 성회를 잘 마치고 선교사님과 성도들의 뜨거운 전송을 받으며 비행기를 타고 시드니로 향했습니다. 할렐루야!

9. 일본 동경 순복음교회 부흥성회

상파울루에서 사역할 때, 여의도 본교회에서 선교대회를 마치고 돌아갈 때면 꼭 일본 나리타 공항에 내려서 미국 노스웨스트 비행기로 로스엔젤레스를 경유하여 상파울루로 갑니다. 서울에 입국할 때도 같은 코스를 택했습니다. 미국 비행기가 요금이 많이 저렴하므로 노스웨스트를 타게 됩니다. 그래서 서울로 갈 때나 서울에서 상파울루 돌아갈 때면 꼭 동경 나리타 공항을 경유하는데, 공항에서 대기하는 시간이 서너 시간이 됩니다. 이 대기시간에 나리타 공항 면세점에서 수많은 일본제품을 두루두루 살펴봅니다. 당시 1980년도 초에는 일본의 공산품은 전자제품부터 모든 제품이 우리 한국 제품보다 월등하게 좋았습니다.

일본은 우리나라와 제일 가까운 섬나라이면서 우리와는 민족적으로 철천지원수로 지내고 있습니다. 실제로 우리 민족이 일본사람들에게 엄청나게 고통을 당하며 살았습니다.

나 역시 학생 시절 일본과 국교정상화를 반대했지만, 박 대통령이 선견지명이 있어서 국제정세에 발맞추어 우리 한국이 국제무대에 도약하고 경제발전을 하기 위해서는 일본과 국교정상화가 되어 상호협력하는 것이 우리 한국에도 큰 도움이 된다고 여겨 문을 열었다고 생각했습니다. 그 당시 1980년도 초에는 우리 한국의 모든 제품은 일본의 그림자 정도였습니다. 그러나 지금은 많은 제품에서 일본을 제치고 세계 시장에서 독점하는 정도로 발전했습니다. 일본이 국제시장에 길을 닦아 놓은 덕에 우리 한국이 쉽게 진출한 것은 사실입니다. 미국 내의 모든 백화점에 가면 진열된 전자제품은 우리 한국제품이 거의 독점하고 있습니다.

상파울루에서 사역할 때 1981년에 동경순복음교회의 초청을 받아서 삼 일간 부흥성회를 인도하게 되었습니다. 이젠 복음으로 일본을 정복하게 되었습니다. 일본에 가 있는 우리 교포들은 각 기업에서 파견된 사원과 가족, 유학생, 교민, 그리고 일본인들과 결혼해서 사는 사람들입니다. 조용기 목사님과 최자실 목사님이 일 년에도 수차례 일본선교를 위하여 동경순복음교회에 가서서 성회를 인도했습니다. 그래서 그 교회는 동경에서도 대교회로 성장했습니다.

부흥성회 전날 호텔에서 잠을 자는데 갑자기 편두통이 나서 얼마나 아픈지 눈을 뜰 수도 없고 머리가 바늘로 쑤시듯이 아파서 눈물이 주룩주룩 흘러나왔습니다. 동경에 도착해서 저녁 식사까지도 잘했는데 한밤중에 이렇게 고통스러우니 남의 나라에서 아무 도움도 받을 수 없어 밤새껏 뜬 눈으로 그 병마와 씨름했습니다. 낮시간에는 주일 오전예배를 인도하도록 예정되었는데, 그 아침까지 두통으로 고생했습니다. 일본은 잡신을 많이 섬겨서 악령의 역사가 강합니다. 오전 주일예배 드리면서 말씀을 증거하는 데도 머리는 계속 아팠습니다.

그러나 설교를 마치고 나니까 머리의 고통이 씻은 듯이 사라졌습니다. 예배가 끝나고 특별히 문제 있는 이들을 위해서 안수기도 해드린다고 광고를 하니까 여러 성도가 앞으로 나왔으며 대기한 순서대로 성전 문 앞에 서서 안수기도를 해주었습니다. 나중 얘기를 들으니 이 사람들도 두통을 앓아서 오랫동안 고생하고 있었다고 합니다. 내게 기도를 받고 난 후 다들 이 두통에서 해방되었다고 합니다. 하나님이 먼저 사탄의 공격을 나에게 허락하셔서 밤새껏 병마와 싸워서 내쫓고 나서 성도들에게 그 병마를 내쫓는 기도를 하게 하셨던 것입니다.

일본 성도들은 친절하고 신앙생활에도 절도가 있어 보였습니다. 백화점에 물건을 사러 가면 그들은 얼마나 친절한지 고개를 숙이면서 '하이, 아리갓도'를 계속합니다. 그 당시 우리나라 상인들 특히 동대문, 남대문 시장에서는 손님들을 협박하는 상인도 있었습니다. 그때의 일본 동경은 서울보다 훨씬 빌딩도 크고 많고 문화 수준이 크게 앞서 있었습니다. 공원에 나가면 강아지를 데리고 산책할 때도 봉지를 꼭 가지고 다니면서 강아지가 변을 보면 반드시 봉지에 담아서 가져가는 것을 봤습니다.

일본인의 정직성과 친절함은 본받아야 합니다. 일본 학생들이 같이 길을 걷다가 헤어질 때면 남녀학생 구별 없이 똑같이 45도 각도로 허리를 굽히고 인사를 하고 헤어지는 모습을 여러 번 보았습니다. 상호 정중하게 대하는 예절을 보고 이래서 단결심이 대단한 것을 느꼈습니다. 처음 부흥성회를 할 때는 내가 그렇게 반대하던 일본 땅에 와서 예배를 인도하니까 마음에 깊은 감회가 있었습니다.

일본에서의 두 번째 부흥성회는 현재 여의도 순복음교회 당회장이신

이영훈 목사님이 동경순복음교회 담임으로 시무하실 때 초청을 받아서 삼 일간 부흥성회를 했습니다. 이 당시 동경순복음교회는 수십 년 동안 교회를 임대해서 예배를 드렸습니다. 엄청나게 비싼 임대료 때문에 고생이 많았다고 합니다. 이 교회 담임으로 부임한 이영훈 목사님이 기도하면서 성전 구입을 위해서 각고의 노력과 헌신으로 큰 빌딩을 구입해서 자체건물로 새 교회를 세웠다고 합니다. 이제 동경교회가 더욱 튼튼하고 성도들의 신앙도 많이 성숙해 있었습니다.

이영훈 목사님이 워싱턴에서 목회하실 때에도 내가 여름철 전교회수련회의 강사로 삼 일간 산속 수양관에서 하루 세 번 예배를 인도했습니다. 그 당시에도 수련회는 전 성도들이 휴가를 내어서 여름수련회에 참석하고 특별기도를 했습니다. 아마도 400~500여 명쯤 모였는데 성도들의 열심은 대단했습니다.

워싱턴 순복음교회도 이영훈 목사님이 시무하실 때 새성전을 건축하였는데, 교육관도 성전 옆에 4층 건물로 건축하느라 많은 고생을 했지만 워싱턴에서는 제일 모범적으로 성장한 교회가 되었습니다. 출석성도가 거의 1,000명 가까이 되었습니다. 새성전을 건축한 후 새성전 입당예배는 내가 강사로 가서 인도했습니다. 그리고 이영훈 목사님도 내가 시무하는 뉴욕 연합순복음교회에 여러 번 오셔서 부흥성회를 인도하셔서 전 성도들이 성령충만하고 많은 은혜를 받았습니다. 워싱턴 순복음교회 성전봉헌 예배는 그 후 조용기 목사님이 인도하셨습니다.

동경순복음교회는 그 후 김성수 목사님이 시무하실 때도 부흥성회 강사로 초청받아서 성회를 인도했습니다. 동경순복음교회는 우리 일본선교회 선교사들을 지원하고 교회도 후원하며 일본선교의 중심이 되어서 선교의 견인교회로 성장하고 있습니다. 이 모든 사역에 은혜를 주신 하나님께 영광을 드립니다.

10. 부목사 재임시 긴급전화

바쁜 교회사역 일정을 마치고 집에 들어와서 저녁 식사를 막 하려는데 전화벨이 울렸습니다. 내 핸드폰 전화에 낯선 전화번호가 떴습니다. 전화를 받으니 다급한 목소리로 말합니다. "여보세요, 지금 전화 받는 분이 여의도 순복음교회 부목사님 맞습니까?" 맞다고 하니까 전화를 건 사정을 전합니다.

"목사님, 긴급전화입니다. 여기는 대구 동산병원입니다. 제 딸이 고등학교 3학년인데 간이 매우 나빠서 대구 동산병원에서 간이식을 했는데, 지금 부작용이 생겨서 생명이 위독합니다. 목사님, 저는 교회 집사입니다. 우리 교회에서도 우리 딸을 위해서 기도합니다. 그러나 세계에서 제일 큰 교회 조용기 목사님께 기도를 받아야 하지만 너무 어려우니까 부목사님이 우리 딸을 위해 기도해주십시오."

이렇게 사정을 말하고 기도요청을 했습니다. 나는 식사 중이라 기도할 수 없었고, 또한 이런 중환자는 미리 기도로 준비하고 치유기도를 해야 능력이 생기므로 "집사님, 지금 식사 중이니까 교회 가서 제 사무실에서 기도로 준비한 후에 다시 연락하고 기도해 드리겠습니다."라고 양해를 구했습니다.

저녁 식사를 마치고 바로 교회로 갔습니다. 바로 교회에 도착하여 사무실에 들어가서 간절히 기도로 준비했습니다. 그리고 대구로 전화를 해서 "집사님, 이 핸드폰을 딸 귀에 들려주세요." 부탁하고 딸 귀에 대준 휴대폰을 통해 간절히 치유기도를 했습니다.

"학생, 너무 힘들지. 나는 여의도 순복음교회 이호선 부목사인데, 지금 치료가 되도록 하나님께 기도드릴 테니 믿음으로 받아들여요. 하나님은 치료하시는 하나님이시다. 예수님은 어느 집에 가시든지 병든 자가 있으면 무조건 고쳐주셨다. 예수님은 십자가에 달려서 모진 고통을 당하시고 양발과 양손에 대못을 박히시고 그 고통에서 우리의 모든 죄를 다 청산하시고 죽으셨어. 그러나 삼 일 만에 하나님이 그 죽음에서 예수님을 살리셨단다. 예수님은 채찍에 맞음으로 병나음을 받았다고 선포하셨어. 학생, 예수님 믿지요? 예수님은 지금 학생의 간을 치료하신다. 예수님은 능치 못함이 없으시단다. 예수님 이름으로 명하노니 이학생의 간은 치료함을 받을지어다."

그러면서 전화로 계속 치유의 선포를 했습니다. 전화로 한참 기도하고 또 위로도 한 후에 전화를 끊었습니다. 그 후에도 간간이 학생의 위급함 때문에 그리고 어린 학생이 한창 피어날 나이인데 불쌍해서 기도를 했습니다.

그런 후 이튿날 아침에 그 어머니에게서 전화가 왔습니다. "목사님, 기도해 주셔서 고맙습니다. 우리 딸이 기도를 받고 난 후 한 시간도 지나지 않아 즉시 열이 내리고 간이식 부작용이 없어지고 정상적으로 안전하게 되고 기력이 많이 회복되었습니다." 하고 기쁜 소식을 알려주었습니다.

할렐루야! 하나님이 이 학생을 불쌍히 보시고 즉시 치료해 주셨던 것입니다. 또 며칠이 지난 후 '상주곶감' 한 상자가 집으로 배달되었습니다. 치료받은 여학생의 어머니가 너무너무 감사해서 편지와 같이 보내왔습니다. 감사한 마음으로 보낸 선물이라 맛있게 먹었습니다. 이 학생이 소생된 기쁨은 오래도록 잊히지 않습니다. 하나님께 영광 돌립니다. 할렐루야!

THE POWER OF
THE HOLY SPIRIT

제 11 장

새서울 순복음교회 사역

1. 삼양동 새서울 순복음교회 부임

삼양동 새서울 순복음교회는 창립한 지 40년 가까이 되는 전통 있는 교회입니다. 그러나 교회건축을 하는 동안 교회 내 분쟁이 생겨 네 파로 갈라져 치열한 다툼으로 사분오열되어서, 세 파는 교회를 떠나 새 교회를 세우고, 남아있는 성도들이 교회건축을 마무리했다고 합니다. 700여 명 모이던 교회가 분쟁으로 인하여 다 나가고 성인 100여 명과 주일학교 학생 40여 명만이 남아서 교회를 지키고 있었습니다. 2004년 봄에 교회건축은 마무리되었지만, 은행으로부터 담보 융자를 받은 이자를 지불할 능력이 없어서 은행이자가 1년이나 체납되어 교회가 경매에 들어가게 되었습니다.

이런 긴박한 상황에서 총회 임원들이 교회 경매를 막아보려고 여의도 순복음교회 조용기 목사님에게 여러 번 찾아가서 교회를 인수해주길 간청했습니다. 여의도 순복음교회 정책위원회(중경장로 회장단)에서 5명의 위원이 실사했으나 교회주차장이 너무 협소하므로 여의도 교회에서는 인수할 수 없다는 결정을 내렸습니다. 그러나 교회가 경매에 올려지면 틀림없이 이단 단체들이 경매를 받아가므로 총회 임원들이 계속 조 목사님께 간청했습니다.

이런 이유로 당회장 목사님이 나에게 그 교회에 부임하라고 지시하셨습니다. 무려 내게 세 번이나 독촉하셨지만 내가 부도가 나서 경매위기에 처한 교회로 갈 수 없다는 의사를 표시했습니다. 평생 조용기 목사님 지시에 한 번도 불순종한 적이 없었던 내가 계속 고사하다가, 6월

침례식 장면

첫주 월요일에 사모에게 이 이야기를 하고 일단 교회 탐사를 가자고 해서 삼양동 교회에 찾아갔습니다.

아무도 없었고 장로님 한 분이 교회를 지키고 있었습니다. 교회는 새로 건축해서 본당은 1,300석 규모가 되고 교육관도 400석, 교회학교 200석, 넓은 식당과 많은 교실과 개인 기도실 등 지하 3층 지상 4층 건물을 현대식으로 정말 아름답게 건축을 해놓았습니다. 대지 600평에 연건평은 2,500평이었습니다. 대성전에서 사모와 같이 잠시 기도를 드리고 나니, 사모가 이 교회당은 당신을 위해서 하나님이 건축해 주신 것 같으니 이 교회에 부임하는 게 좋겠다고 합니다. 나는 이 교회의 은행 빚이 80억 가까이 되기에 자신이 없지만 당신이 믿음이 가면 결심하겠다고 이야기하고, 그 주에 당회장 목사님께 보고하니까 이번 주일 예배 후 바로 취임하라고 지시하셨습니다. 그러면서 은행이자 6억 중 3억으로 임시 해결하고 전임목사 퇴직금으로 3억을 주고 부임하라고 총회

임원들에게 모든 마무리를 맡겼습니다.

　그 즉시 2006년 6월 둘째 주일, 여의도에서 1부 예배를 인도하고 오후에 새서울 순복음교회 담임목사로 취임예배를 드렸습니다. 총회대표들이 참석하고, 취임예배 참석할 성도들은 옆에 있는 성북성전 성도들로 이태근 담임목사님이 인솔해 오셔서 자리를 채웠습니다. 이렇게 번개같이 담임목사로 취임해서 목회를 다시 시작했습니다.

　만 10년 6개월간 이 교회에서 목회하는 동안 하나님께서 함께하심을 기록해 봅니다. 처음에는 여의도 순복음교회 부목사인 내가 부임하니까 주변의 지성전 성도들이 수백 명씩 주일예배에 참석했습니다. 그러나 이 교회가 여의도 직속 지성전이 아님을 알고는 한두 달 지나지 않아다 빠져나갔습니다. 은행에서 대출받은 원금의 한달 이자가 무려 4,500만원 정도인데, 내가 인수받을 당시 헌금액은 매월 1,700만원 정도밖에

되지 않았습니다. 이 교회를 운영하려면 교역자(목사, 전도사) 사례비,
직원 월급, 공과금, 관리비 등 7,000만원 정도가 필요했습니다. 매월
5,300만원이 부족했던 것입니다.

> "일을 행하시는 야훼, 그것을 만들며 성취하시는 야훼, 그의 이름을
> 야훼라 하는 이가 이와 같이 이르시도다 너는 내게 부르짖으라 내
> 가 네게 응답하겠고 네가 알지 못하는 크고 은밀한 일을 네게 보이
> 리라"(렘 33:2-3).

교구 4명, 교회학교 3명 등 7명의 교역자들과 함께 밤낮으로 부르짖
었습니다. 금요일마다 정릉 뒷산으로 전 교역자가 올라가 눈이 오는 한
겨울 추위에나 한여름 더위를 무릅쓰고 바위틈에 앉아 매주 산기도를

했습니다. 한 달에 한 번은 전 교역자가 오산리 기도원에 올라가 밤늦게까지 기도굴에서 기도하고, 아침 일찍 다 같이 큰 기도굴에 모여서 합심기도를 하고, 내가 교역자들 머리에 안수기도하고 하산하곤 했습니다. 또한 성도들은 매월 셋째 주일예배를 마치고 교회버스와 승용차로 오산리 기도원에 가서 성령대망회 겸 합심기도를 30분 이상 했습니다.

이렇게 부르짖으니까 고비고비마다 하나님이 축복해주셔서 매월 이자를 한 번도 연체하지 않았고, 교회사역도 10년 6개월 동안 무사히 운영할 수 있었습니다. 교회는 성령의 은사로 기적이 많이 일어났습니다. 이제 성도들 출석만 500~600명 정도 되었습니다.

2. 백형기 집사의 코암 치료

주일예배가 끝나고 나면 성전 문 앞에서 성도 한 분 한 분과 꼭 악수하면서 인사를 나눕니다. 인사가 끝나고 나면 예배 후에 문제가 있어서 걱정하거나 몸이 아파 고생하는 성도들에게 안수기도해줍니다. 보통 매주 20여 명 정도 항상 기도를 받으려고 줄을 서 있습니다. 대부분 병마에 시달려 고생하는 분들이 간절한 마음으로 기도받는데, 안수기도를 받고 나서는 많은 분이 치유의 체험을 하게 됩니다. 대부분 우리 성도들이라 서로 잘 압니다.

그러던 어느 날 처음 보는 낯선 청년과 중년 나이의 자매님 둘이서 안수받는 줄에 서 있었습니다. 차례가 되어 간단하게 안수받으려는 이유를 물으니 자매님이 설명합니다. 본인은 영락교회 권사이고 이 청년은 남편의 친구 동생인데 교회출석은 처음이라고 하면서, 코밑에 암이 생겨서 큰 병원 몇 군데를 가서 치료받으려고 했으나 그 병은 손을 쓸 수 없는 데다 수술할 수 없는 위치에 암이 생겨 치료가 힘들다고 했습니다. 이 환자는 시한부 진단을 받아서 길어야 두 달 정도 살 수 있다는 것입니다. 새서울 순복음교회에서 많은 병자가 와서 기도를 받고 치료가 되었다는 소문을 듣고 이 청년을 강제로 여기에 데리고 왔다는 것입니다. 목사님이 간절히 기도해주시면 이 암이 치료받는다는 믿음을 가지고 왔다고 합니다.

그렇다면 이 청년이 믿음이 있어야 하는데, 교회 처음 나온 형편이어서 갑자기 어떻게 설명을 해야 할지 망설여졌습니다. 왜냐하면 아직도 뒤에는 기도 받을 분들이 대기하고 있었기 때문입니다. 그의 머리 위에 손을 얹고 결신기도를 시켰습니다. 그리고 예수님을 진심으로 받아들이고 병고침을 받겠다는 믿음을 가져야 치료받을 수 있기 때문에 당부를 한 후 병마를 쫓아내는 기도를 간절히 했습니다. "예수님 이름으로 명하노니 이 청년에게 붙어서 고통을 주는 암병은 떠나가라. 예수님이 채찍에 맞음으로 병나음을 받았다." 이렇게 치유기도를 여러 번 반복해서 계속 기도를 했습니다. 기도를 받은 후 이 청년을 데리고 온 권사님은 다음 주 또 교회 출석해서 기도를 받겠다고 약속하고 돌아갔습니다. 이 권사님은 병 치유를 위해서 이 청년과 같이 무려 삼 개월 동안 우리 교회에 출석하면서 기도를 했습니다.

권사님의 얘기로는 이 청년은 지하철공사 기술자이면서 반장으로 책임을 맡아 매월 500만원 이상의 월급을 받고 아파트에서 혼자 사는데 아직 결혼하지 않았다고 합니다. 당시 40대 초반인 듯한 이 청년은 교회와 예수님에 대해서는 전혀 무지한 상태여서 교회에서 기도받으면 암이 치료된다는 사실을 믿지 않는다는 것입니다. 그래서 주일 아침 교

회 데리고 나오려면 엄청나게 씨름을 하면서 억지로 끌고 나온다는 것입니다. "백군아! 너 이 암으로 죽고 말 거냐. 병원에서도 못 고치는 병인데 하나님께 기도하면서 매달리면 하나님이 병을 고쳐주신다. 교회가자." 하면서 강제로 등을 떠밀고 끌고 나와 교회에 데리고 온다는 것입니다.

그리고 교회 출석해서 예배를 드려도 마음 문이 열리지 않으니까 길가에 떨어진 씨앗처럼 한 귀로 듣고 한 귀로 흘려버린다는 것입니다. 그래도 이 영락교회 권사님이 끈질기게 청년을 끌고 나와서 같이 옆에서 예배를 드리면서 신앙훈련을 시켰습니다. 2개월 정도 지나니까 예배를 드리면 설교말씀이 귀에 들어가기 시작했습니다. 본인이 말씀을 받아들여서 깨달아야 은혜를 받고 병 치료를 받습니다. 안수기도를 해보면 본인이 기도를 받아들일 때 나에게도 영적인 감각이 옵니다. 예수님은 "내 몸에서 능력이 나갔다"고 말씀하셨습니다(혈루병 여인이 옷자락을 만졌을 때).

이제 백 군은 기도 받을 때 간절함이 생기고 눈에서는 눈물이 맺히곤 했습니다. 암으로 오는 고통으로 인하여 독한 약을 먹는다고 했습니다. 이제는 살아야겠다는 각오가 생기자 교회에 나오며 기도를 받은 지 삼 개월쯤 되었을 때 고통이 사라지고 암에서 치료함을 받았다는 확신이 생겼다는 것입니다. 병원에 가서 진찰을 해보니 암세포가 완전히 사라졌다는 것입니다. 할렐루야!

그렇게 백 군은 자신을 절망으로 몰아냈던 암에서 깨끗이 치료를 받으면서 신앙이 점점 자라나 믿음의 사람이 되었고, 2년 후에는 서리집사가 되어서 교회를 열심히 섬기면서 직장생활도 성실하게 잘 감당하고 있습니다.

> "하나님이 나사렛 예수에게 성령과 능력을 기름붓듯 하셨으매 그가 두루 다니시며 선한 일을 행하시고 마귀에게 눌린 모든 사람을 고치셨으니 이는 하나님이 함께 하셨음이라"(행 10:38).

3. 새서울 순복음교회에서 일어난 성령의 역사

암에 걸려서 고생하는 성도가 5명이나 있었는데, 물론 병원에서 한두 번 수술을 받았지만 교회에서 집중적으로 치유를 위해서 기도하고 또한 우리 교역자들과 내가 직접 안수기도를 해서 5명이 다 나았습니다. 코암, 대장암, 식도암, 편도선암, 간암 환자 등 모두 본교회 집사 평신도들입니다. 암은 이미 10년 전부터 암세포가 번식한다고 합니다. 이미 이 환자들은 대부분 암 3기 이상이었습니다. 암 환자가 100% 치유가 되는 예는 별로 없습니다. 절대적인 하나님의 치료의 능력입니다.

또한 정신이상으로 귀신에 잡혀서 완전히 정신이 나간 사람이 우리 교회의 치유 소식을 듣고 찾아왔습니다. 헛소리를 하고 반항하면서 완전히 제정신이 아니었습니다. 병원에 가서 치료도 받아보고 또 능력 있는 교회 목사님들 찾아다니면서 기도를 받아봐도 정신질환(귀신 잡힌 것)이 여전해서 온 집안이 풍비박산되었다는 것입니다. 나는 온 가족이 함께 하나님께 간절히 기도하고 매달리라고 부탁했습니다. 그후 온 가족이 주일예배는 물론 새벽기도, 철야예배까지 참석하여 기도하면서 하나님께 매달리고, 우리 교회에서도 모두 함께 기도하고 계속 축사기도 하면서 방언기도를 하니까 그에게 붙었던 귀신이 점점 힘을 잃더니 두 달이 못 되어서 완전히 나가고 온전한 정신이 들게 되었습니다.

그 후에 그분은 우리 교회에서 권사님이 되고 신앙생활을 열심히 했습니다. 후에 간증하기를 본인이 귀신들렸을 때 가족에게 부축되어 성전에 들어오면 강대상 뒤 십자가에서 붉은 피가 줄줄 흐르고 있어서 너무 무서워 안 들어가려고 발버둥을 쳤다고 합니다. 그래서 이 교회가 보혈의 피가 흐르고 성령이 충만한 교회인 줄 알았다는 것입니다.

하루는 금요철야예배에 내가 안수기도를 해나가는데 주일학교 여학생이 아토피성 피부병으로 얼굴과 온몸이 가려워 긁은 상처로 피부가 벌겋게 부어오르고 염증이 엉켜있었습니다. 그 어머니가 옆에서 피부를 만지면서 통곡하는 소리로 기도하며 간구했습니다. 오랫동안 아토

새서울순복음교회 권사 안수집사 임직식

피로 아이가 잠도 제대로 못 자고 공부도 제대로 할 수 없고 너무나 고통스러워했습니다. 내가 이 사실을 알고 예배 때마다 간절히 안수기도를 했는데, 하나님이 이 지독한 피부병도 치료해 주셨습니다. 아이 엄마는 너무나 감사해서 그 남편과 가족이 다 우리 교회에 나와서 열심히 충성했습니다. 이후로 이 아이는 공부도 잘하고 지금은 대학을 졸업했다고 합니다.

또한 온몸에 원인을 알 수 없는 피부병으로, 특히 얼굴에 너무나 흉측하게 진물이 나고 고름이 흘러서 민얼굴을 내놓지 못해 온 얼굴을 다 가리고 지낸다는 분이 치료되지 않아 절망하고 있던 차에 우리 교회 소문을 듣고 찾아왔습니다. 교회 근처에 사는 분도 아닌데, 먼 곳에서 우리 교회로 나와서 꾸준히 주일예배, 철야예배를 드리고 안수기도를 받고 본인도 열심히 기도해서 차츰 얼굴에 고름도 없어지고 얼굴을 가렸던 천도 벗어버리고 깨끗한 얼굴로 돌아갔습니다.

이 밖에도 많은 우울증 환자들이 교회에 와서 뜨겁게 찬송을 드리며 기도하는 중에 나았습니다. 나는 예배 때마다 끝나고 나면 성전 출입구 앞에서 기도 받을 분들, 병치료 받기를 원하는 분들을 위해 모두 다 안수기도해 드립니다.

> "믿는 자들에게는 이런 표적이 따르리니 곧 그들이 내 이름으로 귀신을 쫓아내며 새 방언을 말하며 뱀을 집어 올리며 무슨 독을 마실지라도 해를 받지 아니하며 병든 자에게 손을 얹은즉 나으리라 하시더라"(막 16:17-18).

> "예수께서 그의 열두 제자를 부르사 더러운 귀신을 쫓아내며 모든 병과 모든 약한 것을 고치는 권능을 주시니라"(마 10:1).

교회에서 신유의 역사가 계속 일어나고 모두 성령세례를 받아서 뜨겁게 기도하니 예배 때마다 성령의 강한 역사가 일어났습니다. 모든 성도들은 다 순종하고 열심히 전도하고 교회에 충성을 다했습니다. 나는 예배를 드리는 순간이 정말 기쁘고 심령이 뜨거워지고 상쾌함을 느낍니다. 그러나 한편으로는 교회의 짐이 너무 무거우므로 10년간 거의 교회 사무실 방에서 자면서 밤마다 기도하다가 잠을 자고 잠에서 깨면 시도 때도 없이 기도를 했습니다.

이 새서울 순복음교회에서 시무하는 동안 너무나 큰 교회와 총회, 재단의 문제들이 앞을 가로막고 있어서 기도가 아니면 숨이 막힐 정도로 어렵고 힘들었습니다. 그러나 하나님이 성령으로 함께하시고 동역하는 주의 종들과 성도들의 뜨거운 기도로 그 무거운 짐을 다 받아주셨습니다.

가족사진

"수고하고 무거운 짐 진 자들아 다 내게로 오라 내가 너희를 쉬게
하리라 나는 마음이 온유하고 겸손하니 나의 멍에를 메고 내게 배
우라 그리하면 너희 마음이 쉼을 얻으리라"(마 11:28-29).

10년 6개월 동안 새서울 순복음교회에서의 사역은 하나님의 은혜로
잘 마치게 되었습니다. 재단에 속한 교회소유권을 소송해서 찾아오게
되었고, 교회 건물과 재적성도 1,000여 명을 여의도 순복음교회에 인계
하고 사임한 후, 파주 운정 신도시에 자그마한 교회를 세워서 조용히
목회를 마무리하고 있습니다. 교회 건물은 여의도 순복음교회 이영훈
목사님이 지원하셔서 건물을 분양받아 교회로 리모델링해서 예배당을
만들었습니다. 할렐루야!

언제나 하나님이 나와 함께 하시고 또한 예수님의 은혜와 성령님의 인도하심을 감사드리며, 이 모든 것을 하나님께 영광을 올려 드립니다.

 "나의 달려갈 길과 주 예수께 받은 사명 곧 하나님의 은혜의 복음을 증언하는 일을 마치려 함에는 나의 생명조차 조금도 귀한 것으로 여기지 아니하노라"(행 20:24).

성령의 권능

「성령의 바람을 타고: 오대양 육대주와 아마존 밀림까지」

나의 40년 목회 사역

■

초판 1쇄 인쇄 / 2021년 6월 25일
초판 1쇄 발행 / 2021년 6월 30일

■

지 은 이 | 이 호 선
기획·편집 | 유 지 회
원고·정리 | 최정숙 · 정항주
펴 낸 이 | 민 병 문
펴 낸 곳 | 새한기획 출판부

■

주　　소 | 04542 서울특별시 중구 수표로 67 천수빌딩 1106호
T E L | (02) 2274-7809 / 070-4224-0090
F A X | (02) 2279-0090
E-mail | saehan21@chol.com

■

출판등록번호 | 제 2-1264호
출판등록일 | 1991. 10. 21

값 12,000원

ISBN 979-11-88521-40-1 03230

Printed in Korea